DER
RENT
NER
LEHR
LING

W0174036

Matthias Biskupek, geb. 1950 in Chemnitz, ist in Mittweida aufgewachsen. Er studierte Technische Kybernetik an der TH Magdeburg, danach arbeitete er als Systemanalytiker in Schwarza, seit 1976 am Theater Rudolstadt als Regieassistent, Dramaturg, Bühnentechniker, Programmheftzeichner, Inspizient und Kleindarsteller, später Dramaturg und Texter am Geraer Kabarett „Fettnäppchen". Seit 1983 lebt er freischaffend als Schriftsteller, Publizist und Literaturkritiker des „Eulenspiegel" in Rudolstadt und Berlin.

DER RENT NER LEHR LING

MEINE 66 LEBENSGESCHICHTEN

MATTHIAS BISKUPEK

mitteldeutscher verlag

2015
© mdv Mitteldeutscher Verlag GmbH, Halle (Saale)
www.mitteldeutscherverlag.de

Alle Rechte vorbehalten.

Gesamtherstellung: Mitteldeutscher Verlag, Halle (Saale)
Einbandgestaltung unter Verwendung zweier Porträtfotos von
Anke Jacob (www.anke-jacob.de)

ISBN 978-3-95462-538-3

Printed in the EU

PROLOG

Es waren einmal viele, viele Lebensjahre. Das älteste hieß 1950, das jüngste 2015; also Stücker 66 insgesamt. Man kann das nachzählen. Zusammen hätten sie in Rente gehen können, doch jedes für sich war mal gerade ein Jahr alt, lächelte folglich selig wie ein satter Säugling.

Da waren sie nun versammelt und langweilten sich. Zwar gab es längst Fernsehen und Radio, Twitter und Begriffe wie „weicher Standortfaktor", doch Lebensjahre sind von ihrer Beschaffenheit her konservativ. Sie sind abgeschlossen, vergangen, perdu, finito: Nichts geht mehr. Sie haben die einfache und manchmal auch die unvollendete Vergangenheit als Zeitform, weshalb ihre seligen Seufzer allesamt klingen wie: „Es war einmal."

Und als die Jahre lange genug beseligt geseufzt hatten, rückten sie zusammen und beschlossen, einander Geschichten zu erzählen aus ihrer nunmehr vollendeten Vergangenheit. Jedes Jahr kam genau einmal dran und erzählte von sich.

Damit aber die Jahre sich zwischendurch mit Getränken versorgen oder dieselben wegbringen konnten, gab es Werbepausen. Die füllte ein richtiger Rentenanwärter mit dürren Angaben zu seiner Person: geboren, aufgewachsen, Geschwister, Berufsausbildung, kurz, was in langen Lebensläufen so zu stehen hat.

Manchem Jahr fiel übrigens nichts ein, und so klaute es von dem, was es schon gehört hatte. Ein anderes Jahr spann einfach die Geschichte vom Vorjahr weiter. Manches nahm sich einen Ich-Erzähler und andere taten, als seien sie die Nachbarin oder ein böser Freund. Viele landeten urplötzlich in der Gegenwart. Manches Jahr machte kurzen Prozess und manches musste mühsam gestoppt werden, weil es eine richtige Labertasche war. Aber allen

Jahren war gemeinsam, dass sie in ihrem vieltägigen Leben irgendwann einen bestimmten Dialog gehört hatten.

Und den nahmen sie her und bestimmten ihn als ihr Motto:

Was ich schon alles erlebt habe; ich könnt' Geschichten erzählen, wenn ich die Zeit hätte.

Was ich schon alles erzählt habe, jetzt müsst' ich's bloß erleben, wenn noch Zeit wär.

1950

Was weiß man schon von den Zeiten, als man noch im Fruchtwasser schwamm? Nur das, was einem später erzählt wird.

Die längste Zeit des Jahres 1950 schwamm ich im Fruchtwasser. Meine Eltern, die gelegentlich in den folgenden Geschichten vorkommen, aber nicht unbedingt immer meine wirklichen sind, weil „ich" nicht immer ich bin, wohnten damals im Dorf Krumbach, unweit von Ottendorf, das wiederum an der achtzehn Kilometer langen Eisenbahnstrecke von Chemnitz nach Mittweida lag und eine eigene Bahnstation hatte. Von dieser Bahnstation waren es gut vier Kilometer zu jenem Krumbacher Hof, in dem meine Eltern überm Pferdestall hausten, der wiederum ein paar hundert Meter vom Ufer der Zschopau entfernt lag.

Mein Vater war „dor Gander", was im alten, heute kaum noch gesprochenen Dorfsächsisch nichts anderes als Dorfschulmeisterlein bedeutete, ein „Neulehrer". Unausgebildete, aber zuversichtliche junge Leute waren das, nach dem Krieg im Osten Deutschlands nötig geworden, weil man die alten, belasteten Nazi-Lehrer nicht mehr haben mochte.

Meine Mutter war zu jenen Zeiten über dem Pferdestall mit meinem älteren Bruder beschäftigt, der im April 1949 in Chemnitz geboren worden war.

Aufgrund guter Erfahrungen mit jener Chemnitzer Klinik, begab sich meine Mutter, mit der Bibel zu sprechen: „als sie fühlte, dass sie gebären würde" in just diese Klinik. So bin ich gebürtiger Chemnitzer, aber wohl doch nicht mit Chemnitzwasser getauft, sondern mit Zschopauwasser. Denn mein Vater hatte im nahen Mittweida die Stelle eines stellvertretenden Schuldirektors an der Fichte-Schule angeboten bekommen, und so zog die mit mir vierköpfige Familie in die Bachstraße 24 zu Mittweida. Es gab etwas mehr Geld und manch raffgieriger Bauer aus dem Dorf konnte meinen Vater nicht mehr „behumsen", wie mein mit schlesischer Proletariersprache auf-gewachsener Vater sagte.

DAS WURSCHTPAKET

Es gab dumme Leute im Dorf. Das Dorf begann dort, wo der Wald endete, und hörte dort auf, wo das Flüsschen zur Talsperre hinstrebte, auf dass es breit und breiter wurde. Es gab kaum junge Männer auf den Höfen, bei Seidel waren beide Söhne gefallen, beim Ahnert-Horst hatte es den Ältesten getroffen, zwei Männer waren sogar noch in Gefangenschaft.

Die Kneipe florierte dennoch, die Alten, die noch immer den Hof nicht abgeben konnten, hatten Durscht wie Zicke. Der Krieg war fünf Jahre vorbei. „Mit uns zieht die neue Zeit" sang der Chor im Saal der Kneipe einmal die Woche. Und wenn sie „Hoch auf dem gelben Wagen" schmetterten, korrigierte der Chorleiter, der alte Fiedler, den ausgeprägten Dialekt seiner „Sangesfreuntinnen und Sängerkolläschn": Ihr singt immer „Woochen". Das heeßt doch ni „Woochen", das heeßt „Wooocheenn". Und so schmetterten alle gemeinsam vom hochen Wooocheenn und freuten sich, dass kein Krieg mehr war.

Die neue Zeit hatte auch einen neuen Lehrer gebracht. Der hatte ni studiert, ä was!, aber er war Offizier im Krieg gewesen, konnte Gitarre spielen und hatte unheimlich viel gelesen. Seine Frau strickte für die Bauersfrauen, sang im Chor mit, und der Leh-rerssohn war änn kleener Borschbich, der ziemlich laut schreien konnte. Jetzt war die Frau wieder schwanger und es langte bei dän-ne Lehrersch wahrscheinlich hinten und vorne nich.

Es gab auch dumme Kinder im Dorf. Der Lehrer plagte sich mit denen, schilderte seinen Achtklässlern *begeistert*, wie Egon Erwin Kisch die Reportage *meistert*, dass ihm unversehens Reime in die Rede kamen. „Mir brauchn keen Kisch", sagten die Bauerneltern, „schicke dän Lehrer doch mah bei uns."

Der Lehrer machte Hausbesuch, wie es der Brauch war. Denn die allseitige Erziehung zu sozialistischen Persönlichkeiten, bei denen Elternhaus, Schule und Pionierorganisation wie die drei Ecken des Pioniertuchs sein sollten und durch den Knoten fest verbunden, hatte nun auch hier Brauch zu werden.

Der Lehrer wurde in die Gute Stube gebeten, die es in jedem echten, sächsischen Dorfbauernhaus gab. Schwere Gardinen vor den Fenstern. Gardinen, die nie wackelten, weil normalerweise nie jemand in der Guten Stube war. Ausnahmen waren Weihnachten, Familiengeburtstag, Totenaufbahrung und echter Besuch von echten Städtern. Der Lehrer war ein echter Städter.

Es gab echten Bohnenkaffee beim Besuch und Streuselkuchen mit guter Butter. „Ja", sagte der Lehrer, „ich muss dem Reiner eine Fünf in Deutsch geben. Damit bekommt er keinen Abschluss."

„Soll der noch ä Jahr in de Schule gehen? Der soll Lehre machn und dann den Hof, soll der. Noch ä Jahr, i woh, das machmer nich mit."

Man legte dem Lehrer ein dickes Wurschtpaket neben die Bohnenkaffeetasse. Es roch jetzt nach echtem Bohnenkaffee und Geräuchertem. Die Bauersfrau, die Mutter vom Reiner, trat ans Fenster und guckte nach draußen. Doch von dort konnte niemand sehen, dass sich die Gardine bewegte, denn draußen war niemand.

Der Lehrer hatte 1944 auf der Offiziersschule in Rerik an der Ostsee gelernt, dass Unbestechlichkeit eine deutsche Tugend ist. Er ließ das Wurschtpaket liegen und nahm vom echten Bohnenkaffee nur den Duft mit. Reiner bekam eine Fünf in Deutsch, musste die achte Klasse wiederholen, weil das neue Schulgesetz antifaschistisch war und sich überall eine neue Zeit durchsetzte.

Das Gehalt des Lehrers langte hinten und vorne nicht. Er und seine Frau schoben Kohldampf, wie man damals sagte. Es gab dumme Leute im Dorf.

1951

Mittweida hatte in diesem Jahr 20854 Einwohner, eine Zahl, die es später trotz vieler Eingemeindungen nie mehr erreichen wird. Durch die Umsiedler, wie man die Vertriebenen aus den einst deutschen Ostgebieten regierungsamtlich nannte, hatte das Städtchen kurz nach dem Krieg sogar über 22000 Einwohner. Äußere Kriegsschäden gab es wenige; das Pflaster war noch das aus dem vorigen Jahrhundert, als Mittweida sich mit der Gründung eines „Technikum" zu einem Industriestädtchen mit nicht wenigen Studenten mauserte.

Über seine frühe Jugend beginnt man wohl erst im späten Erwachsenenalter nachzudenken. Ich bekam den Auftrag dazu schon 1983 mit einem Einladungsbrief. Ich hatte meinen ersten Erzählungsband veröffentlicht, saß am zweiten, zudem auf einer halben Dramaturgenplanstelle am Kabarett „Fettnäppchen" in Gera und war dabei, freischaffend zu werden.

Der Brief lud mich zur Mitarbeit an einer Anthologie ein. Sie trug den Titel „Mein Vater – meine Mutter" und ich schrieb dafür „Sieben Notizen. Halbwahr". Die manches in späteren Jahren Erzählte schon anklingen lassen.

Der damalige Herausgeber Walter Nowojski hatte mich als Jüngsten in dieses Buch, das dann doch erst 1986 erschien, aufgenommen. Der Band war nach den Geburtsjahren der Autoren geordnet, eröff-

nete mit Henryk Keisch (1913) und Annemarie Auer (1913). *Heinz Knobloch (1926), Werner Liersch (1932), Joachim Nowotny (1933), Friedrich Dieckmann (1937), Christa Kozik (1941), Jürgen Rennert (1943) und Frank Weymann (1948) hießen weitere Beiträger, von denen mir manche später zu Freunden wurden.*

SIEBEN NOTIZEN. HALBWAHR

Engere Familie

Mein Vater spricht ein ziemliches Hochdeutsch, und meine Mutter redet ein sachtes Gewandhaussächsisch. Mein Vater sagt auch unziemliche Ausdrücke und meine Mutter kennt sie eigentlich nur. Meine Brüder haben sehr verschiedene sächsische Gemüter, und meine Schwester hat einen sächsischen Sound drauf. Ich schreibe ein ziemliches, nur selten unziemliches Hochdeutsch, zuweilen mit Semikolons und selten mit Ausrufezeichen und verkleckere mich im journalistischen Allerlei.

Rufe ich meine Mutter an, ruft sie zwischen knisternden Störungen aus: Ich muss dir was erzählen. Wenn du mal herkommst. Das wird dich interessieren.

Ich fahre mit dem D 903 hin; ich fahre nicht nur hin, weil mich zu vieles zu sehr interessiert und ich das viele selten vom wenigen zu trennen weiß. Meine Mutter kann interessanten Klatsch erzählen, und bis vor kurzem kam der interessante Klatsch mit seinen hochinteressanten Deutungen direkt aus den Amtsstuben der Kleinstadtherrschaftlichkeit. Meine Mutter war mittendrin in Sachsen Standesbeamtin und hieß zeitgemäß Mitarbeiterin im Angestelltenverhältnis. Jetzt ist sie Rentnerin und berichtet auch von den gegenwärtigen Verhältnissen in der Bundesrepublik Deutschland.

Früher hörte ich alle halbamtlichen Mitteilungen aus meiner Generation. Meine Generation bekommt zuweilen in der Kleinstadt Mittweida Zwillinge. Meine Generation lässt sich scheiden. Meine Generation baut Eigenheime, verursacht Verkehrsunfälle, trägt Post aus, erkrankt unheilbar, promoviert oder wechselt die Berufe, wechselt die Familien, wechselt die Staatsbürgerschaften, verwechselt den dritten mit dem vierten Fall und lässt mich herzlich oder ganz besonders grüßen.

Meine Generation ist mehr als doppelt so alt wie die Generation, der mein Vater immer noch die Unterordnung von Satzgliedern beibringen muss und hernach das „Willkommen und Abschied". Während ich all das am Ende des Jahres eintausendneunhundertdreiundachtzig aufschreibe, weiß ich inzwischen, dass ich das alles im nächsten Jahrtausend im raunenden Imperfekt beschwören muss.

Kennenlernen I

Als meine Mutter meinen Vater zum erstenmal sah, dachte sie sich: Den heiratste mal nie. Entsprechend hochfahrend und pinselig benahm sie sich. Mein Vater kam von der Front und reiste zu einer anderen Front, quer durch ein Riesendeutschland, quer durch ein schmales Sachsen. Vielleicht waren seine Haare zu kurz oder sein Optimismus zu gedämpft, oder vielleicht rutschten ihm in seiner Aufregung S-Fehler aus dem Mund. Aber viel wahrscheinlicher hatte er auf der Fotografie, die er einem Brief beigelegt hatte, reifer und würdiger ausgesehen. Der Leipziger Hauptbahnhof sah damals nur wenig anders aus als heute. Auf Fotografien.

Dein Vater hat aus dem Krieg wunderbare Briefe geschrieben. Sagt meine Mutter. Ich weiß nicht, wie man aus einem Krieg

Briefe schreibt. Die Briefe gibt es seit Kriegsende nicht mehr. Mein Vater schreibt einen Buchstaben wie den anderen. Die Buchstaben selbst sehen sehr eigenwillig aus; sie ragen auf dem Papier herum und sind schwer zu entziffern. Der Schriftblock sieht aus wie gestochen.

Zu blöd für den schwarzen Markt

Wir sind von Leipzig aufs Dorf gegangen, weil wir dachten, dort gibt's mehr zu essen. Sagt meine Mutter. Ich wollte weg von den Schwiegereltern. Sagt mein Vater. Mein Vater kann in der Taubstummensprache gestikulieren und Gitarre spielen. Das eine hat er sich selbst beigebracht, das andere hat er mal studiert. Ich hab beim Bauern einen Sommer lang gearbeitet, in den Schulferien, sagt mein Vater. Dafür hab ich zwei Schachteln Zigaretten bekommen. Amerikanische. Wir brauchten aber was zu essen. Ich war zu blöd für den Schwarzen Markt. Wir haben über dem Pferdestall gewohnt und im Dorf bei der FDJ-Gruppe mitgemacht. Wir konnten ja Instrumente spielen. Theater haben wir gemacht. Im Dorf hieß ich Herr Kanter.

Für deinen Bruder hatte ich ein richtiges Stück Seife bekommen; und als wir die alte Kaffeemühle hervorkramten, war unten noch echter Bohnenkaffee drin. Die ganze Stube hat geduftet, sagt meine Mutter.

Tettern

Das Wort ist ein Verb und lautmalerisch. Man muss es nicht erklären. Meine Großmutter in Leipzig, die wir Oma nannten, hieß Helene und hatte eine lange Nase und geschwungene Nasenlöcher, aus denen tiefschwarze Härlein guckten. Als Kind klebten wir kleine runde Blätter an den Vorgartenzaun im Leipziger Nixenweg.

Der Vorgartenzaun war frisch gestrichen, und die Blätter klebten vorzüglich. Wir achteten genau auf die Abstände zwischen den Blättern. Oma gefielen die Abstände nicht. Sie kam angeschnauft und tetterte. Und es gab Kopfnüsse. Oma war klein und rund und behände.

Ich hatte mir fest vorgenommen, sagte meine Mutter, mit meinen Kindern tettere ich mal nie so viel. Ich hab das Tettern gehasst, so gehasst, sagt sie. Meine Mutter hat auch heute noch fromme Wünsche und singt gern. Sie war eine höhere Fleischerstochter und konnte Klavier spielen. Jetzt kann sie nicht mehr Klavier spielen. Das Klavier steht siebzig Kilometer entfernt. Enkelkind Katharina übt daran. Katharina tettert gern mit ihrem Bruder, der mein Neffe ist. Mein Sohn sagt zu mir: „Meckere nicht mit mir rum." – Unser Vorgartenzaun hat lange keine Farbe gesehen.

Er fuhr in die Wismut

Ich heiß nicht nur Matti. Ich habe sogar einen zweiten Namen. Der ist lang und schwer. Den Namen haben alle bei uns zu Hause. – Irgendwann im Jahre Eintausendneunhundertdreiundfünfzig schluckte ich diese Erkenntnis.

Ich saß unter dem Tisch und oben wurde geplättet, und dieser zweite Name wurde häufig genannt. Vielleicht saß ich auch nur unter dem Tisch, weil kleine Kinder in ihrer Erinnerung später immer unter Tischen sitzen, wenn oben Welt verhandelt wird. Die Welt oben war Küche. Die Küche war lang und schwarz. Es kamen manchmal Leute, die redeten, und manchmal erzählte mein Vater wieder, was er anderen Leuten erzählt hatte. Und dabei erfuhr ich: Irgendetwas war mit diesem zweiten Namen passiert. Er war im Gespräch. Das Gespräch war nicht gut.

Mein Vater kam plötzlich nur noch einmal in der Woche heim; vom Fenster winkten wir, wenn er ging und wenn er kam. Er fuhr nach Johanngeorgenstadt. Er fuhr in die Wismut. Er war kein Lehrer mehr.

Dann fuhr er nach Klobikau. Das war ein Dorf, in dem der Kollege Bunzel wohnte und in dem von einem Ende zum anderen nur grüne Rübenblätter wuchsen. Meine Mutter redete von Rüben. Mein Vater hatte an der Schule zu Klobikau freche Rüben. Sagte er. Und auch dort nannten sie ihn mit diesem Namen und dazu Kollege. Den Namen, den auch ich zu haben hatte: Biskupek. Mein Großvater, der Fleischer aus Werdau, sagte anders. Er sagte: Böhmake.

Kennenlernen II

Ich sag dazu nichts, sagt mein Vater. Aha, sage ich und sehe mir Bilder meiner Mutter an. Von ihrer Tanzstunde. Meine Mutter fiel sehr auf unter den blonden, arischen Tanzstundendeutschen.

Als das Bild aufgenommen wurde, marschierte mein Vater ohne bisherige Kenntnis meiner Mutter durch Polen. Er marschierte mit seinem polnischen Namen durch Polen. Ich sollte den deutschen Namen Frenzel bekommen, sagt mein Vater. Es gab da einen Befehl.

Frenzel hätte ich mal nie heißen wollen, sagt meine Mutter. Nie. Ich hätte doch keinen Frenzel geheiratet.

Bucklige Verwandtschaft

When I'm sixty-four, singt Paul McCartney. André Heller singt: Für immer juhung und meine Mutter sagt: Dreh doch mal leiser.

Mein Vater erzählt, dass Onkel Theo, der ein Bruder seines Vaters, also meines Großvaters war, der wiederum Straßenbahnfahrer und zuvor Unteroffizier war und deutschnational wählte und 1934 bereits starb; dass jener Theo Schafzüchter in Australien war und zuvor Schausteller und all die Zeit in der KPD. Theo hatte sich oft gestritten mit Willi, der ein anderer Onkel war und in der SPD. Später züchtete Willi Hunde und Hühner, und dessen Sohn wiederum ist heute Polizist und Hundekreismeister oder Kreishundemeister. Onkel Josef wiederum war Obersteiger und lebte bis zu seinem Rentenbeginn in Polen, bevor er in die DDR umsiedelte. Der katholische Priester, der ihm die Trauerrede in Mittweida hielt, war ebenfalls Oberschlesier und begann die trauerfeierliche Ansprache mit den Worten: Es warr mirr ejne grosse Frejde, als … „Hol mal Luft zwischendurch", sagt meine Mutter zu meinem Vater.

Mein Vater erzählt, dass Tante Mia, die eine richtige Cousine meines Vaters ist, damals solch örtliches Schlesisch sprach, dass mein Vater sich dafür schämte vor den bessergestellten Schulkameraden, die nicht aus der Opitzstraße kamen. Inzwischen kann Mia wiederum schlecht deutsch sprechen. Mia schickt allweihnachtlich ein regenbogenbuntes *Merry Christmas* über den Ozean aus Kanada. Tante Martha allerdings hielt sich gerade, und Tante Frieda hielt sich für etwas Besseres und war eine Anstandsdame, die sich Couleurdame nannte, und einmal – … „Du erzählst heut wieder Geschichten", sagt meine Mutter zu meinem Vater, „das kenn ich doch alles ganz anders. Das ist doch bloß die halbe Wahrheit."

„Wenn du meinst", sagt mein Vater und nimmt sich aus dem Eichenholzfässchen einen Urahn zur Brust. „Jetzt muss dein Vater schon wieder einen trinken", sagt meine Mutter. „Ich weiß", sagt mein Vater, „wo ich erst vorige Woche einen Schnaps getrunken hatte." – „Willst du auch einen?", fragt er mich.

Wenn wir den Schnaps getrunken haben, sind wir wieder der Vergangenheit verfallen. Aber auch die vollendete Gegenwart bringt die Vergangenheit nicht zur Räson.

1952

Als ich vor ein paar Jahren die alten Notizbücher meines Vaters in die Hand bekam – in Mittweida war unser Siedlungshaus ausgeräumt und verkauft worden, davon werde ich zu gegebener Zeit erzählen müssen – sah ich, dass jener Rausschmiss aus der Schule, den ich innerlich immer mit dem 17. Juni 1953 verknüpft hatte, schon 1951 geschehen sein musste. Ich fand auch einen Brief vom September 1951, in dem das Schulamt meinen Vater aufforderte, zu viel gezahltes Gehalt zurückzuzahlen.

Mein Vater hatte immer erzählt, dass die fristlose Kündigung damit zusammenhing, dass er öffentlich gesagt habe, Stalin sei nicht unfehlbar. Möglicherweise aber hing es auch mit einer Kaderüberprüfung zusammen. Er hatte zwar treu und brav angegeben, als 18-Jähriger freiwillig bei der „Legion Condor" im Spanienkrieg gedient zu haben. Also aus damaliger Sicht auf der falschen Seite, während es nach 1990 dafür sogar einen Rentenzuschlag gab.

„Spanienkämpfer" waren in der DDR mit einem Heiligenschein umgeben worden, war der Name doch für die Angehörigen der Internationalen Brigaden reserviert. Nun also fand man in den Kaderpapieren, dass der stellvertretende Schuldirektor Biskupek bei den Legionären gewesen war. Übrigens als Staatenloser. Denn bevor die Kämpfer nach Spanien reisten, wurde ihnen die deutsche Staatsbürgerschaft aberkannt. Mein Vater war der Legionär „Gerardo". Niemand hätte folglich nachweisen können, dass reguläre deutsche Truppen in Spanien kämpften. Erst als 1939 Franco siegreich war, wurde das Geheimnis der Legion gelüftet, die Flak-Batterie meines Vaters kam mit dem Kreuzfahrtschiff „Wilhelm Gustloff" unter großem Tamtam wieder zurück. In Berlin taufte man eine Straße

„Spanische Allee" und mein Vater wurde ehrenvoll wieder in die deutsche Staatsbürgergemeinde aufgenommen.

Das alles fiel ihm nun auf die Füße. Und was blieb einem fristlos Gekündigtem? In Sachsen blieb ihm die Wismut.

STALIN LEBT IN JOHANNGEORGENSTADT

Er hatte dreieinhalb Stunden mit dem Zug gebraucht. Zunächst nach Chemnitz. Von dort nach Zwickau. Von Zwickau nach Aue. Von Aue über Schwarzenberg und Breitenbrunn nach Johanngeorgenstadt.

Vor der Baracke neben dem Bahnhof stand schon eine Schlange. Eine Schlange von Männern. Als er, der gebürtige Schlesier und fristlos entlassene Lehrer, an der Reihe war, wurde sein Personalausweis eingezogen und er erhielt die Wismut-Karte. Zusatzlebensmittelberechtigung. Deputatschnaps. Er hatte sich an Schacht III zu melden; die Unterkunft, Stahlrohrbetten mit Matratzen, war in einer Baracke in Oberjugel. Busse fuhren dorthin und Busse fuhren zur Schicht. Eine Kleinbahn drängte sich durch alles. Die Stadt wimmelte von Menschen. Große Baracken waren Kleiderläden, kleinere Milchläden. Die Bergleute, zu denen er jetzt gehörte, bekamen Milch auf Schicht.

Er fuhr ein und er fuhr aus und die ungewohnte und schwere Arbeit im Schacht begann ihm ein bisschen Spaß zu machen. Er war überhaupt immer bereit, unabänderliche Dinge an sich heranzuziehen, deren angenehme Seiten zu suchen und diese möglichst gut auszufüllen.

Die Schichtabrechnungen fielen dem Steiger, einem gebürtigen Oberschlesier, schwer. Er, der Schlesier, aber hatte genug oberschlesische Verwandtschaft, um dem Steiger das Gefühl zu geben, dass er ihn verstünde. Pironje! Er machte den Schreibkram und als der sowjetische Kontrolloffizier kam, freute der sich, dass hier einer ein bisschen Ordnung hielt.

Der Offizier namens Lopatin war einmal Deutschlehrer gewesen und kannte nicht nur Goethe. Der Schlesier kannte die schlesische Dichterschule von Opitz bis Gryphius, weil er mal in der Opitzstraße gewohnt hatte, und er kannte inzwischen die antifaschistisch-demokratischen Schriftsteller in der jungen Republik, weil er stets strebend sich bemüht, bevor man ihn fristlos entlassen hatte.

Lopatin zeigte seine Kenntnisse und der Schlesier zeigte die seinen. Lopatin war wiederum erfreut: Wir brauchen einen *kraftigen* Mann für Kulturhaus, *Dom kultury i otdycha*, verstehen Sie? Gibt *Prikass*. Auch Johannstadt – braucht Kulturhaus.

Der Schlesier war im Krieg weit im Innern Russlands gewesen. In einem der Dörfer hatte er an einem Baum mit Bank ein Schild gesehen mit russischer Schrift. Was das bedeute, hatte er einen deutschkundigen Einwohner gefragt. Ist Park kultury i otdycha. Steht auf Schild. Park für Kultur und Erholung. Und warum das Schild? Nun, gab Prikass: Jedes Dorf muss haben Park für Kultur und Erholung. Haben wir nicht. Aber wir haben Baum und Bank. Und Schild. Haben wir geschrieben „Park kultury i otdycha".

Nein, diese Episode erzählte der Schlesier dem sowjetischen Genossen Lopatin nicht. Beileibe nicht. Aber er sagte: Dom kultury i otdycha, wie Park kultury i otdycha.

Der Genosse Lopatin war hocherfreut über die schnelle Auffassungsaufgabe dieses Arbeiters, der offenbar mehr konnte, als seinem Steiger zu helfen. Morgen in Kommandantura. Sie erhalten andere Arbeit.

Er meldete sich auf der Kommandantura. Vor sieben Jahren musste er sich schon einmal auf der Kommandantur anmelden.

In einer anderen Stadt, aus der gerade die Amerikaner abgezogen und die Sowjets eingezogen waren. Nein, er mochte Meldungen auf Kommandanturas nicht.

Doch der Genosse Lopatin gab ihm einen Ritterschlag, also einen Schlag auf die Schulter. Sie sind Vorsteher von Haus der Kultur. Es muss erst noch erbaut werden, aber es steht schon da. Villa in Straße mit Glockenklang.

Die Villa war gerade geräumt worden. Unten stapelten sich Stühle. Ein Filmvorführgerät gab es, mit einem Filmvorführer, der drei Orte zu versorgen hatte. Doch zuerst, das wusste er nun, musste man ein Schild haben. Zumindest die Rückseite eines Schildes, der man das Neue aufdrücken konnte, wie einen Stempel.

Auf dem Dachboden der Villa lagen Schilder herum: „Vereinigt Feld im Fastenberg". Auf der Rückseite: „Nationalsozialistische Volkswohlfahrt Johanngeorgenstadt". Auf dem nächsten Schild „Wählt die Kandidaten der Nationalen Front!" Das war vielleicht die Rückseite, denn auf der anderen Seite stand „Eintopf-Sonntag". Dreimal hintereinander, in geschwungener Schrift.

Er hatte während seiner Schulzeit Schriftschreiben gelernt. Freiwillig. Als bei der Wehrmacht gefragt wurde: Wer kann Rundschrift schreiben? hatte er sich sofort gemeldet. Freiwillig. Resultat war die Abkommandierung in die Küche zum Kartoffelschälen.

Diesmal hatte er sich nicht freiwillig gemeldet. Aber er hatte einen Auftrag bekommen und Aufträge waren auszuführen. Also schrieb er auf einer doch noch gefundenen freien Seite eines großen Schildes in Rundschrift: „Kulturhaus Johanngeorgenstadt J. W. Stalin".

J. W. Stalin wurde angenagelt. Mit Dreizollnägeln aus Friedenszeiten. Und kündete in der Glockenklangstraße von der neuen Zeit. Stalin lebt. In Johanngeorgenstadt.

1953

Sachsen war im Jahr zuvor aufgelöst worden, in drei Bezirke geteilt. Ich erinnere mich, dass meine Eltern sagten: Das heißt nicht mehr Sachsen, sondern Bezirk Karl-Marx-Stadt. Vielleicht war das auch ironisch gemeint, meine Mutter lächelte dazu. Doch kleine Kinder, so meint die Forschung, verstünden Ironie nicht. Immerhin hieß unsere Heimatstadt nach wie vor „Mittweida/Sa." Sa. stand für Sachsen. Ich konnte solches in diesem Jahr noch nicht lesen, denn erst für 1956 erzähle ich, wie ich lesen lernte.

Den 17. Juni 1953 gab es in meiner Kleinstadt nicht. So hatte ich es in dem Roman „Der Quotensachse" 1995 geschrieben. Der Held Mario Claudius Zwintzscher war damals vier Jahre alt und ging in den Kindergarten „Paul Fröhlich" der Stadt Ainitzsch an der Zschopau, zwischen den Orten Frankenberg und Rochlitz gelegen. Ich kann der Held nicht gewesen sein, denn ich war damals noch keine drei und ging nie in einen Kindergarten. Auch gab es in Mittweida keine Bildungs- und Erziehungseinrichtung „Paul Fröhlich". Und nur weil jener Held Mario an der Strippe der ganz neu eingebauten Wasserklosetts, auf denen man kollektiv topfen musste, zu heftig riss, „rubbde", wie es sowohl in Ainitzsch als auch in Mittweida hieß, die Kinder dadurch heftig durchnässt wurden, verspätet abgeholt werden mussten und die Eltern nicht mehr gegen erhöhte Arbeitsnormen demonstrieren konnten – nur aus diesem Grunde fand der 17. Juni 1953 in Ainitzsch nicht statt.

Neuere Forschungen werden inzwischen ergeben haben, dass auch in Mittweida und vielleicht sogar in Ainitzsch am 17. Juni gewaltige Demonstrationen und noch heftigere Knüppelorgien der Büttel des Systems um sich gegriffen hatten.

Damals wussten alle klassenbewussten Forscher hingegen, dass der kommunistische Widerstand gegen die Faschisten ein großer war. Einstige Widerstandskämpfer kamen in Schulen und berichteten über ihre Haft in Konzentrationslagern und wie die Büttel des faschistischen Staates sie zusammengeknüppelt hatten.

PFARRBERG

Er ging langsam den Pfarrberg hinauf. Die Schule war ihm riesig erschienen, damals, als er noch vor dem ersten Weltkrieg dort eingeschult worden war. Die Dielen hatten nach schwarzem Öl gerochen und so rochen sie noch immer. Schwarzes Öl, riecht das anders als helles Öl? Er meldete sich im Sekretariat.

Der Direktor begrüßte ihn: „Genosse Vogelsang, wir gehen heute in die fünfte Klasse. Du kennst dich ja schon aus. Ich kann dich leider nur vorstellen, aber unsere Kollegin Fräulein Richter wird in der Klasse bleiben und auf Ordnung achten. Aber du kennst dich ja aus."

Er kannte sich aus und er wusste, was er erzählen konnte und was nicht. Er war im Mai 1933 ins KZ Sachsenburg eingeliefert worden. Vor zwanzig Jahren. Man kannte ihn, er hatte zum Roten Frontkämpferbund gehört, und wenn man vorm Schützenhaus auf den Reichsbanner der SPD traf, hatten beide Gruppen aufeinander eingeschlagen. Das sollte man nicht erzählen. Hingegen waren Straßenkämpfe mit der SA guter Erzählstoff.

Sie kannten ihn damals in der Kleinstadt. Er war spätabends abgeholt worden. Sie hatten nicht gefackelt, nur geprügelt. In Sachsenburg hatte er auch Bruno Apitz kennengelernt. Als er das den Kindern, so wie jedes Mal, erzählte, horchte keiner auf. Sie würden wohl erst später „Nackt unter Wölfen" lesen. Der Lagerkommandant war das Schwein Hähnel. Er machte sich einen Spaß, wenn sie zum Steinbruch marschierten, wahllos einen herauszugreifen und ihm Schläge zu versetzen. Später mussten sie an der Zschopau mit Steinen das Ufer befestigen.

Er erzählte den Schülern, wie er standgehalten und seine antifaschistische Überzeugung behalten hatte, auch nach der Entlassung, als er wieder Arbeit bei Roscher & Eichler fand. Das Kriegsende war nun acht Jahre her …

… das Kriegsende war nun 48 Jahre her und drei Jahre war es erst her, als sich alles wieder geändert hatte.

Die Schule hatte inzwischen einen hellen Mosaikfußboden. Nichts mehr roch nach schwarzem stinkendem Öl. Der neue Direktor hatte ihm gesagt, dass es wichtig sei, die Erinnerung an den Unrechtsstaat wachzuhalten.

Er erzählte den Schülern, wie er in Bautzen II, das man das Gelbe Elend nannte, nach dem Prozess, zu dem nur Stasileute geladen waren, eingekerkert worden war. War eingekerkert das korrekte Wort? War nicht das Wort „Stasihaft" das passende? Er hatte nicht gekuscht vor den Roten Machthabern, er hatte schon in der Schule die Mitgliedschaft in der FDJ verweigert. Diese seine Schulzeit wiederum war erst zwanzig Jahre her. Wer nicht in der FDJ war, konnte niemals studieren, das musste man den Schülern immer wieder bewusst machen. Die Mittel für das Aufarbeitungsprojekt waren zum Glück nicht gestrichen worden; er hatte jetzt noch in der Nachbarstadt eine Schulstunde zu halten.

Wie hieß die Schule dort? Früher war das die POS Rosa-Luxemburg. Mittelschule Unterstadt heiße sie seit drei Jahren, hatte man ihm gesagt.

Seinen VW hatte er im Schulhof geparkt. Er schaute auf die Straßenkarte, die er neben sich auf den Beifahrersitz gelegt hatte und ließ den Wagen den Pfarrberg hinunterrollen.

1954

Die Bachstraße, in der wir seit 1950 lebten, endete an der Schiller-straße. Dort wohnte Lehrer Rück und am unteren Ende der Schiller-straße gab es einen Molkereiladen. Wir hatten jene blechernen oder emaillierten Milchkannen, wie sie in allen Erinnerungen der Leute aus der Mitte des 20. Jahrhunderts vorkommen. In die Kannen kam Vollmilch oder Magermilch.

Unsere Wohnung war eine für Magermilch. Ein dunkler Flur, eine Toilette, die mit einer weiteren Mietpartei geteilt werden musste, eine dunkle Küche, in der auch gebadet wurde, ein Wohnzimmer mit grü-nem Kachelofen und einem Erker, in dem der Schreibtisch meines Va-ters stand. Es gab noch ein kaltes Schlafzimmer voller Betten, also vier Stück, das heißt, für ein Kind, das kaum bis drei zählen kann, stand das Zimmer voller Betten. Dafür gab es einen Garten gen Bach- und Schillerstraße, dessen Betreten uns eigentlich verboten war.

Meiner Mutter, aus ihrer Jugend bürgerliche Wohnverhältnisse ge-wöhnt, passte die Wohnung nicht, die Küche schon gar nicht, und die Mitnutzung der Toilette war eine Katastrophe. Mein proletarisch aufgewachsener Vater war's nicht anders gewöhnt, er hatte aber eine Mutter gehabt, die bei der Arbeit – sie war Putzfrau – immer sang. Als ebenfalls sangeslustiger Mensch mit Arbeiterherkunft wuss-te mein Vater: „Es rettet uns kein höh'res Wesen, / kein Gott, kein Kaiser noch Tribun / Uns aus dem Elend zu erlösen / können wir nur selber tun!" Drum meldete er sich bei der Arbeiterwohnungsbau-

genossenschaft, der AWG, an. Die war in diesem Jahr gerade gesetz-
lich beschlossen worden.

Meine Mutter wollte erst nichts davon wissen: „Was ist'n das wieder
für ne Schnapsidee?"

Die Schnapsidee hieß Idiotenwiese. Ein Stück Mittweidaer Acker-
land zwischen einer Straße mit Häusern aus der Jahrhundertwen-
de, einem Schulgebäude, nicht viel jünger und einer Siedlung, die
als SA-Siedlung in den Dreißigern gebaut worden war. Auf dieser
Wiese sollte der Alten Siedlung nun die Neue Siedlung vor die Nase
gesetzt werden. Mit zweistöckigen Zwei- und Vierfamilienblocks.
Wohnungswert 32 000 DM, was Ostmark waren. Grundfläche jedes
Häuschens: 64 Quadratmeter plus Gartenland. Die Häuser waren
weitgehend in Eigenleistung zu errichten. So schippten nun an Feier-
abenden und allen Feiertagen Männer mit nackten Oberkörpern
auf dieser Wiese. Guckt mal, die Idioten auf der Idiotenwiese, sagten
Leute, die auf ihrem Spaziergang an die Talsperre vorbeikamen. „Ah
Weh Geh! Geh mir weg, so ne Schnapsidee".

Später schauten die Bewohner der Häuser aus ihren Fenstern, und
wenn draußen Spaziergänger vorbeigingen, noch immer ohne ver-
nünftige Wohnungen, sagten die Hausbesitzer: „Guckt mal: Die Idi-
oten!"

SPLITT UND LUFTGEWEHR
Der olle Lange plappert, was das Zeug hält

Das war doch noch ganz anders wie heute. Die Pläne waren
gemacht und die Grundrisse hattense ausgelegt. Es gab keinen
Tiefbau, es gab de Schippe. Wir Männer waren jeden Feierabend
draußen und machten Baufreiheit. Schippten dort, wo de Keller

hinkommen sollten. Der Polier kam und schnauzte, wenn wir zu viel oder zu wenig geschippt hatten.

Am Sonntag ging's früh los. Mittags kamen die Frauen und brachten uns Essen. Wir saßen auf Bierkästen und Bretterstapeln. Bretter gab's kaum, die wurden nachts eingeschlossen. Wo se später das kleene Kulturhaus hingebaut hatten, stand die große Baubaracke. Wurde abends zugeschlossen.

Die Männer in unserer Siedlung duzen sich alle. Wir waren im Krieg gewesen und wir hatten gemeinsam geschippt. Der konnte mauern und der rührte Mörtel an. Handlanger wurden immer gebraucht. Ein Stein, ein Kalk, ein Bier. Kennt keener mehr. Bierholer wurden auch gebraucht. Da wurde geschippt und geschleppt, nich gefragt: Kannst du das? Bist du Facharbeiter? Nicht mal den Begriff kannten wir. Wer was konnte, machte. Wir mussten ja unsere Stunden bringen. Hunderte Stunden. Ich glaub siebenhundert Stunden war Soll. Oder über tausend? Die Stunde wurde mit Einsfuffzehn gerechnet. Später wurde ja alles mit Geld abgemacht. Genossenschaftsbeitrag. Unsre Miete hieß auch so: Genossenschaftsbeitrag. Aber wir mussten noch unsere Stunden bringen. Der Polier schrieb nur auf. Manche hamm schlapp gemacht, mit den Stunden. Man konnte untereinander tauschen. Beim Schippen erzählten wir. Vom Krieg. Und von der Heimat.

Kaum einer kam doch von hier! Wir waren Blutsauffrischung für Sachsen. Waren hängengeblieben, weil de Frauen eingewiesen worden waren. Nach der Umsiedlung. Die heißt jetzt auch hier Vertreibung. Als ich aus Gefangenschaft kam, war meine Olle hier. Einigermaßen gesund aus dem Krieg zurück. Glück gehabt.

Wenn ich nur die Schnellerstraße hochgehe: Der Herrlitzer-Gerd. Aus Pommern. Der Adam-Bruno. Aus Ostpreußen. Der Sohn von dem, der Kurti, der sprach doch nur ostpreußisch: Ich hejße Kurrti und bin drej Jahrre alt. Daneben Moritz-Heinz, nee, der kam aus Sachsen. Dann Reiche-Konrad. Dann Scharnowski. Aus Bessarabien. Der Gunter Müller aus den Sudeten. Der Biskupek war Schlesier, aus Breslau. Weiter kam Klimpel-Horst, Oberschlesien. Mademanns, von der Küste, hinter Stettin. Die Familie Uschkoreit, alle diese komischen Namen, die waren aus dem Baltikum rausgeschmissen worden, 1939 hatte man sie im Warthegau angesiedelt, 46 wieder Umsiedler. Also Flüchtlinge. Die hatten ihre Oma mit, die war damals schon über siebzig. Ich glaub, in deren Haus lebten zehn Leute.

Auf der Ecke wohnen Friedrichens. Die sind von hier. Daneben Lippmann. Aus Oberschlesien. Reisigs sind Ungarndeutsche. Krane-Heinz, der spricht auch so merkwürdig, vielleicht ist der Russlanddeutscher. Hab ihn nie gefragt. Der ist maulfaul.

Den Mutterboden haben wir hinter den Häusern zum Berg geschippt. Da wuchs Unkraut, Lupinen. Gärten kamen erst zum Schluss dran, da hatten wir schon ein, zwei Jahre hier gewohnt. War ja alles kahl. Waren nur niedrige Hecken zwischen den Gärten erlaubt, damals, keene hohen Zäune. Nix Schuppen, wo wir doch in der Heimat alle Schuppen hatten. Ihr habt Keller und Dachböden, das muss reichen, sagte die Genossenschaft. Du konntest bis zum Zischewski hintergucken, ich glaub, die Frau kam aus Oppeln. Daneben wohnten Schmitzens. Den Mann haben wir Adenauer genannt, der war Kölner und sprach wie Adenauer. Weiß der Teufel, warum der hier hängengeblieben ist. Der war bei der SS. Nich der richtigen, bei der Waffen-SS. Wir waren ja alle im Krieg und wollten vom Krieg nischt mehr wissen.

Da wo jetzt die Zäune stehen, haben die Kinder mit Luftgewehren geschossen. Nich auf die Amseln! habe ich gesagt. Niemals auf Vögel! Denkste, die ham sich dran gehalten? Die kamen immer angewackelt, die Kegel, wollten mitarbeiten, haben aber nur Blödsinn gemacht. Der Polier hat sie weggejagt. Nutzte nischt.

Als dann die Rohbauten standen, haben wir den Unterbau für die Straße gemacht. Das war eben so, bis dahin latschte man durch Lehm. Der Splitt wurde abgekippt und wir haben verteilt.

Es gab dann auch einen Unfall. Der Junge von Krane-Heinz hat ein Diabolo ins Auge gekriegt. Diabolo, so hießen die Luftgewehrkugeln. Kennt ihr nicht mehr, was?

Und viel später hat sich einer von den Jungs vom Uschkoreit mit dem Fahrrad den Steinbruch runtergestürzt. Genick gebrochen. Weil er sitzen bleiben sollte. Das war der Steinbruch, aus dem sie den Splitt geliefert hatten, damals, für unsre Straße ...

Die hält noch heute, muss aber immer ausgebessert werden. Dafür sind jetzt die Anlieger zuständig, seit alles privat ist und alle Zäune und Schuppen und Garagen bauen können, wie sie wollen. Die Genossenschaft gibt's noch, aber nicht mehr in unsrer Siedlung. Nach der großen Umbenennung. Musste ja alles anders heißen. Unsre Talsperrenstraße wurde ooch umgetauft. In Auenblickstraße.

1955

Es war das Jahr, in dem die Sowjetunion gesamtdeutsche Wahlen anbot, bei uns zu Hause davon gesprochen wurde, dass wir bald wieder ein einiges Deutschland sein würden, vielleicht schon nächste Weihnachten. Mein Vater war in eine Partei namens Nationaldemokratische Partei Deutschlands eingetreten, nachdem man ihn vier Jahre zuvor aus der SED rausgeworfen hatte. Als ehemaliger Wehrmachtsoffizier suchte er wohl in dieser NDPD eine Heimat.

Wir wohnten noch in der Bachstraße, im einstigen Villenviertel der einst aufgeblühten Industriestadt. Der Garten vorm Haus war von einem Metallzaun umgeben. Im Hof wuchsen ein paar Büschel

Gras, da durften wir spielen, das Gras rausrupfen, in Töpfe mit Wasser stecken. „Suppe kochen" nannten wir Kinder das. Wir setzten uns auch auf die beiden Säulen am Grundstückseingang, gewaltig hoch; ich denke, einen Meter fünfzig. Sie waren von Steinplatten gekrönt, an denen hackten wir herum und spielten Steinmetze. Es war leicht, auf einer solchen Säule zu sitzen; ich saß auch balancierend auf dem Rand unserer winzigen Blechbadewanne. Ein Foto beweist das

Es gab ortsfeste Kinder und Ausreißerkinder. Nesthocker und Nestflüchter. Ich war Nesthocker, mein Bruder war Nestflüchter. Er wurde mal in der Hauptverkehrsstraße Mittweidas, der Rochlitzer, ganz fröhlich angetroffen, keine drei Jahre alt.

Nebenan und gegenüber wohnten ebenfalls Kinder. Stecken meine Erinnerungen an Nachbarn nur in Bildern? Was beweisen sie?

SAUERKIRSCHEN

Sie waren Freunde. Reiner und Wolfi. Wolfi wurde von niemandem Wolfgang genannt. Reiner wurde nie Reini genannt.

Wenn man sich treffen wollte, ging man über die Straße. Wolfi wohnte da, wo der Garten mit einem Zaun verschlossen war, Reiner wohnte dort, wo sehr große, sehr alte Bäume um das Haus herum standen.

Ein alter Mann kam vorbei, schob ein Fahrrad. Ein Korb Sauerkirschen hing am Fahrradlenker. Reife, dunkelrote Sauerkirschen. Man konnte sie sich als Zwillingskirschen über die Ohren hängen. Sauerkirschen waren das Allerbeste, neben Appel oder Bonbon oder Würfelzucker.

Wolfi starrte auf die Kirschen. Der alte Mann, der vielleicht dreißig Jahre alt war, aber so weit konnte Wolfi nicht zählen, schaute Wolfi an. Dann legte er ihm die Hand auf die Schulter. Wolfi schmiegte sich in die große weiche Hand. „Können Sie mir Sauerkirschen", bettelte er. Reiner kam über die Straße.

„Für mich und meinen Freund Reiner", bettelte Wolfi.

Der alte Mann schaute Reiner an, schaute Wolfi an und nahm eine Handvoll Sauerkirschen mitsamt Stielen aus dem Korb. Die legte er Wolfi in die Hand. Die Sauerkirschen hingen an ihren Stielen an allen Seiten über die Hand. Es war ein Bündel Sauerkirschen, aber so genau konnte Wolfi noch nicht formulieren.

Der alte Mann schaute Wolfi an und an Reiner vorbei. Dann schob er sein Fahrrad weiter. Wolfi gab Reiner von den Kirschen ab und beide hängten sich Zwillingskirschen über die Ohren. Die Kirschen waren saftig und sauer und doch auch süß. Sie waren erbettelt.

Die Kirschen machten Flecke. Reiner lutschte und sagte: sauer.

Wolfis Mutter kam, sah die Kirschen über den Ohren, sah die Flecken und fragte: „Wo habt ihr die her?"

Reiner zeigte auf Wolfi. „Der hat gebettelt. Der hat die Kirschen von einem Mann bekommen. Wolfi hat gebettelt."

Wolfis Mutter, die Mutti, gab ihm keine Ohrfeige. Sein Bruder hätte vielleicht eine bekommen, aber Wolfi bekam nie Prügel, was ihm noch Jahre später anklagend vorgehalten wurde: Du hast ja nie Prügel bekommen!

„Gebettelt!", sagte Mutti, und es war sehr schlimm, wie sie das sagte.

„Aber Reiner hab ich doch auch welche gegeben" … Wolfi verstand die Welt nicht mehr, hätte er formuliert, wenn er so hätte formulieren können. So sagte er nur: „Reiner hat sie auch gegessen!"

„Aber du hast gebettelt", sagte Mutti.

Oder war es Reiner, der das sagte?

Sie waren Freunde. Reiner und Wolfi.

1956

*Unser Haus war fertig geworden und wir waren quer durch die Stadt
gezogen. Vom Südwesten Mittweidas an den Nordrand, der gefühlt
der Süden war. Ging man unsere Talsperrenstraße weiter, immer den
Berg hinunter, landete man direkt in den Ferien. Das Flussbad. Der
Zeltplatz. Die Bootsanlegestelle. Das Kanusportzentrum. Die Talsperre.*

*Unsre Katze Minka war eines Tages verschwunden. War sie ausge-
rissen, zur Talsperre? Mein älterer Bruder und ich dachten, sie käme
bald wieder. Sie ist weggelaufen, belogen uns unsere Eltern.*

*Die Katze war weggebracht worden, weil wir einen kleinen Bruder
bekommen hatten. Der lag im Wagen und schrie oder nuckelte. Mein
älterer Bruder war längst in die Schule gekommen. Die Fichte-Schule, ein Backsteinbau, der ganz in der Nähe unserer alten Wohnung
lag. Wir sagten noch oft: in der alten Wohnung. Jetzt wohnten wir in
der Neuen Siedlung.*

*2002 wurde ich vom Friedrich-Bödecker-Kreis, eine Einrichtung zur
Lese-Förderung in Schulen, gefragt, ob ich für eine Anthologie etwas
über MEIN ERSTES LESEERLEBNIS schreiben könne. Ein, zwei Seiten. Ich dachte zurück ins Jahr 1956. Die Anthologie erschien 2003
und hieß „Zungenküsse und Einkaufszettel".*

DIE ALTE HERE
Das Märchen vom fremden Buchstaben

Mich hat all das heftig beeindruckt, was die meisten Leute
meines Alters in meiner Gegend gelesen haben: „Die Schatzinsel"
und „Timur und sein Trupp", „Das hässliche junge Entlein" und

„Schild des Glaubens". An Mühen des Lesenlernens, an das vertrackte Sil-Ben-Zu-Sam-Men-Zie-Hen, wie ich es später bei meinem Sohn erlebte, kann ich mich nicht erinnern. Ich habe das Lesen nebenbei erlernt. Mein älterer Bruder ging schon zur Schule, machte nachmittags Hausaufgaben – ich muss ihm dabei wohl Sparringspartner gewesen sein. Jedenfalls las ich noch vor der ersten Klasse alles, was mir in die Hände kam. Grimms Märchen gab es bei uns zu Hause in einer alten, wunderbar farbig bebilderten Ausgabe. Sie war in sogenannten deutschen Lettern gedruckt, in Frakturschrift. Für Liebhaber historischer Bücher ein Genuss; für die meisten Leute bis heute schwer zu lesen.

Ich kannte bis dahin nur die krakelige Handschrift meines Bruders und lateinische Druckbuchstaben. Aber ich wollte doch so gerne die Märchen lesen – und merkte bald, dass die Frakturschrift durchaus zu entziffern war. Die Selbstlaute und m, n, p, t waren lateinischen Buchstaben ähnlich; schwieriger war es mit dem k. Das s sah manchmal wie ein f aus; manchmal war es die bekannte Schlangenlinie. Die verschnörkelten Großbuchstaben brauchten viel Platz und S und G konnte man leicht verwechseln. Doch je mehr ich las, desto verständlicher wurden mir die Märchen – zumal ich viele davon vorgelesen bekommen hatte.

Allerdings kam in manchen Märchen ein Wesen vor, das ich als „alte Here" entzifferte. Hm. Da stand dann: „Eine alte Here wohnte tief im Wald." Oder: „Es war aber eine alte Here." Ich akzeptierte schließlich, dass die alte Here eine dieser vielen Märchengestalten war, eine ziemlich böse übrigens, wie sie nur in Märchen vorkommen. Deshalb wurde eine auch mal mit einer „Art" erschlagen.

Es muss viel später gewesen sein, als ich erkannte, dass x und r in Frakturschrift ähnlich aussehen. Und weil x fast nur in der Hexe vorkam, hatte ich dieselbe immer als Here verstanden, ein nah am

Männlichen hausendes weibliches Wesen. Und eine Art als Mord-
instrument war mir verständlich, denn war nicht mancher „aus der
Art geschlagen"?

So denke ich jetzt manchmal, wie schön es wäre, wenn man
Buchstaben falsch läse. Welch wundersame Welt würde sich dann
auftun? Mit Heren ganz eigener Art.

1957

*Im September kam ich in die Schule. Die Klasse hieß 1bg, das g stand
für „gemischt", also Jungen und Mädchen. Unsere Schule hatte einen Eingang für Knaben und einen für Mädchen. An diese Ordnung
hielt sich längst keiner mehr. Aus der alten Wohnung ging man die
Schiller vor und bog gleich rechts in die Schulstraße ein. Dann nutzte
man den südlichen, den oberen, den Knabeneingang. Drei Minuten
Schulweg.*

*Aus der Neuen Siedlung gingen wir ins Tal des Gottesaubach hin-
unter, „de Bach" genannt, vorbei an Lederfabrik und Gasthof Röss-
gen, bis an die große Kreuzung. Dann die Zimmerstraße hinter, am
Schornerbladds vorbei, der „Tzschirnerplatz" hieß, den Deckerberg
hoch, der inzwischen Philipp-Müller-Straße hieß, und dann durch
den unteren, den Nordeingang, den für Mädchen.*

*Um die Schule halb acht morgens erreichen zu können, gingen wir
dreiviertel sieben los und hatten so etwas Zeit bis zum Stundenbe-
ginn. Kurz vor der Schule roch es nach Vanille, dort stand das Ring-
Nährmittelwerk und kochte Pudding für Tüten.*

*Täve Schur gewann die Friedensfahrt, der erste Sputnik flog ins All
und die ideologische Lage war wie immer: angespannt. Gegen einen Schriftsteller, gebürtig aus unserer Stadt, gab es einen Prozess.
Zunächst gab es Gerüchte.*

NEPTUN, DACKEL, OSWIN*

Gerüchte waberten. Gerüchte gab es seit 1948. Carl Andrießen, Jahrgang 1925, der Sohn eines Mittweidaer Papierfabrikingenieurs, war damals Redakteur in der Rochlitzer Lokalzeitung geworden. Diese Zeitung war wiederum Ableger der „Leipziger Volkszeitung". Carl holte seinen Schulfreund Erich, Jahrgang 1926, den Sohn vom Eisenwaren-Loest, nach. Du willst doch schreiben, soll er ihm gesagt haben.

Später wurde Andrießen in die Leipziger Zentralredaktion versetzt. Erich folgte ihm wiederum, trug den Aufzug jener Jahre: Kurze Lederjacke, die er im Gefangenenlager einem ehemaligen Panzerfahrer gegen hundert Zigaretten abgetauscht hatte, Marinehose, geplündert in Mittweida. Er war zum besten Eindruck entschlossen; den erfahrenen Redakteuren näherte er sich voll Respekt.

Der Mittweidaer Andrießen studierte in Leipzig neben seiner Redaktionsarbeit, der Mittweidaer Erich schrieb in Leipzig nebenher Kurzgeschichten und verkaufte sie an Zeitungen und Zeitschriften. Dann wurde gar ein ganzer Roman fertig, „Jungen die übrigblieben". Der Hauptheld hieß Uhlig und Freunde dieses Haupthelden, stadtbekannte Schieber, trugen die Spitznamen Neptun, Dackel und Oswin. Sie wurden als Namen einfach ins Buch gekippt …

Andrießen machte für Freund Erich Werbung und schrieb in der Zeitung „BZ am Abend" dieses:

„Können Sie sich vorstellen, dass plötzlich mitten im Park von Mittweida Romangestalten aus dem Busch stürzen, um einem Autor eine Tracht Prügel anzudrohen? Ein junger Leipziger

---

* Unter Verwendung von Motiven und Zitaten aus Erich Loest: „Durch die Erde ein Riss – Ein Lebenslauf", Linden Verlag, Leipzig, 1981/1990, S. 132 ff.

Schriftsteller hatte ein Buch geschrieben, das im Wesentlichen seine Erfahrungen und Erlebnisse schildert. Für die dichterische Phantasie blieb nicht viel Platz. Unser junger Mann hatte nun im Eifer des Gefechts den Schlüssel stecken lassen. Die Mittweidaer Buchhändler stellten den Roman ins Schaufenster mit der zugkräftigen Empfehlung: ‚Ein Buch des Mittweidaer Heimatdichters‘. Was tat es, dass sich der Autor über diese Werbung gelb und grün ärgerte. Die Mittweidaer lasen das Buch. Und so erfuhren stadtbekannte kleine Strolche von ihrem zweiten Leben als Roman-Randfiguren. Als der Autor ein paar Tage in Mittweida war, kam es zu einem Handgemenge. Mit Erbitterung wurden die Argumente dieser ‚literarischen Diskussion‘ an den Mann gebracht. Nun, die Verstärkungen für diesen Autor wurden planmäßig herangeführt. Die lebendige und schlagkräftige Literatur siegte auf der ganzen Linie.“

In Mittweida waberten Gerüchte auch in den nächsten Jahren. Wenn der Held in Erichs Roman Uhlig heißt, kann es sich doch nur um Bäcker Uhlig handeln, der am Markt seinen Laden hat. In den „Sportgeschichten“ kommt „de Schwane“ vor, das Tanzlokal. Das hat doch auch den richtigen Namen. Sogar „Liebesgeschichten“ hat er geschrieben, einen ganzen Band voll. Dann soll er doch noch mal studiert haben, der Erich, richtig Literatur. Das muss er unbedingt, damit er nicht wieder so'n Zeug schreibt wie mit dem Uhlig und den „Jungen die übrigblieben“, hieß es. Sein Freund Carl war ja mittlerweile bei einer Berliner Zeitschrift, der „Weltbühne“, aber die las in Mittweida sowieso niemand.

Im November 1957 hatte man Erich gesehen. Unten an der Zschopau, mit seinem Großen. Er war zu Besuch in Mittweida, bei Eltern und Schwiegereltern. Sein Großer ging zur Schule, die Kleine war drei und es gab noch ein Neugeborenes. Der Vater von Erich feierte seinen Sechzigsten, andere sagten, der Schwiegervater würde feiern. Deshalb waren sie wahrscheinlich nach Mittweida gekommen. Warum kommt man sonst aus Leipzig für paar Tage nach Mittweida zurück?

Die Frau vom Erich mit den Kindern wohnte zu der Zeit bei ihren Eltern. Erich schlief am Pfarrberg, wo sein Vater und seine Tante wohnten. Und am Abend des 14. November hatte man gesehen, wie der Erich mit drei Männern aus dem Haus am Pfarrberg kam, zu zwei Autos gingen sie.

Wieder ein anderer hatte Erich an diesem Abend im Auto gesehen, in der Nähe der „Moritzburg". Einer wäre ausgestiegen, hätte gefragt, wo es nach Leipzig gehe, aber da hätte Erich aus dem Auto heraus gerufen: Das kann ich euch sagen!

Dann gab es nur noch Gerüchte. Manche wussten nicht, ob sie das Buch „Jungen die übrigblieben" noch behalten konnten oder es doch lieber abliefern sollten. Sie wussten nur nicht, wo.

Irgendwann aber wussten alle in der Stadt, die es wissen wollten, dass man Erich zu siebeneinhalb Jahren Zett verknackt hatte. Wegen Umsturzversuch, illegaler Betätigung, einer „Gruppe Harich", Konterrevolution und all so was.

Wie hatte der Freund Andrießen sieben Jahre vorher geschrieben? „Die lebendige und schlagkräftige Literatur siegte auf der ganzen Linie."

1958

Wir waren das ganze Jahr Abonnenten. Mein Bruder und ich. Denn seit Heft 7/1957 bekamen wir jeden Monat „Das Mosaik", eine „Bilderzeitschrift". Wir nannten sie „Digedags", weil die Kobolde Dig, Dag und Digedag darin ihr Wesen trieben.

Ab Januar waren die Digedags im Alten Rom; der böse Julius Gallus wollte ihrem menschen- und tierfreundlichen Zirkus durch Gladiatorenkämpfe die Zuschauer abspenstig machten, doch die Digedags siegten, wie auch später, als sie der Tochter des Seifenfabrikanten Schamponius, der schönen Olivia (rothaarig) und ihrem Sklaven Alfio (dunkelfarbig) zum Glück verhelfen. Sie lernen den germanischen Koch Teutobold in einer Fremdenlegion kennen, Digedag verabschiedet sich für eine lange Zeit und am Ende des Jahres fliegen Dig und Dag mit dem Erfinder Sinus Tangentus auf den Mond; die Weltraumserie beginnt, die mich die nächsten zwei Jahre beschäftigen sollte.

Im Dezember aber beschäftigten mich Geschenke, jene, die ich mir erhoffte und die, die ich selbst machen wollte oder musste. Auch bekam ich zum ersten Mal wohl bewusst jenen Weihnachtswitz zu spüren, der Teil unseres Familienerbes ist.

Als im Herbst 2008 das Fernsehen anfragte, ob ich eine selbstgeschriebene Weihnachtsgeschichte im Abendprogramm lesen möchte, war meine Eitelkeit gefragt und ich schrieb die Erinnerung an diesen Witz auf. Die Erinnerung durfte nicht länger als sieben Minuten dauern; Fernsehen ist eine sekundengenaue Sende-Einrichtung.

DER WEIHNACHTSWITZ

Vor vielen Jahren feierte meine Familie, Vater, Mutter, vier Kinder, mitten im tiefen Sachsen Weihnachten so, wie es dort meist üblich war. Mit einer Besonderheit. Auf die müssen wir aber noch etwas warten. Denn wenn etwas zu Weihnachten gehört, dann ist es Geduld.

Anfang Dezember brachten wir mit dem Schlitten – offensichtlich gab es damals Schnee – unseren Stollenteig zum Bäcker Meinig. Einen Tag später holten wir die gebackenen Laibe ab, butterten, streuten Puderzucker drauf – und verschickten die gute Hälfte an die Westverwandtschaft, von der wir zuvor per Westpaket die Stollenzutaten bekommen hatten: Mandeln, Rosinen, Zitronat.

Dann begannen die Heimlichkeiten. Denn zu Weihnachten sollte man ja überrascht werden. Wir Kinder behielten, was wir von unserer Mutter hörten, eisern für uns und sagten unserem Vater nur: „Für dich gibt's eine braune Überraschung. Eine braune Überraschung mit Reißverschluss." Wir bastelten lange und viel, zum Schluss kam aber nur eine gekaufte Brotbüchse heraus, die wir mit Weihnachtsherzen beklebt hatten.

Am 24. Dezember schließlich gingen wir nachmittags in die Stadtkirche. Der Chor sang, wir brummten alles von „Es ist ein Ross' entsprungen" bis „O du fröhliche" mit, die Orgel jubilierte, der Pfarrer predigte, vorn stand ein riesiger geschmückter Tannebaum und die bunten Kirchenfenster wurden langsam dunkel. Nach der Christvesper ging es durch die düstere Waldheimer Straße nach Hause. Dort wurden Würstchen heiß gemacht – und es gab süßsaure Weihnachtssoße, deren Rezept meine sächsische Mutter für den schlesischen Teil unserer Familie, meinen Vater, eigens erlernt hatte.

Dann kam das Besondere unseres Weihnachtsrituals. Vater sagte: „So! Das war wieder mal ein wunderschönes Weihnachten. Wir haben gesungen, dem Pfarrer zugehört, die Weihnachtsgeschichte vorgelesen bekommen, den Tannebaum mit Lichtern gesehen, großartig gegessen – ab ins Bett." Die Jüngeren waren entsetzt: Erst noch ins Bescherungszimmer! Wir Älteren murrten augenzwinkernd mit – denn wir wussten ja: Dieses war der Weihnachtswitz. Den hatten wir vor Jahren auch schon über uns ergehen lassen müssen.

Mein Vater, überaus erstaunt: „Was denn noch? Wir hatten doch alles, was zu Weihnachten gehört: Singen, Lichterbaum, gutes Essen … Wir Älteren gaben uns schließlich überzeugt: „Ja, dann gehen wir eben ins Bett."

Die gute Pointe des bösen Witzes: Es ging dann doch noch ins Bescherungszimmer. Und allgemein wurde befunden, dass es gemein sei, kleine Kinder soooo zu veräppeln. Und solange unsere Sippschaft noch nicht ausgestorben ist, erzählen wir alle Jahre wieder den Kindern und Kindeskindern denselben fiesen, ollen Witz.

1959

Nun war schon ein Drittel dieser Erde rot und die Insel Kuba war durch Fidel Castro befreit worden. Mein Bruder wurde am Geburtstag von Ernst Thälmann zehn Jahre alt und es würde wohl noch ein Jahr dauern, bevor er mich als dann auch Zehnjährigen examinieren würde: In Amerika gibt es zwei, die Präsidenten werden wollen, Niggsohn und Köhnödü. Für wen bist Du? Ich würde sagen: Niggsohn, weil Köhnödü gar zu komisch klang. Mein Bruder würde sagen: das ist richtig, weil Niggsohn die Neger befreien will. Ich wusste, dass Nigger ein schlimmes Schimpfwort für die Neger ist, das hatte ich bei Mark Twain und in „Onkel Toms Hütte" gelesen, und deshalb wollte Niggsohn auch, dass keiner mehr Nigger sagen sollte und alle Neger gemeinsam mit den Amerikanern Bus fahren könnten.

Doch noch war ich längst keine zehn, aber auch längst mehr kein „Erschte Bäbel – Schweineträbel". Ich war bei den Pionieren und weil ich viel zu gut in der Schule war, sagte unsere Klassenlehrerin Fräulein Teuchert: „Matthias, Du wirst Gruppenratsvorsitzender."

Ich weiß nicht, ob ich das ein ganzes Jahr lang machte, auf jeden Fall waren meine Mitschüler und auch Fräulein Teuchert recht bald der Meinung, dass andere besser geeignet seien. Zum Beispiel die Traeger-Brigitte.

Auf einem Klassenfoto stehe ich in vorletzter Reihe, ohne Pioniertuch. Die neben mir tragen auch alle kein blaues Halstuch, wahrscheinlich, weil wir es vergessen haben. Die Schüler mit weißer Pionierbluse stehen in der ersten und zweiten Reihe, links die Traeger-Brigitte und ganz vorn in der Mitte die Kleinste, die Tochter vom Direx Noack. Doch vielleicht trügen sowohl meine Erinnerungen wie auch dieses Foto?

Denn heutigentags wird meine Schulzeit in den Fünfzigern gern anders dargestellt. Fleißige Schülerinnen aus Bayern haben zum Beispiel Folgendes herausgefunden:

FÄHNLEINFÜHRER IM BILDUNGSKOLLEKTIVISMUS

Eine Ausarbeitung der Schülerinnen Neah Auerbach, Lorine Nikolic und Laura-Sophie Wallgrabner vom bayerischen Mädchenrealgymnasium über das Leben in der ehemaligen DDR, Sonderfall: Schule.

In der ehemaligen DDR herrschte eine rigorose staatliche Schulpflicht, da Privatschulen verboten waren. Außerdem mussten alle Kinder in die Kinderorganisation „Ernste Thälmann-Pioniere" eintreten. Ausnahmen gab es nur für wenige Schüler, deren Eltern trotz Verfolgung ihren katholischen Glauben nicht abgelegt hatten. Ein jüdischer Religionsunterricht wurde nicht gestattet.

Die Kinder trugen zum Zeichen ihrer Zugehörigkeit zur

Kinderorganisation Halstücher. Der Knoten symbolisierte, dass man eng zusammengeknüpft war mit der SED, der Diktaturpartei in der ehemaligen DDR. Ähnliches kam auch beim Abzeichen der SED zum Vorschein, zwei ineinander verschlungene Hände. So wurde die Politik von oben nach unten dirigiert, welches sich auch in der kleinsten Zelle der Gemeinschaft, der Schulklasse, ausdrücken sollte.

Allerdings konnten sich viele Kinder dem staatlichen Zwang entziehen und besonders am Nachmittag in privaten Familienkreisen sich mit den damals noch einfachen Spielgeräten wie Joysticks beschäftigen.

In der Schule wurde das Lernen in einem Frontensystem durchgeführt. Der Lehrer betrat den Klassenraum und alle Schüler stellten sich im Grundprinzip neben ihre Stühle. Dann sagte der Fähnleinführer, ein von den Lehrern bestimmter Klassensprecher: Achtung! Klasse zur Schulung angetreten! und der Lehrer erwiderte: Freundschaft! Setzen!

In Sachsen hießen die Fähnleinführer Gruppenratsvorsitzende. Dazu gab es noch einen Schülerrat, der aber keinerlei Rechte hatte. In Opposition dazu stand der Elternbeirat, dessen Mitglieder alle in der SED waren.

In der ehemaligen DDR wurde besonderer Wert auf naturwissenschaftliche Fächer gelegt. Aufgrund der staatlichen Misswirtschaft wurden ständig neue Ingenieure gebraucht, die vor allem universelle Materialien entwickeln mussten, wie „Plaste", ein in der ehemaligen DDR vielfach angewandter ehemaliger Grundwerkstoff.

Deshalb war auch der Werkunterricht bereits in der Grundschule Pflicht. Hier sollten die Schüler all die Fähigkeiten erlernen, die später dringend benötigt wurden, wie Nadelarbeiten,

Schreinerei, Spenglerei und das Autotuning. Man nannte das Fach später „Polytechnischer Unterrichtstag", weshalb alle Schulen nach und nach den Titel „Polytechnische Schule" trugen. Das private Handwerk hingegen war durch staatliche Maßnahmen eingeschränkt. So gab es am Ende der ehemaligen DDR nur Kombinationsstützpunkte, in denen man „1 000 kleine Dinge", wie die SED-Diktatur in abschätziger Weise Non-food-Produkte nannte, selbst herstellen konnte.

Im Grundschullehrplan wurde vor allem Wert auf die Erziehung zum Klassenhass gelegt. Das wurde aus den Lehren von Marx, Engels, Lenin, Stalin und Putin abgeleitet, die in allen Grundschulen in Auszügen vorgelesen wurden. Im zentralen Lesebuch für die dritte Klasse, denn es gab keinerlei Bildungsföderalismus, mussten die Kinder zum Beispiel den Diktator Wladimir Lenin auswendig lernen. Er trug die Kleidung russischer und ukrainischer Bauern und konnte so von den damaligen Menschen in der ehemaligen Sowjetunion nicht erkannt werden (siehe Anhang).

Eine Besonderheit in der ehemaligen DDR-Grundschule war auch der Ernteeinsatz. Hier mussten die Schüler im Herbst auf die Felder zum Kartoffelklauben. Es gab keine Landwirtschaft und die Zwangskollektivierung arbeitete uneffektiv, so dass Erntehelfer gebraucht wurden. Die Schüler erhielten keinen Mindestlohn, allerdings gab es Gelder für eine staatlich verordnete Klassenkasse, aus denen die Schüler dann „Wandertage", wie Klassenfahrten in der ehemaligen DDR heißen mussten, finanziert wurden.

Auch das Sammeln von Metallen und Zeitungspapier, welches in der ehemaligen DDR „Sero" hieß, wurde von allen Grundschülern gemeinsam durchgeführt. Mit großen Handwagen zog man jahrgangsübergreifend durch die Straßen und rief im Chor „Süßes oder Saures!", wodurch die Bevölkerung wusste, dass sie ihre

Vorräte an Sero abliefern mussten. Später wurde dies durch so genannte „Timur Trupps" durchgeführt, eine aus der ehemaligen Sowjetunion eingeführte paramilitärische Organisation, nach dem islamistischen Diktator Timur benannt.

Die Vorbereitung auf die Bundeswehr begann in der ehemaligen DDR ebenfalls schon in Grundschulen. An den „Wandertagen" wurde Geocashing durchgeführt, bei dem es Ziel war, den „Klassenfeind" zu besiegen. Der „Klassenfeind" war ein in den staatlichen Wäldern versteckter Behälter aus Blech, dem man nur dann finden konnte, wenn man den von so genannten „Pionierleitern" ausgegebenen Hinweisen mit „Karte und Kompass" (in der ehemaligen DDR übliche Bezeichnung für ein Navi) folgte.

In den oberen Klassen wurde die Freizeit dann durch die GST („Gesellschaft für Sport und Transportwesen") geregelt. Man konnte in dieser Gesellschaft den Motorradführerschein erwerben, das Surfen (in der ehemaligen DDR „Brettsegeln") erlernen oder in Reiterhöfen sich zum Pferdesport bekennen.

Einen gültigen Abschluss der Grundschule erhielt man nur, wenn man sich zum Sozialismus bekannte und den Verwandten im freien Teil Deutschlands verbot, zur Konfirmation, wie die Kommunion im evangelischen Teil der kommunistischen Staaten heißen musste, Päckchen zu schicken.

Persönliche Schlussfolgerung der Schülerinnen Neah Auerbach, Lorine Nikolic und Laura-Sophie Wallgrabner und Erkenntnis aus dieser Jahresarbeit:

Unsere Großeltern haben trotz Verbot immer Päckchen mit Seife und Diddlmäusen in den ehemaligen Ostblock geschickt!!!

Anhang: *Lenin benützte eine Ruhepause, um in einem Wald bei Moskau spazieren zu gehen. Dort traf er einen alten Bauern beim*

Pilzesammeln, setzte sich zu ihm, und die beiden unterhielten sich lange. Als sich Lenin schließlich verabschiedete, seufzte der Bauer: „Man sagt, dass jetzt ein gewisser Lenin in Russland regieren soll. Ja, wenn dieser Lenin so wäre wie du, dann wäre es vielleicht wirklich besser geworden!"

Anmerkung: *Sämtliche sachlichen Fehler in diesem Text sind nicht zufällig und durchaus beabsichtigt.*

1960

Es war das Jahr, als fast 200 000 DDR-Bürger in den Westen flohen, die Hälfte davon „Jugendliche unter 25 Jahren", wie die offizielle Formulierung lautete.

Das hatte auch damit zu tun, dass 1960 als „Das Jahr des sozialistischen Frühlings auf dem Lande" deklariert wurde. So hieß es auf unserer Seite der deutschen Welt. Auf der anderen Seite schrieb man: „Zwangskollektivierung".

Aus dem oberen Stock unseres Siedlungshauses sah man in östlicher Richtung einen Bauernhof. Gingen wir in südwestlicher Richtung in die Fichte-Schule über den Ringethaler Weg, den ich lange „Ringelnatternweg" las, kam man ebenfalls durch einen Bauernhof, das „Stadtgut". Noch ein paar hundert Meter weiter hatte „Bauer Schöne" seinen Hof. Ob Bauer Schöne damals überhaupt in der LPG war, ist fraglich. Wir halfen ihm gern bei der Ernte, ganz ohne Schule, freiwillig, weil er gut bezahlte und jedem Kartoffelleser, ob Mann, Weib oder Kind ein „Abendbrot" auf den Heimweg gab. Eine dick butterbeschmierte, mit viel Wurst belegte Doppelbemme.

Die mütterliche Seite unserer Familie waren Sachsen, aus Werdau, aus der erzgebirgischen Hirschleithe, aus Großenhain und vor allem

aus Leipzig. Bodenständig und heimattreu, mochten noch so viele
abhauen: Mir bleim!

Die väterliche Verwandtschaft kam aus Schlesien, Umsiedler, also
Heimatvertriebene in bundesdeutscher Sprachregelung. Oma Ber-
ta, Tante Hilde und Cousinen lebten jetzt auch alle in Leipzig, ei-
nen Onkel hatte es ins südliche Randberlin verschlagen. Manche
waren aus Schlesien über Zwischenstation im Sudetenland gekom-
men. Männer gefallen, neue Männer, auch von irgendwo aus den
Ostgebieten. Fabianek hieß einer. Wo konnte der schon herkommen?
Schlesien-Obbärr. Und wo zog es ihn hin? Ruhrgebiet, zu seinen
Landsleuten.

Irgendwann war der gesamte schlesische Teil, außer meinem Vater,
weitergezogen, gen Westen, also auch in die besondere politische Ein-
heit Westberlin, wie es offiziell in der DDR-Sprache hieß.

KOFFER IN BERLIN

Irgendwann musste es sein, das wusste sie ganz fest. Jeder Tag
konnte der falsche sein und gestern wäre es gewiss richtig gewesen. Manchmal waren die Kontrollen lax, manchmal schlimm und
manchmal gab es gar keine. Man musste erst mal von der Zone
nach Berlin kommen. Nach Ostberlin. An der Stadtgrenze die erste
Kontrolle.

Bei ihrem Bruder hatten sie scharf nachgefragt. Er hatte von
einem Kollegen den Schreibtisch gekauft. Einen prächtigen, großen Schreibtisch. Friedensware. Als dieser Kollege weggeblieben
war, hatte man ihren Bruder in die Mangel genommen. Aber er
konnte glaubhaft versichern, wie das wohl hieß, dass er nichts von
den Republikfluchtplänen wusste. Es hatte auch einer für ihn ausgesagt, dass er nach einem Schreibtisch im Kollegenkreis gefragt

hatte. Ahnungslos. Ich hab da noch so einen da, ein gutes altes Stück, hatte der spätere Republikverräter gesagt.

So sagte man in dieser Zone, sagte sie sich. Ihre Töchter waren in der Ausbildung. Die eine war auf einem katholischen Internat in Thüringen und schon achtzehn, was in der Zone Volljährigkeit bedeutete. Die andere ging zur Oberschule.

Vielleicht wäre es wirklich besser gewesen, wenn sie getrennt gefahren wären. Die ältere wollte sowieso dableiben. Sie wollte unbedingt diesen katholischen Schnickschnack weitermachen. Vielleicht hatte sie auch einen Freund, sie wagte gar nicht, danach zu fragen. Die jüngere wollte unbedingt weg.

Zu dritt mit allen Papieren, verteilt in den Koffern, fuhren sie nach Berlin. Sie hatten auch die Bettwäsche dabei. Die große Kristallvase, alles gut versteckt und verpackt. Den teuren Pelzmuff. Hätte sie etwa das gute Service dalassen sollen? Ihren Bruder wollte sie lieber nicht hineinziehen, der redete sowieso manchmal wie die Zonenhäuptlinge. Und wenn sie das gute Service bei ihm gelassen hätte, hätte es vielleicht die nächste scharfe Befragung gegeben. Nein, ihr Bruder war in jedem Fall ungeeignet.

Bei Onkel Walter in Ostberlin hatten sie Station gemacht. Dem wollte sie die prachtvolle Kristallvase nun schon gar nicht lassen. Sie hatte später, als sie im Knast viel Zeit hatte, immer wieder überlegt, ob er den Grenzern vielleicht einen Tipp gegeben hatte.

Sie fuhren ganz normal mit der S-Bahn. Sie hatte sich auch alles zurechtgelegt. Sie wollten Tante Martha in Tegel besuchen. Verwandtenbesuche waren schließlich erlaubt. Die Töchter hatten Osterferien, da konnte auch niemand Verdacht schöpfen.

Sie stiegen am Ostkreuz ein. Die S-Bahn fuhr über Friedrichstraße nach Spandau. Den Töchtern hatte sie gesagt, dass jede einen Koffer tragen, aber nicht alle auf einen Haufen abstellen sollten. Sie selbst hatte zwei Koffer. Ein Mann bot ihr an, beim Tragen zu helfen. Das war der Fehler. Er saß später schräg gegenüber.

Warschauer Straße. Jannowitzbrücke. Alexanderplatz. Marx-Engels-Platz. Friedrichstraße. Kontrolle.

Sie waren zu dritt. Einer wollte die Fahrkarten sehen. „Sind das Ihre Koffer?", fragte der zweite. Zu den Töchtern sagte er: „Ihr gehört dazu?"

„Das ist mein Koffer", hatte die jüngere gesagt. Der Mann von schräg gegenüber sagte: „Die Koffer gehören alle zu der Dame. Das sind ihre Töchter."

Sie mussten aussteigen. Draußen warteten noch zwei Uniformierte. Dann wurden sie in einen grün getünchten Raum geführt. Große Tische in der Mitte. Noch eine andere Familie war dort; ein Ehepaar mit einem Säugling.

Sie mussten ihre Koffer öffnen und die Sachen auf den Tisch legen. Ein Beamter wühlte darin herum und fand sofort das Zeugnis der großen. „Katholische Bildungsstätte Erfurt, soso", sagte er. Dann wurden die Töchter abgeführt. „Sie kommen mit mir mit", sagte der Chef.

Sie wurden getrennt verhört. Später hatten ihre Töchter davon erzählt. Sie hatten sich zwar genau abgesprochen, Ferien bei Tante Martha, der man Bettwäsche und das Service bringen wollte. Tante Martha wohnte seit 1928 in Tegel, sie könnten ja nachfragen.

Man hatte ihr natürlich nicht geglaubt. Ihre Töchter waren nach einer Nacht entlassen worden. Die ältere fuhr ins Internat, die jüngere kam zum Onkel, also zu ihrem Bruder. Dort ging sie die nächste Zeit zur Schule.

Zwei Monate saß sie im Knast. Sie blieb hartnäckig. Man konnte ihr nichts nachweisen. Aber das Hafturteil war rechtskräftig. Als sie entlassen worden war, stieg sie in die nächste S-Bahn.

Im Sommerkleidchen. Nicht mal eine Handtasche nahm sie mit. Warschauer Straße. Jannowitzbrücke. Alexanderplatz. Marx-Engels-Platz. Friedrichstraße. Kontrolle. Sie hatte einen gültigen Fahrschein, ein Pappkärtchen.

Von Tante Martha schrieb sie an ihren Bruder. Der setzte ihre jüngere Tochter wunschgemäß in die Bahn. Warschauer Straße. Jannowitzbrücke. Alexanderplatz. Marx-Engels-Platz. Friedrichstraße. Kontrolle. Keine Probleme.

Die ältere Tochter war durch die Verhöre so verändert worden, dass sie nie und nimmer bleiben wollte. Sie fuhr auf Besuch zu ihrem Vater, der im Ruhrgebiet wohnte. Dort trafen sich alle einen Monat später. „Ich musste alles zurücklassen", sagte sie zu den Töchtern. Im Aufnahmelager war es schlimm. Aber schlimmer als vorher konnte es sowieso nie mehr werden. Irgendwann musste es sein.

Sie schrieb an die Grenzorgane der DDR und fragte nach ihrem Hab und Gut. Sie erhielt keine Antwort. Eine paar Tage später wurde ihr Bruder auf die Polizei bestellt. „Sie erinnern sich noch?"

Nein, der Bruder wollte sich nicht erinnern. Nicht an den Schreibtisch, nicht an irgendwelche Fluchtpläne seine Schwester: „Natürlich war meine Nichte hier. Wenn die Mutter im Knast ist. Sie musste ja zur Schule gehen. Wir haben in unserer Republik aus gutem Grund Schulpflicht. Aber jetzt sind Ferien, da ist sie natürlich zu ihrer Mutter gefahren."

„Wir wollen jetzt mal nicht aus dem Nähkästchen plaudern", sagte der verhörende Polizist. „Aus dem Nähkästchen, nicht aus dem Koffer?", fragte der Bruder.

Doch das mochte der Polizist nicht verstehen und verwarnte den Bruder schriftlich. Der nahm das Papier mit und heftete es in seinen Unterlagen ab.

1961

Der Übergang von der vierten zur fünften Klasse sei sehr schwierig.
So wurde unter uns Kindern erzählt. Mein Bruder wusste das längst.
Er kam ja schon in die siebente. Da hatte man sogar Chemie. In der
fünften gab es statt nur Deutsch, Rechnen, Werken, Nadelarbeiten
und Heimatkunde nun auch Biologie, Erdkunde, Physik, Zeichnen,
Russisch, Mathematik und Geschichte. Seit wir in die „Zehnklassige
allgemeinbildende polytechnische Oberschule" gingen, sagte Lehrer
Kühn jedes Mal, wenn sich einer besonders dumm anstellte: „Ooober-
Schule! Ein Oooberschüler!" Lehrer Kühn stand kurz vor der Rente.
Im April war Juri Gagarin ins Weltall geflogen; ich schrieb „Ande-
re Sterne – Ein Zukunftsroman" in ein liniertes Pappbuch, bastelte
dafür einen Schutzumschlag und zeichnete darauf eine Rakete. Sie
erinnerte an die von Bhur Yam, dem Raumschiffkommandanten aus
den Digedags. Ich erinnere mich noch, dass ich die Bewohner von
den „Anderen Sternen" eine Mischung aus italienisch und englisch
sprechen ließ. Man hatte unter der Raumschiffbesatzung sowohl ei-
nen Italiener als auch einen Engländer. Diese sprachen jeweils ei-
nen Satz in ihrer Landessprache – und die anderen Sternebewohner
konnten bald alles verstehen … Leider gibt es das Buch nur noch in
der Erinnerung.
Im April kam Onkel Josef aus Zabrze nach Mittweida. Mit Tante
Liesl hatte er in Polen gelebt, und weil er Obersteiger war und gut
polnisch sprach, wurde er nicht ausgesiedelt, sondern gebraucht. Nun
war er Rentner, hatte alles berechnet, was er im Westen und was er
in der DDR bekäme, zum Beispiel ein Kohle-Deputat, auch wie die
Lebenshaltungskosten waren. Er wusste, dass sein Neffe – mein Va-
ter Gerhard – ihm bei vielem helfen würde, was Rentner brauchten.

So wohnte er nun in der kurzen Körnerstraße und vermisste einen „Schoppen". Ein „Schoppen" sei unbedingt nötig, um Gartengeräte, Kohlen, Schlitten, Weihnachtsbaumschmuck, Fotobücher vom Wawel in Krakau und überhaupt den polnischen Krimskrams zu verstauen.

Einschneidend war der 13. August. Einige Tage später fuhr ich für einen vierzehntägigen Ferienaufenthalt zu Onkel Willi und Tante Mariechen nach Zeesen bei Königs Wusterhausen.

TANTE ELSCHEN HAT EIN HÄUSCHEN

Elschen wurde schon immer Elschen genannt. Inzwischen war sie über fünfzig, doch sie hatte keine Kinder. Ihr Mann, der Karli, hatte einen Sohn. Mit Waltraud, mit der er eine Weile verheiratet war. Doch jetzt war er von der endlich geschieden worden und wieder mit Elschen verheiratet.

Als Elschen Karli kennenlernte, war sie wirklich ein Gänschen. Das Gänschen Elschen. Karli, zehn Jahre älter, war als blutjunger Kerl aus Oberschlesien nach Berlin gekommen. Er hatte hauptamtlich bei der Gewerkschaft zu tun. Mit Beziehungen aufgrund einer undurchsichtigen Erbschaftsangelegenheit kam er an das Grundstück in Teltow und baute zunächst eine Hütte, dann ein Häuschen, dann ein Haus mit vielen Anbauten. „Macht Effekt", wie Karli, der Oberschlesier, sagte. Das nächste Häuschen stand hundert Meter und viele Kiefernbäume weiter. Er brauchte Platz für die Tauben und für die Hunde und die Hühner und die Zwerghühner.

Dann wurde er arbeitslos. Die Nazis – er war ja Gewerkschaftler. Karli überschrieb das Grundstück auf Elschen, weil er nicht wusste, ob sie ihn, wie manchen seiner Kollegen, vielleicht doch abholen würden. Er begann von der Hundezucht zu leben, nicht schlecht zu leben. Nur Kinder bekamen sie nicht. Da hatte Karli dann was mit Waltraud, und als die schwanger war, ließ er sich scheiden. Er heiratete Waltraud und zog drei Straßen weiter zu ihr. Elschen wohnte weiter im Haus, Karli versorgte seine Hunde und Tauben und war irgendwann wieder bei der Gewerkschaft. Die hieß jetzt Freier Deutscher Gewerkschaftsbund, FDGB.

Als Sohn Heini aus der Schule gekommen war und eine Lehre als Automechaniker begonnen hatte – Karli hatte durch seinen FDGB *Beziehungen*, die man für solch eine Lehre brauchte – gab es immer wieder Krach mit Waltraud. Elschen bekam ja alles mit. Karli war tagsüber meist auf seinem ehemaligen Grundstück. Da bekommt man alles mit.

Karli zog schließlich wieder in sein altes Haus und zu seinem alten Elschen. Scheidung und neue Heirat, das musste sein, das hatte sie verlangt. Zu Heini durfte er Verbindung halten.

Elschen fuhr weiterhin einmal die Woche zu ihrer Schwester nach Westberlin, nach Lichterfelde. Man war ja sofort dort, von Teltow war das ein Katzensprung. Nur ein Katzensprung. Allerdings musste Katze Elschen sich fast jedes Mal von schnüffelnden Hunden, den Grenzern, durchsuchen lassen. Obwohl die längst wussten, dass sie nichts schmuggelte, nichts verkaupelte, nichts Staatsfeindliches tat. Sie brauchte einfach die Luft des Westens, den Kudamm, über den sie mit ihrer Schwester bummelte, die auch keine Kinder hatte und nicht mal verheiratet war. Sie hatte allerdings einen Bekannten, verheiratet, mit dem sie sich einmal die Woche einen ganzen Nachmittag und Abend lang traf.

Elschens Schwester würde nächstes Jahr fünfzig werden. Da sollte es eine Feier geben und Karli sollte endlich mal mitkommen. Doch der knurrte, er sei schließlich bei der Gewerkschaft. Westkontakte müssten angegeben werden.

In Lichterfelde hatte Elschen vor einem Grundstück einen Briefkasten gesehen. Der stand auf einem Pfahl und war wie ein Häuschen mit spitzen Giebeln gestaltet. Als der Neffe von Karli, der in Sachsen wohnte, mal zu Besuch war, hatte sie dem von diesem Hausbriefkasten vorgeschwärmt. „Das kann ich dir auch bauen", hatte der Neffe gesagt. Er tischlerte und bastelte nämlich leidenschaftlich gern.

Die Gelegenheit, diesen Briefkasten zu übergeben, kam bald. Der Sohn vom Neffen, der Michi, sollte Urlaub bei seinem Onkel Karli, eigentlich seinem Großonkel, machen. Michi hatte noch drei Geschwister und die Eltern waren froh, sie in den langen acht Wochen Sommerferien mal da oder dorthin zu verkaufen, wie sie sagten.

Michi wurde in Sachsen in den Zug gesetzt, mit einer Tasche und dem Briefkastenhaus. Das Haus hatte eine verschließbare Tür und darinnen viel Platz für viele Briefe und sogar Päckchen. Michis Mutter hatte Äpfel und Michis Schlafteddy in das Briefhaus hineingepackt. Michi war zwar schon zehn, aber ein Schlafteddy war in der großen weiten Welt unbedingt nötig.

Der Schaffner kontrollierte und Michi wies stolz seine Kinderfahrkarte vor: „Wo willstn damit hin?", fragte der Schaffner und zeigte auf das Briefkastenhaus – „nach Berlin?" – „Nein, nur bis Schönefeld, dort holt mich Onkel Karli ab und dann fahren wir auch nach Berlin."

„Nach Westberlin?"

„Ja, aber erst nach Teltow, zu Tante Elschen. Und mit der fahr ich dann nach Westberlin. Hat sie versprochen."

Der andere Kontrolleur meldete sich: „Zeig mal, was Du in dem Haus hast?"

„Das ist zugeschlossen. Ich hab aber den Schlüssel", sagte Michi sehr stolz und zeigte ihn vor.

Der Kontrolleur schloss das Haus auf, schaute die Äpfel an und holte den Schlafteddy heraus. Er gab ein paar Töne von sich. Der Schlafteddy war ein Singteddy und spielte eine Melodie, wenn man ihm auf den Bauch drückte.

„Hm. Nach Westberlin …?"

Der Schaffner herrschte seinen Kollegen an: „Jetzt fährt der Junge erst mal nur bis Schönefeld. Was an der Berliner Grenze erlaubt wird, ist Sache der Grenzer."

Michi stieg in Schönefeld mit Haus und Tasche aus, Karli erwartete ihn und ging mit ihm zum Bahnhofsvorplatz. Dort stand ein großer, prachtvoller Hanomag. Vorkriegsware. Der hatte hinten einen Käfig, in dem transportierte Karli seine Hunde.

In Teltow war Elschen überglücklich, als sie das Briefkastenhäuschen sah: „Da muss meine Schwester endlich mal kommen und das ansehen." Michi berichtete, dass sogar sein Schlafteddy kontrolliert worden war und dann hörte er von Elschen, wie deren Schwester gucken würde, wenn sie bei ihr mit einem Enkel auftauchen würde. Denn Michi könnte doch durchaus ihr Enkel sein.

Michi bewunderte die Tauben und die Hühner und die Zwerghühner. Und er hatte Respekt vor den Hunden. Onkel Karli zeigte ihm den Platz, wo man das Briefkastenhäuschen aufstellen würde. Er müsste es seinem Vater genau erzählen, damit der wusste, dass man das Geschenk auch würdigte. „No, macht Effekt", sagte Karli, denn er kam ja aus Oberschlesien und dort achtete man darauf, dass alles Effekt machte.

Tante Elschen bereitete Michi am Morgen ein Frühstück, das er so nicht kannte: frische Brötchen, Scheibenwurst und ein kleines Ei. „Ist vom Zwerghuhn", sagte Elschen, „du bekommst jetzt jeden Morgen ein Ei. Wenn du dich an nichts mehr erinnerst, aber dass du jeden Morgen ein Ei bekommen hast, wirst du dir merken.

Heute fahren wir erst mal nach Potsdam und morgen nach Lichterfelde zu meiner Schwester. Kinder, die könnte ich schon verwöhnen."

Michi widersprach: „Mein Vati sagt, Kinder darf man nicht verwöhnen." – „Doch", sagte Tante Elschen: „Ich als Tante darf das. Außerdem bist du ja bloß vierzehn Tage hier."

In Potsdam bestaunte Michi das Hochhaus am Busbahnhof. „Da musst du erst mal Westberlin sehen, da gibt's Hochhäuser."

Michi bestaunte die großen Läden. „Da musst du erst mal in Westberlin die Läden sehen. Morgen bei meiner Schwester, mit der gehen wir ganz groß kondittern."

„Ganz groß Kondittern" musste etwas überaus Großartiges sein.

Anderntags hatte Elschen noch ihr Häuschen und Karli seine Hunde und Tauben und beide gemeinsam die Hühner und die Zwerghühner. Und vorm Haus stand das Briefkastenhaus und die Nachbarn staunten. Michi bekam wirklich jeden Tag ein Frühstücksei vom Zwerghuhn und frische Brötchen und Scheibenwurst. Nur: Kondittern und Hochhäuser und Läden bestaunen – das ging plötzlich nicht mehr.

1962

Auf einem Schulklassenfoto stehe ich neben Peter Mademann. Peter war mein Freund. Wenn ich ans Ende unseres Gartens ging, stand ich in seinem Garten. Wir Kinder überschritten täglich mehrmals diese Grenze; eine Zeit lang gingen – oder huschten – Leute von der Wiener Straße quer durch alle Gärten, wenn sie beispielsweise zu Töpels wollten. Töpels, Mutter und Tochter, hatten einen Lebensmittelladen zwischen Alter und Neuer Siedlung.

1962 ging das nicht mehr – oder soll man sagen: Das gehörte sich nicht mehr? Die Zeiten gemeinsamen Schippens waren lange vorbei. Peter und ich aber hatten weiter das Privileg des Gartenhuschens. Wir holten morgens einander ab, mal kam Peter zu mir, mal ging ich zu ihm. Dann begann der lange Schulweg.

Vom Fenster unseres Kinderzimmers spannten wir eine Schnur über beide Gärten bis zu Peters Zimmer. Seine Schwester, „de Made" genannt, hatte ein eigenes Zimmer. Mit der Schnur konnten wir Signale geben, wer wen wann abholte.

Aus diesem Jahr springe ich ein knappes Dutzend Jahre voraus. Ich hatte Abitur gemacht, begonnen zu studieren und lebte nebenbei oder auch hauptsächlich für die Literatur. Könnte alles noch erzählt werden. Die Magdeburger Schriftstellerin Christa Johannsen, damals knapp sechzig, umgab sich mit ein paar jungen Schreibenden, zu denen ich gehörte. Nachfolgende Geschichte brachte ich eines Tages zu ihr. Sie hatte viel daran zu mäkeln. Eine Lehmgrube, in die der Held zwischendurch stürzte, damit es spannender würde, strich sie mir ganz. Gedruckt, geändert, vom Gestrüpp gelichtet erschien der Text weitere fünfzehn Jahre später in der Sammlung „Die Abenteuer der andern", Berlin 1990

DER BOSS UND SEIN ZWIRNY

Die Stahlrohrbeine waren mit den Sperrholzsitzen ziemlich fest verbunden. Meist waren sie zerkratzt, Beine und Sitze, aber die Schrauben hielten. Auch wenn man in der Deutschstunde kippelte, was natürlich unerwünscht, also strafbar, war, krachten nur selten die Stühle herrlich laut lärmend zusammen. Sehr selten. Eigentlich, ja eigentlich war das noch nie passiert.

Im Deutschunterricht also durfte man ganz besonders nicht

kippeln. Ganz besonders nicht. Noch weniger als überhaupt gar niemals nicht.

Dort gab es das Teilfach „Mündlicher und schriftlicher Ausdruck". Das Lehrbuch dazu hieß „Unsere Muttersprache", aber es war vor allem die Muttersprache von Frau Heerlein, der Deutschlehrerin. Sie erläuterte: Wir verbessern unseren schriftlichen Ausdruck! Das schrieb sie auch an die Tafel, mit langen dünnen Druckbuchstaben. Am Stundenende musste es abgewischt werden.

Neben Zwirny saß der Boss. Der war groß, schon mal sitzengeblieben, breit und dick, also richtig bossig. Frau Heerlein hätte wahrscheinlich das schmückende Beiwort bossig mit einem roten A wie Ausdrucksfehler versehen, obwohl sie verlangte, dass man mit schmückenden Beiwörtern arbeiten solle, wenn man herausheben müsste, was einen besonders bewegt hätte.

Wir erzählen folgerichtig und anschaulich, teilte Frau Heerlein mit. Natürlich, sagte sie, steht zu Beginn immer der Anfang. Wir wiederholen das.

Am Anfang hatte sich Zwirny mit dem Boss überhaupt nicht verstanden. Dann hatte der Boss Zwirny verprügelt und das Verhältnis besserte sich. Wenn Zwirny und der Boss früh gemeinsam zur Schule gingen, fragte der Boss regelmäßig nach dem Westfernsehprogramm. Wehe, Zwirny wusste nicht, was am Abend gekommen war. Anschließend fragte der Boss nach den Hausaufgaben. Wenn Zwirny sagte, dass es ziemlich viel war, wurde der Boss fuchtig. Er schaffte es dann kaum noch, vor der Stunde alles abzuschreiben. Daran war eigentlich Zwirny schuld, weil er eine so miese Schrift hatte. Was sollte aus solchen Menschen mal werden, fragte Boss väterlich, die so eine Sauklaue hätten.

„Wir benutzen kräftige Ausdrücke, um unser Anliegen deutlich zu machen", verkündete die Heerlein und guckte dabei, wie üblich, zickig. Sie konnte es noch nicht mal leiden, wenn der Boss mit Zwirny Schiffe versenken spielte.

Zwirny und der Boss gingen auch gemeinsam nach Hause. Sie wohnten drei Häuser auseinander. Der Schulweg war lang und der Boss fand das ungerecht. Zwirny musste ihn also morgens für Leistungskontrollen fit machen. Denn in einem guten Klassenkollektiv war es so, dass man einander gegenseitig half. Also erst einander und dann noch gegenseitig. Zwirny hatte folglich auf dem Heimweg dem Boss die Schlüsse der Abendfilme zu erzählen, die der Boss nie sehen durfte, weil die Boss-Eltern sich dem Boss gegenüber als Bosse aufspielten. Sie jagten ihn immer an den spannendsten Stellen ins Bett, weil sie niederträchtig waren.

Natürlich hatte Zwirny die Schlüsse auch nie gesehen. Er kannte nicht mal die Anfänge, weil Zwirnys Eltern noch niederträchtiger waren. Natürlich durfte er das dem Boss nicht sagen. Der hätte Zwirny verprügelt, nach Strich und Faden, weil er sich dumm auch alleine kommen könnte.

Zwirny hob sich also Krimi-, Liebes- und Heimatfilmschlüsse immer für den Heimweg auf. „Wir versuchen", sagte die Heerlein, „die Spannung zu steigern. Wenn wir unser Erzählthema gewählt haben, notieren wir zunächst für uns den Erzählkern."

In der ersten Pause hörte sich Zwirny schon mal um. In der zweiten Pause konnte er zuweilen schon mitreden, bloß etwas, denn Zwirny war eigentlich eine Pfeife. „Das war einwandfrei", warf er zuweilen ein, „wie die den im Bett kaltgemacht hat." Wenn es dann einer besser wusste – das waren doch die Hintermänner von der – notierte sich Zwirny diesen Erzählkern, mündlich natürlich, also im Zwirnyschen Hinterkopf.

In der großen Pause stand die Truppe meist im Hof. Da sie alle erst in die fünfte Klasse gingen, durften sie noch nicht rauchen. Aber sie standen beisammen, all die anderen, der Boss und

Zwirny, an jener Linde, die langsam einging, wie in einer Raucherecke. Manchmal scheuchte die Heerlein sie auseinander, weil ihr irgendwas nicht passte. Lärm oder so. Vielleicht, dachte sie, sie rauchten in diesem geschlossenen Kreis. Das war aber wegen der Gesundheit und der Disziplin und den zu erzielenden Leistungen wirklich streng verboten.

Leider konnte der Boss im Pausenkreis über die Abendsendungen nicht mitreden, weil Zwirny immer erst auf dem Nachhauseweg den Film in voller Länge und Breite, mit farbigen Details, grässlichen Schreien und Schussverletzungen zu erzählen wusste. Der Boss maulte, er wolle das demnächst schon vor der Schule wissen.

Zwirny oder vielmehr seine Eltern empfingen also plötzlich einen neuen Sender. Ja, das war eben so: Schweden oder Überreichweite oder beides zusammen. Der Boss sah da sowieso nicht durch.

Die Filme, die im schwedischen Überreichweitenfernsehen kamen, waren großartig. „Ach, mehr als großartig", sagte Zwirny. „Mensch, die sind", sagte Zwirny, „also einfach entfernt und wolkig und direkt und mehr so einfach saftig." Er erzählte die Anfänge und die Schlüsse und die Mittelteile der Filme. Nur manchmal war es eine Serie. Dann musste er natürlich mitten in der Geschichte aufhören. Der Boss war darüber immer sehr sauer, aber was konnte denn ein Zwirny dafür, dass die Überreichweitenschweden immer an der spannendsten Stelle aufhörten?

Zwirny fragte den Boss, ob er jetzt sauer sei, dass er den Schluss nicht wisse? Aber er, Zwirny, konnte doch wirklich nichts dran ändern, wenn die immer öfter an den spannendsten Stellen einfach eine Werbung oder einen Bericht übers hungernde Afrika einblendeten. Weil Schweden ein Sozialstaat war. Ach, war der Boss darüber sauer.

In der großen Pause unter der mickernden Linde gab es jetzt den großen Erzähler Boss. Er sah zu Hause einen Überreichweitensender, den die andern alle noch nicht kriegten. Weil sie in der falschen Antennenrichtung quer lagen. Bloß Zwirny, ja, der kannte die Sachen auch und bestätigte manchmal die Stories, die der Boss zum Besten gab. Und wenn der Boss steckenblieb, dann führte Zwirny die Handlung schnell wieder auf den richtigen Weg.

Da kamen unheimlich viele Tortenschlachten, Kaimane und Folterwerkzeuge vor. Die Schweden hatten Phantasie. Denn Zwirny wusste natürlich, dass man Rahmenthemen wählen müsse, die Anregungen gäben. „Schreibt mit", sagte die Heerlein, „von großen und kleinen Tieren! Da habe ich herzlich gelacht! Das ist mir eine Lehre gewesen!"

Einmal kam in der Abendserie ein Typ vor, der hieß Boss. Er war groß, wiederholte nach Absprache in der schwedischen Sozialschule eine Klasse, war breit und kraftvoll. Die Serie zog sich lang hin, und der Boss erzählte jedes Mal unter der blattarmen Linde die neuesten Abenteuer, die er morgens von Zwirny gehört hatte. Boss im Fernsehen war ein toller Typ. Und mit den Mädchen erst, da in Schweden ...

Im muttersprachlichen Deutschunterricht hatte die Heerlein mitgeteilt, dass man Empfindungen und Gefühle direkt benennen müsse. Also wurde irgendwann der Boss von einem Mädchen ausgelacht, in der Serie. Zwirny konnte ja auch nichts dafür, wenn die schwedischen Überreichweiten so was sendeten.

Der Boss hatte in der nächsten großen Pause mal nicht den neuesten Erzählstoff, hustete so rum, aber morgen, da würde die Story ganz groß weitergehen.

Am nächsten Tag wurde der Boss von seinen Eltern verprügelt. In der Serie, versteht sich. Die Boss-Eltern waren noch bossiger als der Boss. Zwirny erläuterte dem Boss, was das für markige

Elternteile waren, wie sie den Boss fertigmachten, also so richtig nach Strich und Faden. Der Boss war ganz kleinlaut, in dieser schwedischen Serie, und er jammerte, und dann bat er um sein Leben und dann verriet er die besten Freunde, und dann leckte er Speichel und dann vergaß er, die Hose anzuziehen und die Weiber kreischten sich scheckig über seinen nackichten Hintern und die Serie hörte überhaupt nicht auf. Denn an diesem Abend gab es überhaupt keine Werbung und keine hungernden Afrikanerkinder oben im Schwedenfernsehen.

Die Heerlein hatte ja gesagt, dass man starke Ausdrücke verwenden solle: Ich war furchtbar überrascht! zum Beispiel.

In der großen Pause war der Boss furchtbar kleinlaut. Gestern, sagte er, gestern, also da hatten meine Eltern eine Fete, und da durfte ich nicht sehen …

Dem Boss war noch nicht mal eingefallen, dass der Fernseher ja kaputt sein könnte oder wenigsten Unterreichweiten den Empfang gestört hätten. „Wir erzählen phantasievoll und erfindungsreich", hatte die Heerlein immer und immer wieder verkündet.

Zwirny, der empfing den Schweden doch auch, nun sollte er der wartenden Truppe unter der mickernden Linde erzählen, wie die Geschichte nun weiterging. Aber Zwirny sagte, er könne sich das nicht so gut merken, irgendwie waren die Eltern vom Serienboss wohl dazugekommen, und dann war da so eine Hosengeschichte, aber das wär alles ein bisschen verwirrend.

Der Boss schaute Zwirny mit einem langen Blick an.

Zwirny war sowieso eine Pfeife, das wussten eigentlich alle, der triefte dauernd vor sich hin, der merkte sich nicht mal wirklich einwandfreie Fernsehgags.

In der nächsten Stunde gab es ein neues Thema. Die Heerlein malte es dünn, lang und steif an die Tafel: Wir schreiben einen Brief aus dem Ferienlager!

Zwirny kriegte einen Eintrag. Er hatte geträumt und wieder überhaupt nicht selbstständig mitgearbeitet. Der Boss bekam eine Zwei, denn er hatte ohne Stocken und im ganzen Satz antworten können. Zwirny fragte sich die ganze Zeit ernsthaft, wann endlich mal einer der Stahlrohr-Sperrholzsitze beim Kippeln zusammenkrachte. Der Boss kippelte nämlich grauenerregend, aber es passierte reineweg gar nichts in diesen endlos langen Deutschstunden.

1963

In diesem Jahr überquerte der sowjetische Hochspringer Valeri Brumel die Latte bei 2,28 m. Ich kannte weitere solcher Zahlen: Armin Hary hatte 1960 die olympische Goldmedaille im Hundert-Meter-Sprint mit 10,2 Sekunden gewonnen und den Weltrekord auf 10,0 gedrückt. Hans Grodotzki, der DDR-Silbermedaillengewinner über 5 000 und 10 000 Meter in Rom, war mein Vorbild, weil auch ich gern Silbermedaillengewinner geworden wäre, das reizte mich, aus welchem Grunde auch immer, mehr als die Goldmedaille. Unter den vielen Büchern, die ich las, war auch eine Rudolf-Harbig-Biografie, des Dresdner Mittelstrecklers der Dreißiger und frühen Vierziger. Beim Fußball war ich Wismut-Aue-Fan, wozu wir damals wohl Anhänger sagten. Aue hatte nie die Chance auf den Meistertitel, aber eine große Vergangenheit hinter sich. In Sport, was damals als Fach meist „Turnen" genannt wurde, war ich eine Pfeife, aber ganz gut im Hochsprung und auf der Langstrecke. Ich begann sogar, jeden Morgen vor der Schule ein bis zwei Runden zu Trainingszwecken um die Siedlung zu laufen und als ein Jahr später die Olympischen Spiele in Tokio stattfanden, sagten meine Eltern: „Naja, in vier Jahren wirst Du vielleicht noch nicht dabei sein, aber in acht Jahren dann."

Mein Vater dachte aus irgendeinem Grund, dass ich vielleicht auf die Sportschule nach Karl-Marx-Stadt kommen sollte, doch unser Sportlehrer redete ihm das zu meinem Glück aus.

DIE LEGENDE VOM SIEG OHNE ENDE

Wilhelm aber turnte im Verein und zeugte Josef. Josef aber trieb Wehrsport und zeugte Wolfgang. Wolfgang aber war ein Fußballanhänger von Wismut Pirna-Copitz und zeugte keinen Sohn, sondern Tochter Heike. Heike aber wurde mit sieben Jahren an der Dresdner Comenius-Schule einem Test unterzogen. Es wurden damals viele Schüler einem Test unterzogen, bei Heike aber fiel er besonders positiv aus. Heike war körperlich begünstigt und die Leichtathletik sollte für sie wie geschaffen sein. Und Vati Wolfgang sprach: „Sie soll es mal besser haben als ich. Mit Sport kann man doch was werden in unserer Republik, kommt bevorzugt zum Auto und in westliche Länder."

Und Heike erwies sich als willig und fleißig und hatte viel Einsicht in die Trainingspläne. Und als sie zwölf war, wusste man, dass sie die richtigen Hebelverhältnisse für den Diskuswurf hatte. So segelten die Scheiben über die grünen Sportwiesen an der Elbe.

Heike kam auf die Sportschule und nur noch am Wochenende nach Hause. Bald brachte sie Medaillen von Kreis- und Bezirksolympiaden mit. Vati Wolfgang ging aus Dankbarkeit in die SED und aus Dankbarkeit berichtete er, was seine Kollegen in den Frühstückspausen so tuschelten. Er selbst aber sprach laut und vernehmlich: „Aus unsrer Heike wird mal was."

Und aus Heike wurde was. Deutscher Meister im Diskuswurf, was man damals weder Deutsche Meisterin noch DDR-Meisterin nannte, sondern Deutscher Meister. Der DDR.

Später kam das Übrige. Die korrekte Geschlechtsbezeichnung und die Siege und der erste Europameister-Jugendtitel. Heike begann ein Sportstudium an der Leipziger DHfK, was die Abkürzung für Deutsche Hochschule für Körperkultur war. Sie nahm an Meetings in Leningrad und Düsseldorf, in Boston und Tokio teil. Und sie gewann eine Bronzemedaille bei den olympischen Spielen und bei den nächsten die goldene. Dazu stellte sie einen Fabelweltrekord auf. Und wenn auf einer Pressekonferenz ihr Trainer gefragt wurde, warum Heike so eine tiefe Stimme habe, meinte der Trainer: „Sie soll werfen, aber nicht singen" und verließ die Pressekonferenz zur selbigen Stunde, damit auch Heike weitereilen konnte: von Sieg zu Sieg.

Und weil es dumme Gerüchte gab, heiratete der Trainer die Heike. Sie zeugten aber keinen Sohn und nicht mal eine Tochter, weil der Trainer noch andere Werfer-Mädels zu betreuen hatte. Heike begann ein weiteres Studium, weil ihre aktive Laufbahn sich dem Ende zuneigte. Und weil auch die DDR sich dem Ende zuneigte, was damals nicht mal Heike ahnte, blieb sie bei einem ihrer letzten Meetings im Westen. Und Vati Wolfgang musste jetzt ständig berichten und beichten.

Und weil Heike ein schlaues Köpfchen hatte, was schon der erste Test in der Comenius-Schule gezeigt hatte, als sie kaum sieben war, studierte sie im Westen Politikwissenschaft und promovierte. Und als die DDR das Zeitliche gesegnet hatte, ging sie ans Licht der Öffentlichkeit und verklagte ihren einstigen Trainer und Ehemann wegen der Verabreichung leistungssteigernder Substanzen.

Und es erschienen drei Seiten im „Spiegel" über sie und sie bekam eine Professur. Und sie wurde in der „Frankfurter Allgemeinen Sonntagszeitung" interviewt und verkündete dort, dass sie sich ihren trügerischen Weltrekord aberkenne und ihre olympischen Medaillen für die Arbeit der „Stiftung Aufarbeitung" spende. So wurde sie bald in diese Talk-Show eingeladen und bald in jene, eilte von Sender zu Sender. Und wenn jemand irgendwo von DDR-Sporterfolgen plapperte, so erhob Heike ihre siegreiche, kraftvolle und geschulte Stimme und zeigte ihre persönliche Leistungskurve vor und ihren eigenen Trainingsplan und die Akten mit den leistungssteigernden Substanzen und errang Ehrendoktor auf Ehrendoktor gegen die ewig einem Gestern hinterherjagenden Mitbewerber um die Krone der Medienpräsenz.

Und weil sie nicht gestorben ist, schleudert sie noch heute mit ausgefuchster Technik Argument um Argument in die Diskussion und erreicht stets die Bestmarke, wie es sich einst Vati Wolfgang für sie erträumt hatte.

1964

Die englische Königin Elisabeth die Zweite wurde am 10. März dieses Jahres zum vierten Mal Mutter. Unser Vater überbrachte seinen drei Söhnen diese Nachricht und schloss: „Und wir bekommen auch noch ein Kind".

Im Juli wussten wir, dass das Kind eine Schwester geworden war. Mein Vater war ganz aus dem Häuschen und hängte die Fahne zum oberen Fenster heraus. Als unsere Mutter mit dem Säugling im Taxi aus dem Krankenhaus kam, brauchte sie dem Fahrer nur zu sagen: Dort halten, wo die Fahne hängt.

Meine Schwester wird es nicht einfach gehabt haben mit drei Brüdern, die sechzehn, vierzehn und acht Jahre älter waren. Wir waren alle laut und brauchten Platz. Der Dachboden, zu dem man durch das Badezimmer kam, wurde als Mansarde ausgebaut. Mein älterer Bruder zog dort ein. Später, nach Abitur und Werkzeug-

macherlehre, wurde er Zeitungsvolontär und ging nach Leipzig. Ich hatte erstmals eine eigene Bude, das war aber erst drei Jahre später.

Zunächst teilte ich mir noch ein Zimmer mit meinem jüngeren Bruder, hatte dort einen eigenen, von meinem Vater gezimmerten Schreibtisch. Daran rauchte der Lötkolben und dort verbreitete geschmolzenes Kolophonium Dämpfe, denn ich war Radiobastler geworden. Ich baute eine Lichtschrankensperre, einen Morseapparat und experimentierte mit Kopfhörer und Mikrofon. Mit vierzehn begann ich, allsonntäglich Zeitungen auszutragen, arbeitete in den Ferien in der Lederfabrik an „der Bach" oder im Innendienst der Post. Das ersparte Geld reichte für ein Tonbandgerät. Mit dem nahm ich mein erstes Hörspiel auf. Vielleicht hätten Radiomacher es „Funkerzählung" genannt: „Sonntagmorgen eines Zeitungsträgers". Mein jüngerer Bruder musste dafür einen O-Ton liefern: „Junge Pioniere halten ihren Körper sauber und gesund!"*

DAS LIED DER JUNGEN NATURFORSCHER

„Die Heimat hat sich schöngemacht und Tau blitzt ihr im Haar". Dieter sah durchs Fenster in den Garten, in dem der Frühling zu blühen begann. Er ärgerte sich über seine Pusteln im Gesicht und konnte nichts dagegen tun, denn er war kein informierter „Bravo"-Leser, weil es die nur in einzelnen, heimlichen, zerlesenen Exemplaren gab.

Dieter ging mit seinen knapp vierzehn Jahren regelmäßig zu Radio-Krampe in der Zerbster Straße und kaufte dort Kleinteile: Widerstände, Spulen, auch mal einen teuren Drehko, was die Abkürzung für Drehkondensator war. Die Bastel-Transistoren trugen die Bezeichnung LA 30 und LA 50 und hatten für die Industrie zu große Toleranzen, waren bei Bastlern aber gern gesehen, weil billig. Lötzinn gab es in Abfallstücken.

Dieter war klein und rotblond und ärgerte sich, dass alle ihn Diddi nannten. Dabei hatten sie in der Klasse gestaunt, auch Karin, als er mit wenigen Bauelementen, einem langen Draht und Kopfhörern, aber ohne jede Stromversorgung, den Soldatensender reinbekam. Der Soldatensender stand ja nur vierzig Kilometer entfernt, mitten im Wald bei Burg und hieß offiziell „Sendemast Brehm". „Bumm Bomm Bu-Bu-Bomm – Deutscher Soldatensender – Mittelwelle 935 Kilohertz". Das wusste jeder, sollte aber nicht jeder wissen und eigentlich auch nicht hören.

„Wir brechen in das Dunkel ein, verfolgen Ruf und Spur", dachte sich Diddi und baute eine Lichtschranke ans Gartentor. Wenn jemand dort entlangging, leuchtete bei ihm im Zimmer ein Lämpchen. Dann schaute er aus dem Fenster und sah, welche Person das war. Dieter schaltete die Lichtschranke nur ab und zu ein, denn sie kostete Strom, und eine Flachbatterie mit 4,5 Volt bedeutete eine Ausgabe von fünfundachtzig Pfennigen.

„Und werden wir erst wissend sein, fügt sich uns die Natur." Das „Lied der jungen Naturforscher" hatten sie schon in der vierten Klasse gelernt. Dieter war wissend und hatte den Draht zur Lichtschranke so verlegt, dass er nicht zu sehen war. Als sein Vater mal über einen seiner Klingeldrähte im Garten gestolpert war, hatte er geflucht, seinen Sohn zu Recht verdächtigt und ihm verboten, solchen Scheiß zu bauen.

Dieter brauchte Geld für seine Basteleien. Mit dem Einverständnis seiner Eltern ging er in den Ferien arbeiten. Einsfünfunddreißig Stundenlohn. Die Nachbarin war bei der Post und hatte gesagt: „Der Diddi kann doch bei der Meiern arbeiten, die brauchen jetzt im Sommer immer mal Aushilfen."

So ging Dieter vierzehn Tage lang jeden Morgen um acht aufs Postamt, sortierte dort Briefe nach Zustellbezirken, schnürte Bündel für die Landpost und wusste ziemlich schnell, wie die Dörfer nacheinander auf der Tour mit dem Kleinbus bedient wurden. Genauso waren nämlich Zeitungs- und Briefbündel zu ordnen.

Hatte er zwischendurch Zeit, schaute er sich Ansichtskarten an. Er kannte einige der Adressaten, es waren auch Klassenkameraden darunter. Karin Schäufler bekam alle paar Tage einen Brief aus Stralsund, einmal auch eine Karte, unterschrieben mit „Dein D.“

Nun gut, es gab das Postgeheimnis. Im Lied aber hieß es: „Die Wiese blüht, die Tanne rauscht, sie tun geheimnisvoll. / Frisch das Geheimnis abgelauscht, das uns beglücken soll.“

Gegen Mittag kamen Postmitarbeiter von den Leerungsbezirken, schütteten Briefe auf einem großen Tisch aus. Dieter stempelte dann mit einem Hammerstempel. Bei Kleingutsendungen war der Handstempel anzuwenden, um Verpackungen nicht zu beschädigen.

Das Stempeldatum wurde morgens eingestellt, die Uhrzeit blieb immer auf der 12, egal, wann er stempelte. Zwischendurch musste er selber alle zwei Stunden den großen Briefkasten vorm Postamt leeren; dann gab es noch die seitlichen Einwurfschlitze in der Schnellerstraße, von denen die Briefe, wenn sie mit Schwung eingeworfen wurden, direkt auf seinem Stempeltisch landeten. Es gab zudem eine ZKD-Stelle, den „Zentralen Kurier-Dienst“, bei dem Dieter aber nichts zu suchen hatte.

Alle paar Tage kam ein junger Mann, schäkerte mit der Meiern und gab einen Packen Briefe ab. Dieter stempelte. Ihm fiel auf, dass alle Anschriften auf den Briefen die gleiche Handschrift zeigten. Sie gingen allesamt an Männer in Westdeutschland. Als Absender waren unterschiedliche Frauennamen angegeben. Manche der Straßennamen gab es in seiner Stadt gar nicht.

Dieter fragte die Meiern nach den Briefen. Die, kurz angebunden: „Das geht uns nichts an."

Als der junge Mann wieder einen Packen Briefe brachte, nahm Dieter einen davon heimlich mit nach Hause und öffnete ihn: „Frisch das Geheimnis abgelauscht, das uns beglücken soll."

Es steckte ein mehrseitiges Faltblatt drinnen. Als Titel ein Foto, wie Dieter es aus dem sehr selten ergatterten „Magazin" kannte, eine richtige Nacksche. Auf den übrigen Seiten wurde über die wachsende Aggressivität des westdeutschen Imperialismus aufgeklärt. Außerdem waren Sendezeiten und besonderer Service des Soldatensenders angegeben.

Dieter bekämpfte mit Hilfe der Nackschen seine Pusteln, lief aber Gefahr, davon Rückenmarkserweichung zu bekommen. Was war schlimmer? Im Moment die Pusteln. Die Natur musste fügsam gemacht werden. Vielleicht würde Karin Schäufler mit ihm ins Kino gehen, wenn seine Pusteln verschwänden? „Die Blume öffnet sich dem Licht, der Zukunft unser Herz. / Die Heimat hebt ihr Angesicht und lächelt sonnenwärts."

Das Jahr beendete seine Geschichte. Die anderen murrten: Und? Was wurde aus Dieter? Hat er nun mit Karin …

Könnt ihr euch das nicht denken?

Also gut: Dieters Begeisterung für die Elektronik wurde registriert. Sein diesbezügliches Studium wurde von einer Einrichtung finanziell begleitet. Karin wurde für eine dauerhafte Verbindung als ungeeignet eingeschätzt, aber Dieter wurde in einer passenden Dienststelle eingesetzt, arbeitete sich in die Maßnahmen A und B ein und verglich handschriftliche Verpflichtungen.

Am Ende des Jahres 1989 verließ er den aktiven Dienst und ist seither tätig. „Der Wind streift auch durch Wald und Feld, er raunt uns Grüße zu."

1965

In diesem Jahr gab es im Aquarium ein großes Guppy-Sterben, warum auch immer. Ein Thema im Biologie-Unterricht lautete: „Die Verarbeitungswege der Zuckerrübe". Michael Kowski, der in der vierten Klasse zu uns gekommen war, berichtete noch immer von seinen Westberlin-Erlebnissen, denn dort hatte er eine Weile gewohnt. Seine Mutter – man sagte in Mittweida „Fräulein Mutter" – war hauptsächlich des Geldes wegen zurückgekommen. Michael erzählte uns, wie teuer das Eis in Westberlin sei – ein winziges bisschen – 35 Pfennige! Hingegen kostete in der „Dall'Asta", der Eisdiele in der Rochlitzer Straße, eine Kugel nur zehn Pfennige.

Die Beatles – wir sagten in Sachsen Biddls – hatten mit ihrer Musik inzwischen auch die DDR überschwemmt; wir waren die Generation zwischen Rosa und Radio Luxemburg. Es gab Schüler, die kannten alle Platzierungen, für die damals noch nicht „Charts" gesagt wurde, zum Beispiel der Europawelle Saar. Mein Bruder führte Buch, also ein Schreibheft, über neue Beat-Gruppen, wie man damals auch sagte. Sein Klassenkollege Helmut Sachse, der Sohn von Kaffee-Sachse schräg gegenüber der „Dall'Asta", hörte nicht nur Radio, sondern praktizierte das Gitarrespiel. Heute kennt man ihn als Jazzer Joe Sachse.

Meine Beurteilung am Ende der achten Klasse enthielt den Satz, dass ich abseits vom Kollektiv stünde. Mein Vater meinte, dass sei für meinen Einstieg in die erweiterte Oberschule ungünstig, musste sich aber

von meiner Klassenlehrerin sagen lassen, dass ich, bis auf Peter Ma-
demann, wirklich kaum Freunde hatte. Der wiederum, der Peter, sei
viel besser im Kollektiv verankert.

DER DIREX

Seine Töchter und seine Frau schauten zu ihm auf, obwohl er
klein war. Er war vielleicht sogar sehr klein, hatte aber eine sehr tiefe und durchdringende Stimme. Wenn in einer Klasse ein Lehrer
absolut nicht mit den Schülern klarkam – es gab ja immer wieder
diese jungschen Anfänger – erschien er im Klassenzimmer und
donnerte. Er war der Direx und die Schüler zuckten.

Doch jetzt war ein wirklich finsterer Fall eingetreten. Musste
man nicht den Anfängen wehren? In seinem Lehrerkollektiv gab
es welche, die vor zwanzig Jahren noch Fähnleinführer gewesen
waren, Luftwaffenhelfer, vielleicht gar Werwölfe. Ja, sie hatten sich
geändert, aber war eine Mitgliedschaft in unserer Partei ausrei-
chend? Traten sie mit den nötigen Argumenten gegen abweichle-
rische Meinungen auf? Erkannten sie die Gefährlichkeit jener Anfänge, denen man wehren musste? Gab es nicht in der Lehrerschaft
knieweiche Gesellen? Einstige Freunde von diesem Loest?

Ein Schüler, eher zu den mäßigen gehörend, bei ihm in Mathematik nicht mal schlecht, aber Physik Drei, Chemie Drei, Erdkunde und Biologie nicht viel besser, hatte sich etwas geleistet. Er
bildete sich was auf seine „Künstlerschaft" ein. Er hatte die Frech-
heit oder Dummheit besessen, als Berufswunsch „Schriftsteller"
ins entsprechende Kästchen zu schreiben. Gewiss, auch die Meister
der Feder wurden gebraucht beim Aufbau der Republik. Aber hatte
sich nicht gerade auf dem letzten Plenum, das zum Parteilehrjahr

zu studieren war, gezeigt, was für unsichere Kantonisten es in dieser Berufsgruppe gab?

Bei diesem Schüler hatte sich ein Heft gefunden. Er wollte es zunächst natürlich nicht rausrücken. Nein, keine Schund- und Schmutzliteratur, mit der man vor Jahren Probleme gehabt hatte. Ein Heft, sorgfältig geführt, mit Tabellen von Hitparaden, mit Spitzenreitern und Platzierungen, Auf- und Abstiegen. Kurven hatte er gezeichnet. Seitenlang standen da irgendwelche angloamerikanischen Beat-Gruppen, offenbar vom Hören abgeschrieben; denn er hatte alle Radiosender vermerkt: natürlich Radio Luxemburg, aber auch den Bayerischen Rundfunk und sogar RIAS.

Nein, man ging derzeit nicht mehr gegen die Westantennen vor, Ochsenköpfe, mit denen dieser ganze hirnlose Dreck in die Köpfe gepustet wurde – so würde er es formulieren: hirnloser Dreck!

Aber er musste auf dem Appellplatz eindringlich werden, eindringlich und laut. Schüler wie Lehrer sollten wissen, wo die Musik spielt. Nein, er würde den Namen dieses Westmusik-Anbeters nicht nennen. Sollten sie ruhig in allen Klassen mal nachdenken. Er würde nur immer neue Adjektive einsetzen. Dumm hämmernde Abfallmusik. Da setzt einer seine ganze Kraft ein, um dieses dekadente Geplärre ganz genau aufzuschreiben. Entartet. Aufgeweichte Wirbelsäulen. Formalistischer Schnickschnack. Vom anderen Ufer und von allen guten Geistern verlassen. Troggs!, hatte dieser Schüler aufgeschrieben und eine Übersetzung versucht. Ha, Troglodyten, Höhlenmenschen, sie wissen nicht, was sie verehren! Dave Die, Dozy, Micky, Rick und Dich, hatte er geschrieben. Auf Dich, kommt es an, würde er hinzusetzen, nicht auf Dave und Die anderen. Die Rolling Stones, die überall Hotels zerstören, waren wohl seine Herzensfreunde. Rolling Stones. Zerstörerische Steine.

Man wisse wohl nicht, würde er sagen, dass das „roll back" jene amerikanische Methode sei, den Sozialismus abzuschaffen.

Aber er müsste seine Rede auch mit Humor würzen: Jääh können sie singen, aber ein kraftvolles Ja zu unseren Aufbau-Erfolgen, das verkneifen sie sich. Er könnte scheinbar beiseite sprechen: Es kann ja jeder nach seiner Fasson selig werden – aber wer die Macht hat – hier müsste er lauter werden – muss darauf achten, dass unsere Menschen durch solchen Dreck nicht verunsichert werden. Wo kommen wir denn hin, wenn unser musikalisches Volkserbe verachtet und nur noch englisch gequäkt wird?

Seine donnernde Kampfrede müsste er aber auch nutzen, um schlimmere Tendenzen anzuklagen, die scheinbar harmloser sind. In der Klasse dieses Schülers gab es ja noch einen, noch mittelmäßiger, in Russisch einfach ein Brett. Bürgerliche Herkunft! In Deutsch eine Niete. Weiß aber jeden Hafen an der Ostküste der USA. Kennt scheinbar jede Spelunke in Chicago aus dubiosen Druckschriften. Spielt nächtelang Gitarre und ist morgens im Unterricht müde.

Es ist der Vorteil in unserem Staat, dass hier jeder Schüler, der begabt ist, ein Instrument lernen kann. Aber begabt muss man sein! Nicht nur rumdreschen auf so einem platten Holzbrettchen, das zudem einen elektrischen Verstärker braucht.

Eine richtige Gitarre, müsste er bemerken, klingt von sich aus. Aber für guten Instrumentenklang braucht man auch einen Herzensklang. Das Herz gibt den Takt an und nicht ein Schlagzeug, das mit blinkernden Beschlägen rumpranst. Habt Ihr Euch mal überlegt, würde er dann beschwören, warum bei all diesen sogenannten Beatgruppen die Trommeln und Becken einen Spitznamen haben? „Schießbude" heißt das nämlich. Bezeichnend, womit man auf unseren Nerven herumtrampelt. Auf den Nerven der arbeitenden Menschen in unserer Republik.

Der Direx schaute auf die Uhr und dann zum Fenster. Unten im Schulhof waren sie fast alle angetreten. Er musste jetzt hinunter.

Der Direx war sich sicher: Ihm würden die richtigen Worte einfallen. Die richtigen, reinigenden Worte und vor allem die parteilichen Töne, angesichts eines solchen Vorkommnisses.

1966

Seit einem halben Jahr ging ich nun in die Penne am Schwanenteich, einst Realschule, seit dem 20. April 1933 „Adolf-Hitler-Schule". Im Jahr 1966 hieß sie Erweiterte Oberschule „Erich Weinert". Ich fühlte mich wohl, entronnen der Fichte-Schule und all den Schülern, die mich nicht mochten, weil ich eh alles wusste und mich deshalb nie freiwillig meldete. Matthias, in der Mitarbeit kannst Du nur eine Drei bekommen.

Jetzt war ich sogar Mitarbeiter der Zeitschrift „practic", Nachfolger von „Modellbau und Basteln", die in einer sechsstelligen Auflage erschien. Gemeinsam mit meinem Mitschüler und Mitradiobastler Günter Hälsig hatte ich den Text „Einfaches Transistorprüfgerät" veröffentlicht. Dreißig Mark Honorar!

Der einstige Adolf-Hitler-Schüler Carl Andrießen, damals vierzig, hatte einen Dokumentarfilm „Mein Freund Teddy" gedreht. Der Hauptheld war unser Klassenlehrer Teddy Schulze vom Geburtsjahrgang 1926. Es traten zudem auf: die Riedeln und der Noack, der Prüferpeter und der Leistner. Alle unsere Lehrer waren auf Fortschrittskurs „verronnen die Nacht und der Morgen erwacht". Der Schüler Fordran sächselte gar göttlich den „Faust-Monolog", aber alle vom Abi-Jahrgang 1966 wollten Ingenieure und Lehrer werden, den Sozialismus aufbauen und auch die NVA, denn es gab inzwischen Wehrpflicht. Nur ein gewisser Loest, Andrießens Freund, war erst anderthalb Jahre zuvor aus dem Knast entlassen worden und schrieb in Leipzig, wo „Oma Nixenweg" wohnte, Buch um Buch, Krimi um Krimi. Von Erich Weinert lernten wir „Der Postbeamte Emil Pelle / hat eine Laubenlandparzelle, / wo er nach Feierabend gräbt / und auch die Urlaubszeit verlebt" und dünkten uns den ferienfrommen Spießern der zwanziger Jahre gegenüber sehr erwachsen und weit fortgeschritten.

Sechsunddreißig Jahre später hatte man im Eulenspiegel Verlag zu Berlin die Idee, ein Buch zu machen: „Urlaub, Klappfix Ferienscheck". Ich sollte es gemeinsam mit Mathias Wedel herausgeben und ein paar Texte dafür liefern. Ich dachte zurück in dieses Jahr 1966 und jenen Zeitgeist, der uns damals frisch um die Nase wehte.

PLANMÄSSIG

„Wie bei den Hottentotten", sagte mein Vater, wenn wir gleich nebenan das Chaos erleben mussten. Straßenschlachten, Butterberge, zottlige Haare, irgendwann später 68er und 69, was auf französisch soixante-neuf heißt. Wir wohnten in einer Dreiraumwohnung, Küche, Bad, Balkon, und ich war das geplante Kind mit ohne soixante-neuf. Wir fuhren in die Sommerfrische, wie meine Oma es nannte, und hatten dazu unsere zuvor ausgefüllten Ferienschecks „am Mann", wie mein Vater sagte. Wir bekamen eine Ermäßigung von 66 Prozent auf jede Fahrkarte. Wir waren drei: Vater, Mutter, Kind. Das bedeutete zusammen, wenn ich die Mathematik richtig begriffen hatte, 198 Prozent. Rein mathematisch gesehen war also eine jede Bahnfahrt ein Gewinn. Denn wir fuhren auf der Seite der Sieger.

Mit den Ferienschecks am Mann machten wir los. Oma nahm derweil das Organ der Bezirksleitung, wie damals die Zeitung noch hieß, täglich rein, behielt den Hausschlüssel, wie mein Vater sagte, am Mann, und goss die Balkonpflanzen, damit sie auch bei unserer Rückkehr aussahen wie unser damals aufblühendes Leben.

Nachdem wir uns am Bahnhof eingereiht hatten, standen wir alsbald in vorderster Fahrkartenverkaufsfront. Der zuständige Kollege wünschte uns Gute Fahrt, weil es damals eben noch Umgangsformen gab, und wir erhielten am Bahnsteig zunächst keine Auskunft in Sachen Verspätung. Es war ja noch keine Klarheit durch einen Beschluss geschaffen worden, wie mein Vater sagte. Der Zug kam als Interzonenzug, was bedeutete, dass er ein Mumienexpress war und in Köln losgefahren war. Die Mumien, also die uralten Rentnersleut, schwappten mit ihren Riesenkoffern auf den Bahnsteig und überschwemmten folglich denselben. Kein Wunder, dass der Zug nicht planmäßig ausfahren konnte. „Wie bei den Hottentotten", sagte mein Vater. Als wir den Einstieg gemeistert hatten, waren unsere Platzkarten besetzt, also nicht die Platzkarten, die hatten wir ja am Mann, sondern die damit reservierten Plätze.

Meine Mutter sagte wie immer nichts, sondern ließ sich von den auf unseren Plätzen lümmelnden Halbstarken, die ich aus tiefstem Herzen verachtete, denn sie hatten Stielkämme und Entenarsch-Frisuren, beschimpfen, was meinen Vater zum Bemerken hinreißen ließ: „Du lässt Dir aber auch alles gefallen."

Wir suchten den Schaffner, der damals noch Schaffner hieß und nicht Zugbegleiter, und als wir ihn gefunden hatten, hatte der Zug noch mehr Verspätung und wir waren schon in eine andere Zugnummer umgewandelt worden, weil damals eben, wie mein Vater sagte, Entscheidungen schnell und unbürokratisch getroffen wurden. Der Zugbegleiter namens Schaffner stellte schnell und unbürokratisch fest, dass unsere Fahrkarten für diesen Zug keine Gültigkeit hatten und bedeutete uns, auszusteigen, welcher Aufforderung wir nicht nachkommen konnten, da die Gänge verstopft waren. Die Koffer waren hoch wie breit und die Bürger schlaftrunken. Der Schaffner ließ also Gnade vor Recht ergehen, was beweist, dass bei uns immer für den Menschen entschieden wurde, im Sinne einer humanistischen Strafvollzugsordnung. Auf den Bahnhöfen wurde überhaupt keine Verspätung mehr angesagt, denn, sagte mein Vater, man muss die Menschen nicht unnötig beunruhigen, wie es gewisse Medien nebenan tun.

Die Halbstarken waren inzwischen, es war ja Zeit vergangen, zu ausgewachsenen Trinkern geworden, die keinerlei Bierbüchsen durch die Gegend schmeißen konnten, weil es bei uns bekanntlich keine Bierbüchsen gab. „Da siehst Du mal", sagte mein Vater zu meiner Mutter, „welche Vorteile unser System der wiederverwendbaren Glasflaschen hat." Das System der Wiederverwendbarkeit klebte in den Bierlachen am Abteilboden in Form kleiner scharfer Einzelteile. Das Abteil wäre eigentlich unser Abteil gewesen wäre, wenn die Zugnummer nicht schnell und unbürokratisch geändert worden wäre und wir uns statt auf dem Wege nach Greifswald auf dem nach Rostock befunden hätten.

„Rostock", sprach Vater, „ist unser Tor zur Welt. Von dort kommen wir immer weiter." Ich hatte den Rostocker Hafen durch den Verzehr von Margarine der Sorten Sonja, Marina und Sahna mit aufgebaut, denn auf das Margarinepapier waren Sammelpunkte gedruckt. Ich hatte eine ganze Mole zusammengesammelt, aber als ich die Punkte einschickte, war die Mole nicht mehr vorrätig. Ich sollte stattdessen ein kleines Trompeterbuch bekommen, was allerdings auf dem Postweg verlorenging. Als wir jetzt auf dem Rostocker Hauptbahnhof einfuhren, wäre fast ich verlorengegangen, aber mein Vater packte das Schicksal mit harter Hand, wovon ich blaue Flecke bekam und so stiegen wir alle um in einen Zug, für den wir nun überhaupt keine Fahrkarten hatten. Es wurde aber auch überhaupt nicht kontrolliert und so standen wir alsbald vor manch einem gut funktionierenden Haltesignal in den schönsten Gegenden unseres mecklenburgischen Ferienparadieses und hätten aus den Fenstern geschaut, wenn diese nicht von grauen Schleiern aus einer fernen menschenfeindlichen Zeit bedeckt gewesen wären.

Wir stiegen dann erneut um: in Wismar und in Kühlungsborn, in Bad Doberan und in Ribnitz. In Wolgast stiegen wir aus. Die Wolgaster Brücke war einst zerstört worden durch die in Westdeutschland das Haupt immer frecher erhebenden Ewiggestrigen, und so gingen wir mit unserem Gepäck fürbass, wie es in alten Märchen heißt. „Wie die Hottentotten", sagte mein Vater und achtete darauf, dass wir die Ferienschecks am Mann hatten. Allerdings waren dieselben für ungültig erklärt worden. Aufgrund der Verspätungen war unser Feriendurchgang bereits abgehakt worden. Wir konnten damals, wegen der schwierigen Weltwirtschaftslage, sagte mein Vater, noch nicht alle Kleinigkeiten ordentlich durchführen und so blieb uns nichts anderes übrig, als mit den ordnungsgemäß ungültig gemachten Ferienschecks am Mann die Heimreise anzutreten.

Dieselbe erfolgte planmäßig mit Verspätungen, geänderten Zugnummern, geänderten Platzkartennummern, geänderten Ankunftsbahnhöfen und der Erklärung der Weltwirtschaftslage durch meinen Vater. „Wie bei den Hottentotten", sagte er, als er die vor unserer Dreiraumwohnung lagernde Halbstarke, die mit zottligen Haaren und zerknittertem Gewand vor sich hin roch, überstieg. Die Halbstarke war Oma, die den Wohnungsschlüssel nicht am Mann behalten hatte, sondern drinnen steckengelassen. Wir brachen die Wohnung auf und planmäßig wurde Anzeige gegen uns erstattet, wegen Rowdytum, Herabwürdigung und unbefugt ungültig gemachter Ferienschecks. Vater war empört und meinte, man müsse das menschenfeindliche System Westdeutschlands in der lichten Zukunft noch besser entlarven.

1967

Nach zwei Jahren Penne gab es Bergfest. Dazu sollte eine Bergfest-
zeitung produziert werden. Im Staat der Druckgenehmigungen eine
heikle Sache; man konnte sie aber als Lichtpause vervielfältigen.
Ich wurde mit der Redaktion des Blattes betraut, mein erstes, eher
kabarettistisches Auftragswerk. Ich galt als Deutsch-Experte. Als
Beispiel für Nebensätze hatte ich mal einen Bandwurmsatz produ-
ziert. Dessen öffentlicher Vortrag im Deutschunterricht überzeugte
offenbar auch die Lehrer von meinen Fähigkeiten. Der Direx war
allerdings hocherfreut, dass ich als Berufswunsch „Elektronik-
Ingenieur" angegeben hatte und nicht wie mein älterer Bruder
„Schriftsteller".

Gemeinsam mit meinem Bruder besuchte ich einen „Zirkel Schrei-
bender Arbeiter". Derlei Einrichtungen gab es selbst in Kleinstädten,
in Großbetrieben sowieso. Zirkelleiter Bernd Leistner war später
Auslandsgermanist, wurde promoviert und habilitiert, Mitarbeiter
bei „VEB Goethe", den Nationalen Forschungsstätten in Weimar,
Dozent am Leipziger Literaturinstitut und nach 1990 Germanistik-
Prof. in Chemnitz.

Damals war er blutjunger Penne-Lehrer, wusste ungemein viel und
schrieb selbst. Ich saugte auf, was er sagte. Einmal las er einen Text
vor, der mich in der Machart an einen von Karl Mickel erinnerte,
den ich kurz zuvor in einem Literaturalmanach gelesen hatte. Mi-
ckel war eine Gallionsfigur der jungen DDR-Lyrik. Ich sagte: „Das ist
aber mickelmäßig." Leistner, lyrisch lächelnd: „Wollte mal sehen, ob
ihr belesen seid."

In diesem Zirkel saßen auch die ältere Schwester von Erich Loest,
ein junger Schriftsteller namens Peter Löw und gelegentlich großäu-
gige Mädchen. Eines las einen Text vor, der uns umhaute. Er ging

etwa so: „Die Türen des Sommers fallen / Mit den Gewittern zu / Sie kommen mit den Sternen / Stehen als Schatten vor Bett und Regal. / Sie sind immer da wie der harte Blick des Himmels, / Mit banalem Gesicht / Das grad in der Menge verschwand, / Verkünden das Ende und sehen / das Zukunftsland. / Für die einen rufen die Hähne, / Für alle fällt im Glas der Sand, / Der ist von den einen Ende, / Von den andern ist er Anfang genannt."

Leistner sagte: Sehr interessant, aber noch unfertig. Das holpert noch im Reim. Expressionistische Elemente, aber das muss noch durchgearbeitet werden ...

Durch Zufall fand ich ein paar Tage später von Stephan Hermlin die Ballade „Die Einen und die Anderen". Unser großäugiges Zirkelmitglied hatte diesen Text einfach zerstümpert und plagiiert. Stolz auf meine Entdeckung wollte ich das beim nächsten Zirkeltreffen aufdecken – doch das Mädchen kam nicht mehr ...

FEMME FATALE

Sie sah sich herrlich verworfen, verlebt, uralt, also vielleicht vierzigjährig, in einem Pariser Café sitzen, Absinth trinken, von jüngeren Männern bewundernd und mit leichtem Grusel angestarrt: Die hat ein aufreibendes, aufregendes Leben hinter sich. Und ihre Männerbekanntschaften ...

Als verworfen empfand sie sich, obwohl noch Pennälerin. Sie hatte im Kopf schon viel durchgemacht, aber im Leben leider noch nichts. Sie war genotzüchtigt worden, schon das Wort empfand sie als herrlich, sie war in den Dreck gestoßen worden, hatte sich wieder herausgerappelt; sie hatte die Männer nach Lust und mit all ihren Launen betrogen, und Frauen hatte sie kennengelernt, Frauen, zum Beispiel die Simone de Beauvoir, in irgendeiner dieser verräucherten Pariser Absteigen – doch alles nur im Kopf.

Im Schulleben hatten sie ihr Französisch verweigert. Französisch wurde fakultativ als dritte Fremdsprache angeboten. Doch daran teilnehmen konnte nur, wer in Russisch und Englisch wenigstens Zweien hatte. In Englisch hatte sie eine Zwei geschafft, mit Mühe, aber in Russisch stand sie auf Vier. Ihrem Klassenlehrer hatte sie gesagt, dass ihr romanische Sprachen viel besser lägen, das Französische besonders. Doch der Klassenlehrer hatte nur dreckig gegrinst, aber nicht so, wie in ihren Träumen, sondern dumm und überheblich und gesagt, sie möge erst einmal einfach zwei Sprachen lernen.

Sie hatte sich den Reclam-Band mit Gedichten von Paul Eluard gekauft, den es gerade gab. Sie verstand die Texte nicht richtig, wollte sie im „Paragraphen" ihren Freundinnen vorlesen. Doch die waren leider richtige dumme Ziegen.

Im „Paragraphen" tranken sie Bier, das ihr nicht schmeckte. Sie bestellten oft Eierlikör und Kirsch-Whisky, mischten das zu „Blutgerinnsel mit Eiterbatzen". Sah gut aus und schmeckte beschissen, doch es war ja auch kein Absinth, den es in diesem Nest sowieso nicht gab. In Berlin vielleicht, doch wann kam sie mal nach Berlin? Klassenfahrten gingen immer nur nach Weimar, nach Buchenwald.

Vielleicht sollte sie im Sommer nach Prag trampen? Doch das würde ihre Mutter nie gestatten. In Prag sollte es leichte Mädchen geben. Nein, das würde sie nie werden, aber schwere Jungs wollte sie kennenlernen, die mit ihrem ganzen Körpergewicht etwas anfangen konnten.

Sie dachte, dass sie es in einer Clique schaffen könnte, irgendwann so weit zu sein, dass sie in einem Pariser Café von jungen

Männern bewundernd und mit leichtem Grusel angestarrt würde. Die Beauvoir war doch auch mal in einer Clique.

Dieser Klub von Arbeiterschreibern, bei dem sie es versuchte, war ein Reinfall, ein Bluff. Als sie die Eluard-Gedichte dort diskutieren wollte – sie hatte nur das Bändchen auf den Tisch gelegt – neigte der Zirkelleiter seinen schmalen Kopf und sagte, sie solle doch mal dieses interpretieren: „La terre est bleue comme une orange jamais ..." Oder wenigstens das: „Um dein Vergnügen zu teilen / Nehme ich die Farbe des Schmerzes an."

War sie hier in der Schule? Diese Jüngelchen, die nicht wussten, was Verworfenheit bedeutete, begriffen überhaupt nicht, dass man Gedichte fühlen musste. Gedichte mussten wie Absinth sein und Notzucht und Ledergeruch hatten dabei zu sein, was sie nie und nimmer denen gesagt hätte. Dorthin ging sie nie wieder.

Irgendwann wusste sie, dass sie ihr dreckiges, verworfenes Leben anders beginnen musste. Wenigstens rauchen musste sie lernen. Sie konnte aber nicht einfach eine Fluppe, eine Ziggi, eine Karo des schwarzen Todes anstecken. Man würde ihr anmerken, dass dies ihr erstes Mal sei. In ihrem Alter! Sie kaufte sich eine Schachtel und beschloss, erst mal jeden Abend eine zu probieren.

Ihre Mutter schnupperte: „Hat dich dein Vater besucht?" Ihr Vater war ausgezogen und wohnte bei einer anderen. Manchmal kam er und spielte Elternteil. Er passte in dieses Nest wie Arsch auf Eimer, mit ihm würde sie bestenfalls mal nach Weimar und Buchenwald kommen, nicht mal nach Berlin.

Als sie die Schachtel zur Hälfte aufgeraucht hatte, ging sie anderntags in der großen Pause zum Raucherkollektiv. So nannte sich das Grüppchen, das die Schulordnung bewusst übertrat, also das Schulgrundstück verließ und im Park qualmte.

Sie zog ihre halbleere Schachtel hervor, nahm sich eine Fluppe und ließ die Schachtel herumgehen. Das Raucherkollektiv staunte.

Sie sah sich herrlich verworfen, verlebt, uralt, also vielleicht vierzigjährig, in einem Pariser Café sitzen, Absinth trinken und von jüngeren Männern bewundernd und mit leichtem Grusel angestarrt: Die hat ein aufreibendes, aufregendes Leben hinter sich. Und ihre Männerbekanntschaften ...

1968

Über die Achtundsechziger ist zu viel geschrieben worden. Für manche aus der westdeutschen Bewegung hieß das Zurück zur Arbeiterklasse. Der spätere Kabarettist Matthias Beltz wurde nach erfolgreichem Jura-Studium für sieben Jahre Arbeiter bei Opel in Rüsselsheim.

In meiner DDR, die nicht die allgemeine, freie, gleiche und geheime DDR der heutigen Durchschnittsmedien ist, hatten die Geburtsjahrgänge 1947 bis 1952 ein großes Privileg, sofern sie die EOS mit den Klassen neun bis zwölf absolvieren konnten. Neben dem Abitur erhielten sie nach diesen vier Jahren einen Facharbeiterbrief. Ein weiterer Vorteil: Man bekam in dieser Schulzeit ein Lehrlingsentgelt von monatlich 40 bis 70 Mark.

Mittweida war eine Industriestadt; bei uns bot man erstaunlich viele Berufe an, wo andernorts nur die Wahl zwischen Rinderzüchter oder Zerspaner bestand.

In meiner Klasse gab es zum Beispiel Maurer, Elektriker, Wirtschaftskaufleute, Schriftsetzer, Krankenschwestern, Textilfacharbeiter und als größte Gruppe, nämlich fünf Schüler, die Maschinenbauer. Zu denen zählte ich. Als ersten Wunschberuf hatte ich – entsprechend meines späteren Studienwunsches – Elektronikfacharbeiter genannt.

Das sollte es in der Nachbarstadt Rochlitz, im VEB Sternradio geben. Mein zweiter Wunschberuf (ich bin ein Silbermedaillengewinner) wurde es dann. Im halbstaatlichen Betrieb „Roscher & Eichler KG" in Altmittweida, 2,8 Buskilometer oder 2,1 Eisenbahnkilometer von Markt bzw. Bahnhof Mittweida entfernt, war ich vier Jahre lang „ä Ooberschieler". So hießen wir im Unterschied zu „de rischdschn Lährlinge".

Wir hatten jede zweite Woche einen Tag Berufsschule und zwei Tage praktische Ausbildung im Betrieb. Die übrigen neun Tage innerhalb von zwei Wochen – sonnabends war Schule – saßen wir in der EOS am Schwanenteich. Im Sommer und manchmal auch zur Winterszeit hieß es dann noch mal zwei oder vier Wochen ununterbrochen Betrieb. Ganz am Ende, nach erfolgreich bestandenem Abitur, gab es das Facharbeiterzeugnis obendrauf: Maschinenbauer war die Krone der Metallberufe. Werkzeugmacher werden protestieren.

Zu „Halbstaatlicher Betrieb" mag man andernorts nachlesen, zum Beispiel in meinem später hierorts hervorgekramten Buch „Was heißt eigentlich DDR?", Berlin 2003.

Über die beiden Betriebsbesitzer hieß es übrigens auf gut sächsisch: „Dor Roscher is dood unn der Eischler im Wesdn!"

NUTTSIE BRINGT
KETTLER INS GEFÄNGNIS

Heerlein machte Beatmusik, war fast berühmt und hatte zuvor im Werk gelernt. Auch der große Branzlik hatte die Spitze der Metallberufsausbildung erklommen und studierte jetzt an der TU Dresden. Wer bei WEMAKA, der Werkzeugmaschinenfabrik Kappel, gelernt hatte, konnte überall anfangen, doch das war nichts Besonderes im Lande des Arbeitskräftemangels.

Nun musste der Lehrausbilder Kettler in der WEMAKA sich auch noch mit Nuttsie rumplagen. Nuttsie hatte einen richtigen Namen, wurde aber nur Nuttsie genannt. Nuttsie, Sie Nichtsnutz! sagten selbst Lehrer in der Penne, wenn Nuttsie wieder mal die Hausaufgaben vergessen hatte oder über die Quellen und Bestandteile einer wissenschaftlichen Weltanschauung rätselte.

Nuttsie gehörte zu denen, die ab und zu für zwei Tage in den Betrieb reinrochen und irgendwann richtige Facharbeiter werden sollten. Nuttsie-Lehrlinge nannte Kettler sie, denn Nuttsie war der absolut unbrauchbarste von allen; Schnapsidee von irgendwelchen Volksbildungsfunktionären. Man konnte die Nuttsie-Lehrlinge bestenfalls vor die Hobelmaschine setzen, wo sie aufpassen mussten, dass der Span immer exakt abgehoben wurde. Spaaan – klack, rückfahren. Spaaan – klack, rückfahren. Die Hobelmaschine hatte die Neigung, plötzlich vorm Klack zu stoppen. Dann hatte sich der Meißel am Ende des Werkstücks verkantet, musste von Hand auf komplizierte Weise herausgehoben und neu eingerichtet werden. Das machten aber besser die Facharbeiter. Nuttsie war wirklich nur zum Aufpassen zu gebrauchen.

In der Brigade hatte man monatlich eine neue Wandzeitung für den Frühstücksraum anzufertigen. Die richtigen Lehrlinge drückten sich davor, also verdonnerte Kettler die Nuttsie-Lehrlinge. Hier, ihr müsst doch in eurer Staatsbürgerkunde auch so was machen. Sie taten und machten, zerschnipselten Zeitungen und malten große Buchstaben. Die Arbeiter grinsten breit, saßen noch breiter vor der Wandzeitung und mampften ihre Frühstücksbemmen.

Hinter dem Werksgelände gab es eine Reihe von Kleingärten mit Lauben. Kettler hatte dort seine Bienenwagen aufgestellt. Er war leidenschaftlicher Imker und die Bienen brauchten viel Pflege.

Während der Tagschicht ging Kettler zwischendurch immer mal zu den Wagen und tat und machte. Ein neues Gestell war zu bauen. Er brachte das kaputte Teil den Nuttsie-Lehrlingen: Hier repariert mal! Sie taten und machten, nur Nuttsie war selbst dafür nicht zu gebrauchen. Mochte der doch machen, was er wollte. Kettler hatte mit seinen Bienen zu tun.

Nuttsie tat leider was er wollte. Er brauchte für sein Fahrrad einen Flaschenhalter. Denn er fand es überaus lässig, wenn er während der Fahrt zur Flasche greifen konnte und schlucken wie die Friedensfahrer.

Nuttsie hatte festen Draht zur Flaschenaufnahme gebogen. Nun musste noch eine Lasche daran. Die Lasche schnitt er sich aus Blech.

Natürlich wusste Nuttsie, dass die Blechschere nur benutzt werden durfte, wenn man die Schere jeweils sicherte. Sichern, Einrichten, Entsichern, Schneiden. Kettlers Arbeitsschutzbelehrungen bestanden in der eindrucksvollen Schilderung von Arbeitsunfällen. Als sämtliche Maschinen noch von einer einzigen, großen, an der Decke laufenden Welle durch Bänder angetrieben wurden, durften diese nie alleine aufgelegt werden. Einer musste sichern, einer musste auflegen, sonst konnte sonst was passieren: Hände verknackst, Finger abgequetscht, Arme ausgekugelt, Schultern ausgerissen.

Nuttsie hatte dazwischen gequatscht: Solche Antriebswellen gibt's doch gar nicht mehr, Herr Kettler. Typisch Nuttsie, wir machen hier eine Arbeitsschutzbelehrung und Nuttsie weiß alles besser. Und wie richten wir die Drehmaschine ein? Nuttsie! Wir nehmen die richtige Arbeitsbekleidung, zum Beispiel den Kopfschutz.

Vor allem, wenn man lange Haare hat. „Lange Haare, kurzer

Verstand", knurrte Kettler. Nuttsie trug einen militärischen Haarschnitt, weil er später Offizier werden wollte. „Aber Herr Kettler, ich habe doch gar keine langen Haare." – „Einen kurzen Verstand haste trotzdem", schnauzte Kettler.

Jetzt konnte Kettler nicht schnauzen. Er war bei seinen Bienen und Nuttsie war bei seinem Flaschenhalter. Er rückte die Lasche zum Beschneiden an der Blechschere zurecht. Natürlich hatte er den Scherbalken nicht gesichert. Der sauste herab, genau in Nuttsies Einrichter-Daumen.

Nuttsie quiekte kurz. Die Daumenkuppe hielt noch an etwas Haut und Fleisch. Der weiße Röhrenknochen war deutlich zu sehen, Blut tropfte.

Kettler kam gerade von seinen Bienen zurück quer durch die Werkhalle. Er sah Nuttsie an der Blechschere. Es tropfte. Nuttsie zeigte seinen Daumen, klappte ihn ab und presste ihn wieder an: „Gucken Sie mal, Herr Kettler."

Kettler packte Nuttsie am Arm, zerrte ihn durch die Werkhalle und schrie: „Du bringst mich ins Gefängnis! Du bringst mich ins Gefängnis!"

Es gab einen Med.-Punkt und einen Werksdoktor. Nuttsie wurde verarztet, der abklappende Daumen gesäubert, desinfiziert, angepresst, verbunden, der Arm mit einer Schlinge gesichert. Nuttsie musste die nächsten Wochen im Betrieb nur noch Wandzeitungen machen. Bei der nächsten Arbeitschutzbelehrung, die Kettler durchführte, weil er nun doch nicht ins Gefängnis gekommen war, wurde Nuttsis Daumen zum großen Zeigefinger.

Viel später, als Nuttsie seinen Rekruten zeigte, wo der Hase läuft, was ein Mittelpisser ist und in welchen Ärschen Wasser kochen wird, da war sein Daumen von großem Nutzen. Er brüllte die Rekruten an: „Achten Sie auf meinen Daumen!"

1969

Das Jahr meines Abiturs. Ich hatte genau die Hälfte Einsen, in Deutsch und Mathe natürlich, und nur eine Drei, erhielt also das Gesamtprädikat „Sehr gut", was mathematisch sonderbar sein mag, aber politisch in Ordnung war. Auch in Staatsbürgerkunde prunkte ich nämlich mit einer Eins und war zudem stellvertretender FDJ-Sekretär. Gemeinsam mit der Sportlerin Vera, meiner FDJ-Chefin, trug ich dazu bei, dass wir in diesem letzten Schuljahr den Einmarsch in Prag vom 21. August 1968 nicht jubelnd begrüßen mussten. In der Parallelklasse warb deren FDJ-Sekretär für eine Zustimmungserklärung; wir wollten lieber eine Gegenresolution. Unser Klassenlehrer Teddy Schulze, jener schon erwähnte Erich-Loest-Freund vom Jahrgang 1926, wiegelte ab. Er verstehe, dass wir einen Einmarsch der NVA nicht vorbehaltlos begrüßen könnten. Er sei im Krieg gewesen und schwanke deshalb auch. Deutsche Soldaten in der Tschechoslowakei, das sei eine höchst schwierige Sache: „Wisst Ihr", meinte er, „wir lassen das mal. Beide 12. Klassen sagen gar nichts dazu ..."
Andernorts war jener 21. August Anlass für Schulverweise, gar Jugendknast.
Die Hälfte der Jungen unserer Klasse musste gleich nach dem Abitur anderthalb Jahre zur Armee, wir hatten zudem drei zukünftige Offiziersschüler in der Klassenstufe, nicht eben angesehen. Mein Studienwunsch klappte auf Anhieb, ich hatte mich an der Technischen Hochschule Magdeburg für Technische Kybernetik beworben. So kam ich um jenen „Ehrendienst" herum, die „Fahne", die öfter „Asche" genannt wurde.
Magdeburg empfing mich sehr verschlossen, ich aber öffnete meine Arme weit.

Die Literaturzeitschrift „Neue Deutsche Literatur" lud in den Acht-
zigern zu Texten „Mein Ort" ein, und über Magdeburg mochte wohl
niemand schreiben. 1989 erschien im Verlag Neues Leben zu Berlin
ein Band mit diesen Texten, wiederum nach dem Geburtsjahrgang
der Autoren geordnet, beginnend mit Jürgen Kuczynski und Inge von
Wangenheim. Es folgten Fritz Rudolf Fries, Waltraud Lewin, Landolf
Scherzer und andere. Nach mir kam nur noch Kerstin Hensel, elf
Jahre jünger als ich. Ich hatte in meinem Text versucht, jene Anfangs-
monate in Magdeburg heraufzubeschwören.

LINIE, STRASSENBAHN UND PUNKT

Bekanntlich ist Magdeburg eine Stadt.

Bekanntlich ist Magdeburg eine Stadt, die ausgewalzt ist. Wie
ein Stück Teig unter einem Nudelholz. Daraus ersieht man deutlich: Magdeburg kann keine Liebhaber an sich binden. Welcher
Liebhaber begnügt sich mit einem Stück breitgewalztem Teig.
Über dem noch das Nudelholz schwebt.

Ich habe zu Magdeburg ein Verhältnis gehabt; ein paar Jahre
lang. Es war keine Liebe; nur ein Verhältnis. Verhältnisse ziehen
sich so hin; man schätzt sie vielleicht, man kennt sich gegenseitig
kaum. Von Verhältnissen erzählt man bloß. Später.

Als ich Magdeburg damals kennenlernen wollte, schien Magdeburg mich nicht kennenlernen zu wollen. Umzäunte Bauplätze,
verlegte Haltestellen, abweisende Schilder, geschlossene Gesell-
schaften. Der sperrige Ort wollte erobert werden.

So zog ich mich zunächst zurück in das mir zugewiesene Fort:
die Technische Hochschule. Jene wollte mich. Zur planmäßigen
Ausbildung zwecks Meisterung der *Wissenschaftlich-Technischen.*

Hinter studentischen Barrikaden, im Terrain zwischen Mensa,

Hörsaalklappsitz und Waschraum, fand ich Vertrautes. Man war angetan mit bleufarbenen Hosen und Greenhorn-Kutten. Die Musik stammte von den Bee Gees oder vom Soldatensender aus Burg. Die Gespräche verliefen cool und philosophisch. Mit langen Reden waren wir voll dabei, die Welt zu verändern. Die zu erlernenden Formeln stellten sich dar wie allüberall im Lande: mit und ohne Bruchstrich.

Die Mädchen waren durchaus nett, das Bier im Studentenklub war durchaus billig. Gewiss doch.

Draußen aber lockte die Stadt. Dort gab es echte Produktionsgrundarbeiter. Auch sie meisterten. Daneben aber herrschten sie. Im Wissenschaftlichen Kommunismus wurde uns davon berichtet.

Es sollte auch schichtrhythmusbeherrschte Mädchen geben: Waren sie aufgeschlossen zur verbündeten Schicht? Konnten wir deren Denken und Fühlen wissenschaftlich durchdringen? Ließen sie es zu gemeinsamen Handlungen kommen?

Städte ergeben sich dem forsch Erobernden scheinbar sofort in ihren Zentren. Dreimal die Karl-Marx-Straße auf und ab, und ich glaubte alles, alles zu kennen. Damals war auch im Magdeburger Zentrum gerade Schwungschrift modern; weite Betonplattenflächen, kerzengerade Hausfronten. Noch die Ecken und Kanten waren planmäßig.

Inzwischen gibt es auch dort Jugendstillettern, Delikatfronten und rundliche Imbisskästen. Die Nischen und Vorsprünge sind zahlreicher geworden.

Wen es denn damals unbedingt hinauszog ins echte Werktätigenleben, für den waren die Linien vorgegeben.

Straßenbahnlinien.

Für fünfzehn Pfennige fuhr man immer tiefer hinein in die städtische Wildnis, die bisweilen ländlich wurde.

Tief im Süden, wenn man den Kristallpalast rechts liegen ließ, erwartete einen Reform. Im Norden lockten Eichenweiler und Rothensee. Brückfeld, Cracau und Prester hießen die entfernten ostelbischen Gebiete. Die richtige Linie, nämlich die 4, reichte auch bis dorthin. Überließ man sich ganz der Himmelsrichtung Harz, gelangte man nach größerer Weile bis ins fremde Sudenburg.

Die Straßenbahn ruckte und summte. Eingeborene stiegen zu. Richtige Magdebürger, die dem Abenteuer des Schienenstranges gleichmütig entgegensahen. Tausendmal befahren. Tausendmal war nix entgleist.

Wussten diese Leute nicht, dass in ihrer unmittelbaren Nähe, gleich hinter der Alten Neustadt, ein Hafenviertel existierte, in dem man Binnenschiffer erleben konnte, wenn sie einander verkloppten? Ein Hafenviertel, wie stolz das klingt. Nein, die Leute starrten vor sich hin und hielten sich krampfhaft an Haltestangen aufrecht.

Die Linien endeten zwischen Gärten oder auf verdrahteten Plätzen. Nebenan wuchsen Braunkohleberge oder Bauschutthalden. Die Industrie roch. Die Landwirtschaft war eingezäunt. Müllberge nahmen eine imponierende Aufwärtsentwicklung. Doch man musste die Linien nicht bis zum geringelten Ende auskosten. Man konnte vorher aussteigen. Die Richtung war festgelegt, nicht aber, wie weit man sich jener Richtung anzuvertrauen hatte.

Man durfte wirklich abschweifen. Rechts der Hauptstraße gingen die geraden Seitenstraßen bis ins dritte und vierte Hinterhaus. Die „Elbe-Lichtspiele" lagen seitab des elektrischen Pfades. Lauter Häuserzeilen voller Magdebürger. Produktionsgrundarbeiter. Schichtrhythmusbeherrschte Mädchen. Und alles wollte ich kennenlernen dürfen, alles erfahren, alles wissen, alles mitmachen müssen.

Was man von der Welt erfahren konnte, hieß alles Magdeburg. Die Pferderennbahn war die Magdeburger Rennbahn „Herrenkrug". Der Kulturpark war der Magdeburger Kulturpark „Rotehorn". Die Stadthalle war die Stadthalle Magdeburg und trug, glaube ich, nicht den Ehrennamen „Ernst Thälmann".

Magdeburg kennenlernen war Weltentdeckung. Mit Hilfe jener Straßenbahnlinien. Eine Entdeckung auf längst eingefahrenen Gleisen, die für mich frisch und neu waren. Bis zum Rand vordringen. Und von diesem Rand war kein Ende abzusehen.

Wenn der Himmel blau war und hoch, durfte man dennoch nicht sein Glück laut hinausschreien. Studenten galten ohnehin als verdächtige Unruh-Elemente – damals – für straßenbahnfahrende Magdebürger. In den Verlautbarungen allerdings nannte man uns Zukunftsgewissheit.

Jedes Wochenende unternahm ich eine andere Expedition in einen anderen Stadtzipfel. Sieben oder zwölf Wochenenden lang. Dann glaubte ich alles zu kennen. Wohnviertel wie Industrieflächen. Ich spürte, wann Schichtwechsel war und wie müde Arbeiter aussehen und wie sie per Halteschlaufe aufrecht blieben. Ich spürte manches, ich wusste vieles, ich ahnte nichts.

So glaubte ich mich unters Volk mischen zu können. Das Moachdeburjisch verstand ich mit beiden Ohren und vermochte es in Form von Einzelwörtern auch ganz vorsichtig hie und da anzubringen. Man konnte dies auf dem Weihnachtsmarkt, zum Konzert im Dom-Remter, auf der Pferderennbahn, in der Bahnpost beim Pakete-Sortieren. Eine Nachtschicht brachte ein Viertel Monatsstipendium ein. Ahnte ich jetzt, was Schichtwechsel und Müdigkeit bedeuten konnten? War der Stolz auf das Erreichte der Stolz auf die überwältigte Nacht und die bewältigte Schicht?

Mit dem Viertel Stipendium begab ich mich zu Gast. Die Gaststätten waren breit über die breite Stadt verteilt. Es gab im Zentrum zu wenige. Es gab am Rand wenig honorige. Dort war die Luft von interessanter Konsistenz. Werktätige lagerten dicht bei dicht. Sie sprachen unumwunden, wo ich doch gerade das gewundene Denken erlernen sollte.

Auf einem Stadtplan steckte ich die Kneipen ab, die Schenken, Gaststätten, Restaurants, die Bleiben, die Höfe, die Krüge, die Ecks. Mit Stecknadeln steckte ich sie ab. Die unbekannten als grüne Punkte; die, in denen ich Bier und Gespräche probiert hatte, rot.

Wie die Straßenbahnen gleichförmige Bewegungen bedeuteten, waren die Punkte der Stillstand. Verweile doch, du bist so schön. Schön betrunken. An den roten Punkten, diesen Pickeln und Pusteln im Plan einer sozialistischen Großstadt war ich steckengeblieben. In jener Gemeinschaft auf Probe, in dieser Gesellschaft mit beschränkter Haftung, die sich allabendlich durch Beteiligung neu herstellte, in den Sitzungen der Bördedickköppe und Maschinenmacher. Die Gesellschaft der am Sitz Festklebenden.

Platzwechsel wurde mit Misstrauen beobachtet. Misstrauen war gesund.

An solchem Ort bleibt man bis zum Ausschankschluss.

Dort musste ich zuhören lernen. Bis zum Ende. Wisste woll zuhöörn. Jetze redst du nich!

Bei uns siehst doch so aus. Wenn wir nicht de Faust aufn Tisch. Denkst, von diesen Technolügenköppen? Wirste auch mah, was? Technolügenkopp. Die kenn diss nich. Bei denen fliecht der Steckschlüssel durche Halle. Kennens noch nich onners.

Das kannte ich immerhin aus meiner Lehrzeit. Der Steckschlüssel flog durch die Halle, wenn man ihn steckengelassen hatte im Futter. Kenn ich, sagte ich. Damit ich es ganz genau zu hören bekam.

Denn höre zu. Hier, wo das Bier steht, hamm die Automaten uffestellt. Und hier solln Mongtahscheplätze hinkomm. Hier! Hamms doch inne Omme, was? Lasse man bloß diss Jeschwoafel.

Wenn dann jener mit den Automatenplätzen sich kurz verpisst

hatte, hörte ich von den anderen, dass dessen Ehe eigentlich im Eimer sei. Deswegen solle ich das alles nicht so tragisch nehmen. Weil ein Technolüge was mit seiner Ollen hat. Aus ner Fremdabteilung.

Wenn ich auch das wieder genau wissen wollte, also wissend abwinkte, saß der mit den Automatenplätzen schon wieder auf seinem Kneipenplatz. Und die anderen bezahlten seine Biere mit. Und sagten Mönschklaus zu ihm. Und ich saß da, mit der angerissenen Geschichte.

Zwölf Kneipen später hockte ich neben einem Technolügenkopp mit schmuddliger Jacke, der Kaffee trank, wenn er Skat kloppte. Revolution gibt's nach Altenburg nicht, sagte sein Mitspieler, wenn wir uns schön an die Regeln halten. Und jetze hammer Kommunismus, sagte der Gegenspieler laut durch die Kneipe und deckte seine Karten auf.

Mach maln Punkt, sagte viel später in einer Kneipe am westlichen Stadtrand eine Frau, die sie Plan-Öse nannten. Mach maln Punkt, sagte sie in meine langen Antworten hinein, die Fragen sein sollten. Und dann erzählte Plan-Öse und Technolügenkopp und Mönschklaus ganz andere Geschichten durcheinander, und jedes Mal, wenn es spannend wurde, verpisste sich einer oder hatte eine Revolution oder eine Sache endgültig abgehakt. Punktum.

Ich glaube nicht, dass ich alle grünen Kneipenpunkte in rote verwandelt habe. Die Öffnungszeiten. Die Urlaubszeiten. Die Prüfungszeiten für mich. Irgendwann verschwand mein Plan der Stadt. Zuerst bekam er Eselsohren, dann Risse. Dann fehlten Stellen. Irgendwann verschwand mein Plan der Stadt wirklich. Und es änderte sich die Landschaft der Bierquellen innerhalb weniger Monate, damals. Wie die Dichterin sagt: Der Baum der Kneipen / Verzweigte sich mächtig.

Mag sein, dass derlei mathematisches Abarbeiten von Orten

eines Ortes geeignet ist, Statistik oder Alkoholismus zu befördern. Ich habe mich später vor beidem gedrückt.

Wenn ich mich aber zuweilen dabei ertappe, wie ich hingerissen Erörterungen über lockere Schrauben oder scheidende Gatten lausche, in die Karten schauen will, mit angerissenen Geschichten sitzengelassen werde und deshalb brennendes Interesse am so grässlich Normalen verspüre, dann ahne ich: Diese Krankheit muss ich mir endgültig in Magdeburg zugezogen haben.

In jenem Magdeburg, das bekanntlich eine Stadt ist, ausgewalzt, ohne Liebhaber, mit Straßenbahn, Herrenkrug und Ausschankschluss.

1970

Es wurde die Personenkennziffer eingeführt und Legenden wucherten. Die Stasi hatte zwar längst nicht jenen Stellenwert, den heutige Geschichtserklärer ihr beimessen, aber die 12 Stellen jener Pekazett beschäftigten mathematisch Interessierte, also Studenten der technischen Kybernetik. Geburtsdatum, Geschlecht und Wohn- bzw. Melde-Ort steckten drin. Doch was war mit den restlichen beiden Ziffern?

Die mathematisch-technische Revolution fand im Hörsaal 5 zu Magdeburg statt. Darunter verkroch sich das Studentenkabarett „Prolästerrat" in einem Keller. Chris Roberts sang „Die Maschen der Mädchen" und die Seminargruppe 9TK3, absolut frauenfrei, versuchte diese Maschen zu erkennen, indem zu Seminargruppenfeten entweder die Kindergärtnerinnenschule oder die Pädagogische Hochschule oder die Medizinische Akademie angesprochen wurde. Alle frauenintensiv. Ich schrieb in jenem Jahr ungezählte Briefe, wie auch in den folgenden 25 Jahren.

Im Hochsommer gab es ein Praktikum auf der Warnowwerft in Warnemünde. Als gelernter Maschinenbauer wurde ich zum Elektroschweißen eingeteilt. Die Schweißstäbe, als Elektroden wirkend, klebten ständig fest am Schiffsrumpf, den anderen elektrischen Pol darstellend. Es dauerte, bis ich exakt Punkte setzen konnte.

Wir wohnten in einem Wohnheim, einige hundert Meter von Strand und „Teepott" entfernt. Die Schicht begann um fünf Uhr morgens und endete nachmittags um drei. Blieb genug Zeit, am Strand zu dösen und abends in oder vor den Kneipen dünnes Rostocker Bier zu schlucken. Urlauberinnen standen, saßen und lagen bereit, in jenem Jahr, als der Verkehrsingenieur und spätere PEN-Generalsekretär Joochen Laabs in Dresden das Manuskript seines Romans „Das Grashaus oder Die Aufteilung von 35 000 Frauen auf zwei Mann" ablieferte. „Whole Lotta Love" sangen Led Zeppelin und wir alle in jenem Jahr zwischen Teepott und Dresden.

LANGER BRIEF WEGEN EINER KLEINEN NUMMER

Liebe Claudia,

ein bissel hat es mich schon geärgert, dass Du der mathematischen Weltanschauung so gar keine Chance geben willst. Ich weiß, Du willst Künstlerin werden, Du siehst Deine Zukunft in der Kunsthochschule, einem eigenen Atelier, Studienreisen …, aber bedenke doch mal, dass es auch eine Magie der Zahlen gibt. Wenn Du mich etwas länger hättest in Deiner Hand lesen lassen, hätte mein Beweis wahrlich klar auf der Hand gelegen. Deine Handlinien zeigen deutlich ein großes M, und wie Du wissen solltest, ist das die Tausend im römischen Zahlensystem. Nein, ich werde diesen Brief nicht „Mit 1 000 Küssen" unter-

schreiben, denn ich achte das Selbstbestimmungsrecht einer jeden jungen Frau in unserer Republik.

Es ist ziemlich blöd, dass Du kein Telefon hast, denn dann würde ich einfach eine mir bekannte und liebgewonnene Nummer
wählen und hätte Dich an der Strippe oder an der Angel. Aber
weil das nun mal nicht geht, schreibe ich Dir diesen Brief, der
im Übrigen nur deshalb wirklich ankommt – obwohl man ja nie
weiß, wo er wie lange abgelagert wird – weil eine Postleitzahl
drauf steht. Ich arbeitete bei der Post, als die Zahlen vor fünf
Jahren eingeführt wurden. Es hieß damals sogar: Wenn keine
Postleitzahl drauf steht, geht der Brief an den Absender zurück!
Damit sich unsere Menschen daran gewöhnen!!

Haben sie dann doch nicht gemacht. Aber wer nicht zählen
kann, sollte wenigstens zahlen. Gut, nicht wahr? Das ist mir
eben eingefallen und der Beweis, dass Mathematik und Einfalls-
reichtum miteinander eine Beziehung haben.

Gut, Du hast gesagt, für eine feste Beziehung fühlst Du Dich zu
jung. Was denkst Du denn, wie viel zu jung ich dafür bin? Beziehung bedeutet ja, dass da einer immer zieht. Und nur wenn man
Glück hat, lassen beide im selben Moment los.

Du hast doch bestimmt eine Glückszahl. Sagen wir mal die
Sieben. Jetzt nimmst Du bitte Deinen Personalausweis her,
guckst Dir Deine PKZ an. Das ist die Zahl, die sie unten vorn
reingestempelt haben. Was ist die siebente Ziffer? Eine 5, genau.
Woher ich das weiß? Ich kann mich in Dich hineinfühlen, also
gut, vielleicht noch nicht tief genug, das kann ja alles kommen.
Die Ziffern davor sind übrigens eine 2 und eine 5.

Wenn Du 5 und 5 und 2 zusammenzählst, kommt genau 12 raus.
Und war es nicht zwölf Uhr, als unsere Fete zu Ende war und Du
unbedingt mit Deiner Freundin Petra nach Hause wolltest? Pe-

tra geht (haha, geht!) übrigens fest mit Siegmar. Und weißt Du, was sie dem gesagt hat, als er sie fragte, wie sie es mit der Verhütung hält, Pille oder so? Sie sagte: Ich kann rechnen!

Wusstest Du denn, dass van Gogh genau die Farbmenge ausgerechnet hat, die er für seine Sonnenblumen brauchte? Ich wusste das auch nicht, aber ich habe es mir eben ausgedacht. Ich hoffe, Du wirst jetzt nicht mehr behaupten, Mathematikern fehle das Phantasie-Gen. Ich möchte Dir gern beweisen, dass alles nicht ganz richtig ist, was Du über mich denkst. Dafür müssen wir eine Versuchsreihe machen. Sagen wir mal: zehn Versuche. Natürlich sollten wir erst mal mit dem ersten Versuch anfangen. Ganz einfach. Hast Du denn am Dienstag Zeit? Wir treffen uns am alten Ort und versuchen es aufs Neue.

Wenn das nicht geht, musst Du mir eine Nachricht hinterlassen. Die Telefonnummer im Wohnheim ist die 622954. Da sitzt meistens der Wachdienst und dem kannst Du eine Nachricht hinterlassen. Einfacher ist es natürlich, Du rufst gar nicht an, und wir treffen uns wie von mir vorgeschlagen.

Dann würde ich Dir gern beweisen, dass ich mich nicht nur mit großen Zahlen auskenne, sondern auch mit kleinen Nummern. Es grüßt Dich mit der Wurzel aus dem Quadrat eines Vektors –
M.

1971

Zu Beginn meines Studiums sollte ich auf einem Zettel ankreuzen, welche künstlerischen Gruppen mich interessierten: Chor, Singeklub, Studentenorchester, Bildende Kunst, Studentenbühne, Stadtgeschichte …
Ich ging zur FDJ-Hochschulleitung und fragte, ob es einen „Zirkel

Schreibender Studenten" gäbe. Noch nicht, sagte der Hauptamtliche, aber du wirst ihn leiten.

Ich fand Gleichgesinnte. Dieser hatte ein ganzes Buch mit vierzeiligen Waldgedichten gefüllt, jene sprach emphatisch von ihrer Freundschaft zur Tochter der Schriftstellerin Gisela Steineckert. Als neue Studenten kamen, konnten sie auch „Zirkel Schreibender Studenten" ankreuzen.

Wir waren ein Grüppchen von jeweils sechs bis zwölf Leuten, die Abende oder ganze Wochenenden im Hochschul-Ferienheim Loburg gemeinsam verbrachten. Manche kamen, manche gingen. Einer schrieb: „Man sagt / Wenn man ein Streichholz zwischen den Fingern verbrennen lassen kann / Werde man geliebt. // Mir ist es gelungen, / Aber / Ich habe mir die Finger verbrannt."

Dieser Dichter blieb nicht lange in Magdeburg; er studierte später an der MfS-Hochschule in Eiche-Golm.

Der hauptamtliche FDJnik, ein großer Studentenfaschingsfreund, beschwor uns, Büttenreden zu schreiben. Wir sollten uns bloß mal vorstellen: künstlerisch gestaltete Büttenreden!

Wollten wir uns nicht vorstellen. Dennoch finanzierte man uns einen Zirkelleiter, den Berufsschriftsteller Wolf D. Brennecke.

In unseren Zirkel kam der spätere Berufsschriftsteller Erich-Günther Sasse. Es kamen auch zwei Mitglieder der Studentengruppe „ante portas", die mit Hilfe von Klavier, Gitarre und Geige Lyrik vertonten: „Heut lass ich mein Herz / Spazierengehn / Aber mich, mich wird man heut nicht sehn …"

Der Klavierspieler von „ante portas" studierte Technologie; sein Vater war selbstständiger Kupferschmied aus Leipzig. Er hieß Harald Pfeifer, kam später nach 1991 zum Mitteldeutschen Rundfunk und arbeitete für Kleinkunst, Kabarett, Liedermacherei. Wir waren all die Jahre Freunde und in Verbindung geblieben. 1996 produzierten *wir gemeinsam ein einstündiges Radio-Feature für Deutschland-radio: „Zirkel mit Hammer und Ährenkranz – schreibende Studenten in Magdeburg".*

2002 nahte unseres einstigen Zirkelleiters Brennecke achtzigster Geburtstag. Drei Monate vorher starb er. Zu seinem Geburtstag am 28. September 2002 wurde dennoch ein Radiostück bei MDR-Kultur gesendet.

WAS, BITTE, IST SPANNUNGSLITERATUR?
Ein stark gekürztes und neu ergänztes Radiostück über Schriftstellerei in Magdeburg

Originalton 2015: Uns interessierten im Frühling 2002 vor allem jene beiden noch lebenden Schriftsteller, die einst in Magdeburg ihre Laufbahn begannen. Wolfgang Schreyer schrieb mit „Großgarage Südwest" einen Bestseller und lebte Anfang des Jahrtausends in Ahrenshoop. Er vermietete einen kleinen Anbau, so gedachten wir gleich zu etwas Urlaub unmittelbar an den Sanddünen zu kommen.

Helmut Sakowski schrieb in der DDR berühmte Fernsehromane, damals Straßenfeger. Wolf D. hatte ihn uns so beschrieben: Eines Tages saß da ein Mann, angetan im grünen Rock, in unserer Arbeitsgemeinschaft Junger Autoren. Ein Förster aus der Altmark.

Im Jahr 2002 lebte er in Wesenberg in Mecklenburg und hatte eine Datsche in Mirow. Wir hatten brieflich vereinbart, wann wir kommen. Eine Dame empfing uns zur Mittagszeit, unwirsch: Jetzt geht das gar nicht. Herr Sakowski schläft.

Aber wir haben doch im Brief …

Wir haben keinen Brief bekommen!

Es stellte sich heraus, dass die Dame Sakowskis Geliebte – und Dramaturgin – war, während die Ehefrau den Brief nicht weitergeleitet hatte.

Helmut Sakowski war dann doch bereit, mit uns zu reden, so kamen wir zu vernünftigen O-Tönen.

In Ahrenshoop wiederum erfuhren wir von Schreyers jetziger Ehefrau manches über die vorherige – und das, was wir für die Sendung brauchten.

Dennoch haben wir zu wenig gefragt. Damals, als wir in Magdeburg hauptsächlich studierten und nebensächlich Literatur betrieben. Auch dreißig Jahre später, als wir eine Sendung darüber machten, haben wir zu wenig gefragt.

Brennecke sprach nicht selten über seine Anfänge, in den Fünfzigern und Sechzigern in Magdeburg, als auch Brigitte Reimann und Reiner Kunze Anfänger waren, als es einen „Bitterfelder Weg" gab, als Magdeburg genau wie vor dreißig Jahren und wie heute geschmäht wurde als literatur- und kunstfeindlicher Ort.

Originalton Wolfgang Schreyer: Der Eindruck von Brennecke war erst einmal, dass er ein recht fleißiger und recht strenger Kollege war. Er hat Verbandsangelegenheiten bitterernst genommen, und wir haben uns anfangs darüber ein bisschen lustig gemacht. Das war natürlich albern, alles junge Leute damals. Dann hat sich eine Arbeitsgruppe gebildet, die eigentlich informell war, die mit dem Verband nicht direkt was zu tun hatte. Da war Brennecke auch wesentlich daran beteiligt, dann noch der Günter Braun, ein gewisser Becker, den wir dann aus den Augen verloren hatten und ich. Wir haben uns einmal in der Woche getroffen und jeder hatte ein Thema, das er schriftlich ausarbeiten musste. Mein Thema war, weil ich einen Kaufmannsgehilfenbrief hatte als Drogist, die Ökonomie, also die politische Ökonomie. Wir machten Durchschläge, die wir dann verteilt haben, aber eigentlich haben wir frei gesprochen zu diesem Thema. Das haben wir so ein bis anderthalb Jahre gemacht.

Brennecke war ein Mann, der das demokratische Element bitterernst genommen hat, auch im Verband: Mehrheitsbeschlüsse und so weiter. Das war klar und das zeigte sich vor allem in seiner wirklich tapferen Haltung in dieser Reimann-Affäre damals. Die Staatssicherheit hatte ja in den Jahren 1957, 1958 die Brigitte Reimann zur Mitarbeit genötigt, gedrängt regelrecht. Da hat sie sich mir offenbart und ich bin dann mit ihrer Erlaubnis zu Brennecke gegangen und habe gesagt: Da müssen wir etwas machen.

Sie war erpresst worden mit ihrem inhaftierten Ehemann.

Dann kam es zu einem Zusammenstoß mit der Staatssicherheit Magdeburg und da hat sich Brennecke wirklich, muss ich sagen, richtig mutig an meine Seite gestellt. Für mich war das nicht so schlimm, denn es war das Jahr 1958. Wir haben Verhaftungen nicht mehr befürchtet, obwohl die noch vorkamen. Rechnen musste man hingegen damit, dass jetzt eine Zeit lang nichts mehr gedruckt würde. Und dies alles hat Brennecke riskiert. Da er geldlich sehr viel schlechter dran war als manch anderer von uns, war das ausgesprochen mutig. Er hat auch nicht rumgeeiert.

Es gab so einen richtigen Zusammenstoß im Stasigebäude, wohin sie uns eingeladen hatten, in das sogenannte Sonderzimmer. Das hieß so in der Akte, weil Abhörvorrichtungen drin waren. Brennecke sagte zu diesem Oberstleutnant: „So geht es nicht, dass hier Kollegen womöglich in den Westen getrieben werden."

Die Mauer war ja da noch nicht. Also er hat mir da richtig beigestanden. Das habe ich ihm hoch angerechnet.

Originalton Helmut Sakowski: Anfang der 50er Jahre habe ich versucht, satirische Gedichte zu machen. Die Zeitung hat sie auch veröffentlicht, also wirklich alberne Gelegenheitsgedichte. Mir machte das Spaß und einer sagte, es gibt da so eine Truppe von jungen Autoren in Magdeburg. Vielleicht kannst du denen deine Sachen mal vorlesen?

Ich bewarb mich und bin dann 1954 dort erschienen. Die jungen Autoren tagten in einem Haus, das dem Kulturbund gehörte, eine vornehme Villa inmitten dieser Ruinen in der Nähe des Doms. Ich las meine Geschichten vor und da saß ein junges Mädchen von zwanzig Jahren, das sich sehr amüsierte über meinen Vortrag. Ich habe erst später begriffen, dass sie nicht gelacht hatte, weil ich so gut war, sondern weil ich so komisch war. Und auch Reiner Kunze war dabei, an andere erinnere ich mich nicht mehr deutlich.

Brigitte Reimann hatte einen ganz tollen Vorschlag, oder vielleicht war es auch der Brennecke, ich glaube, es war der Brennecke. Der sagte: „Jetzt liest du mal ein Gedicht von Sakowski, dann gebe ich dir eins von Morgenstern, das liest du vor und dann kommt wieder eins von Sakowski, dann kommt wieder eins von Morgenstern."

Als ich das zweite von Morgenstern gelesen hatte, begriff ich, dass ich ein furchtbarer Dilettant bin.

Für mich war es dennoch aufregend, aus dieser harten Berufswelt, in der ich ja gefangen war, auszubrechen alle vier Wochen. Es kann auch sein, ich wollte ein Stück Freiheit gewinnen. Das weiß ich nicht mehr so genau. Jedenfalls war es mein Ehrgeiz, unbedingt bei dieser Truppe zu bleiben, versuchte mich mit Erzählungen und anderen Geschichten. Das ist mir auch gelungen. Ich glaube, dass der Brennecke da eine große Rolle gespielt hat, weil er ein guter, ein strenger Mentor war, der einem beibrachte, wie ein Manuskript zu verfassen ist.

Originalton 2015: Der strenge Mentor Brennecke war ein Vertreter der Spannungsliteratur, wie damals Krimi, Science Fiction oder der sogenannte Abenteuerroman genannt wurde. Was im Westen als Polit-Thriller firmierte, hieß bei uns Tatsachenroman – und fiel ebenfalls unter Spannungsliteratur.

Ein Schriftsteller darf nie langweilen, sagte Brennecke.

Wir fragten 2002 natürlich auch unsere Protagonisten an Mecklenburger Seen und Ostsee nach diesem seltsamen Wort „Spannungsliteratur"

Originalton Wolfgang Schreyer: Ich hab nach einem Begriff gesucht. Bei uns in Deutschland steht seit alters her die U-Literatur, die Unterhaltungsliteratur, im Schatten, nicht wahr? Wir haben dann die Hochliteratur, U und E habe ich immer gesagt, abgeleitet von der Musik. Und ich habe immer versucht, diesen Graben irgendwie zuzuschütten oder zu überbrücken. Ich wollte gerne schreiben mit einem starken Realitätsbezug.

Originalton 2015: Ein Versuch, die U/E-Spaltung zu überwinden, nannte sich in der DDR „Bitterfelder Weg". Die Schriftsteller sollten in die Betriebe, die Arbeiter sollten zu Schreibenden werden. Unsere Gruppe von Amateurautoren, Anfang der Siebziger, war, wenn man so will, auch jenem „Bitterfelder Weg" verpflichtet.

Helmut Sakowski zum bitteren Feldweg:

Originalton Helmut Sakowski: Eine ganz wichtige Geschichte, diese Arbeitsgemeinschaft in Magdeburg und später der Verband. Ich hab dann 58, denke ich, also auch noch als Anfänger, einen sehr großen Erfolg gehabt mit einer Geschichte, die auf dem Dorf handelte. „Die Entscheidung der Lene Mattke", hieß das. Ich hatte den Eindruck, die Magdeburger Gilde – also der Schreyer, der absolute Star mit „Großgarage Südwest" und auch mit dem dollen Buch „Unternehmen Thunderstorm" – sind nicht mehr die richtigen Partner für mich. Und deshalb habe ich mich langsam von denen abgesetzt. Übrigens auch Brigitte Reimann. Sie verließ aus anderen Gründen die Magdeburger Kollegen und ging nach Hoyerswerda. Wir haben das tatsächlich damals ernst genommen, dass wir die Wirklichkeit dieser Tage erkunden wollten. Und wir waren auch arrogant. Die Reimann genauso wie ich.

Wir wollten die neue Wirklichkeit entdecken. Die Reimann hat mir später diesen Band „Ankunft im Alltag", der dann sprichwörtlich geworden war, geschickt und da steht drin – das muss man heute also bekennen – also „Für den Sakowski: Die sozialistische Industrie grüßt die sozialistische Landwirtschaft". Das ist sehr komisch, aber verrät doch, dass wir damals gemeint hatten, wir könnten aufbrechen zu neuen Ufern. Die junge Schriftstellergeneration.

Reiner Kunze war auch jemand, der mich als jungen Förster oder Forstmann unterstützt hat. Der war bei der Zeitung, Volontär oder sogar Sachbearbeiter und versorgte uns mit Aufträgen für Reportagen. Kunze war in dieser frühen Zeit für mich ganz wichtig. Da war er ein ganz anderer Schriftsteller als der, der er heute ist. Und ich weiß noch, dass ich meinen Forstarbeitern, denen ich immer etwas Kultur beibringen wollte, zum Beispiel diese „Ballade vom Treppenbauer" vorgetragen, vom Säufer, der nicht mehr weiterweiß. Und da heißt es an einer Stelle: „Da sank die Decke auf mich nieder und ich dachte Schande. Und ich fragte: Will mich keiner? Doch! Sprach die Partei, wie eine Mutter." Das ist der frühe Kunze und so haben wir angefangen. Da erinnere ich mich heute noch, mit einer gewissen Rührung natürlich. Ist wahr.

Originalton 2015: Ein paar Jahre später mischte sich wieder die Staatssicherheit in diese eher karge literarische Landschaft Magdeburgs.

Originalton Wolfgang Schreyer: Es gab da noch relativ offene Diskussionen. Ich weiß noch, dass wir diesen Prager Frühling ganz offen diskutiert haben. Da also in Magdeburg, mit Für und Wider. Es gab auch Stimmen bei uns, die sagten: „Das ist ja alles gut und schön, aber kann das nicht zum Bruch mit dem Sozialismus überhaupt führen?" Anders gefragt: Wie viel Demokratie verträgt der Sozialismus? Und ich weiß noch – ich bin das sogar gewesen. Ich habe gesagt: Da wäre doch immer noch die Armee im Hintergrund. So eine Überlegung ja? Die der Garant wäre, dass es kein Privateigentum an Produktionsmitteln geben würde. Typisch auch wieder für Wolf Brennecke: Er empörte sich über diese Äußerung von mir und hat mir die richtig in den Hals zurückgestopft und hat gesagt: „Das ist ja das alte Preußenwort – Gegen Demokraten helfen nur Soldaten." Da sehen Sie, wie der Brennecke ein in der Wolle gefärbter Radikaldemokrat war.

Originalton 2015: Diesen Radikaldemokraten also lernten wir Anfang der Siebziger kennen. Einer, der dabei war, der künftige Erzähler Erich-Günther Sasse, beschreibt Brenneckes Auftreten im später gefestigten, vielleicht auch erstarrten Schriftstellerverband.

Originalton Erich-Günther Sasse: Die Autoren, die sich schon sehr lange, nämlich schon über zwanzig und zum Teil dreißig Jahre kannten, waren eine Fraktion für sich, und es war für die jüngeren nicht immer leicht, mit ihnen umzugehen. Wolf D. Brennecke war einer, der diese Fronten, sag ich mal, sag ich auch sehr bewusst, ein bisschen aufzubrechen versucht hat. Der hat sich also doch intensiv um den schriftstellerischen Nachwuchs bemüht.

Originalton 2015: Die vor Jahrzehnten jung gewesenen Autoren blickten 2002 auf ihre Kämpfe unter sozialistischen Vorzeichen – hie Spannungsliteratur, da Bitterfelder Weg – mit Nachsicht zurück.

Originalton Helmut Sakowski: In den Auseinandersetzungen, die wir dann später hatten, zum Beispiel auch um Dorfgeschichten, hat die Reimann mich immer aufgehetzt. Und hat zum Beispiel gesagt: „Schreib ihn nieder." – Na ja. – Schreib ihn nieder. Es ist lange her. Ja.

1972

Fernweh wohnte überall im Lande. „Wir haben einen Turm gebaut./ Zu seinen Füßen vermischen sich / Wieder die Sprachen." So begann – nach meiner Erinnerung – ein Gedicht von Richard Pietraß, den ich später beim „Poetenseminar" kennenlernte. Mit dem Turm war der Fernsehturm am Berliner Alex gemeint. Die sich zu seinen Füßen vermischenden Sprachen waren kein babylonisches Sprachgewirr, sondern vor allem polnisch und tschechisch. Denn mit diesen Ländern gab es neuerdings Abkommen zum visafreien Reiseverkehr. Die Leute nutzten – nach Pietraß' Gedicht – ihre Freiheit zum Ein- und Verkaufen. In der Tschechei – wir nannten das Land sehr unkorrekt so – gab es Dinge, die der DDR-Sozialismus nicht kannte, und in Polen konnten wir westliches Theater und westliche Filme kennenlernen, auch westdeutsche Zeitungen kaufen. Polen und Tschechen

hingegen sahen die DDR als westliches Ausland – zumindest was
Warenfülle und -qualität betraf.

Manchmal saß ich mitten in der Nacht im obersten Stockwerk des
Wohnheims Zwo und schrieb Briefe und Geschichten, versuchte
mich auch an Hörspielen. Mein Zimmerkumpan Helmut Drosihn
fuhr meist heim nach Eilsleben, ich hatte die Bude allein, konnte sie
also auch zu zweit nutzen. Mit dem Sozialismus lag ich keinesfalls
über Kreuz. Es ging vorwärts in Richtung Weltfestspiele. Die Welt
war ein Fest, spielerisch schrieb ich. Das Wohnheim – ein Frei-Raum.
Man durfte lange Haare haben und zerruppte Jeans. Kein Verbot,
nirgends. Weniger hemdsärmlig aber formulierte ich: „Ein Antrieb
zum Schreiben ist bei mir wohl die Lust und der Spaß an der Kri-
tik, am Infragestellen, am Wort-Spieltrieb … Was sehr gewichtig und
vierschrötig daherkommt, reizt mich zum Antippen …" So stand
es gedruckt in einer im Sommer 1979 von Klaus Steinhaußen zu-
sammengestellten Anthologie „Kein Duft von wilder Minze". Meine
Geschichte dafür wurde im Westberliner Literaturjournal LITFASS
vorab gedruckt, das gab Ärger.

MONICA SEPTEMBER

Sie bekam sehr plötzlich und in bisher ungekanntem Maße
Fernweh. Sie begann, ihre Reisetasche mit verschiedenen Dingen
zu füllen: ein Opernglas, eine Dose Makrelen in Tomatensoße,
das Buch „Wörter und Wendungen der deutschen Gegenwartssprache", zwei Packungen Ovosiston, eine Bernsteinkette, ein Taschenmesser, vierzehn Adressen von sechs Freunden, Unterwäsche, fünfundzwanzig Briefkuverts, ihren Ausweis für Arbeit und
Sozialversicherung, zwei Äpfel, ein knöchellanges Mantelkleid
aus Kordstoff, Lippenstift, zwölf Fahrscheine für die Dresdner

Verkehrsbetriebe, der Nachdruck eines Kupferstichs von Merian, zwei Handtücher, der Sommerflugplan der Interflug, Söckchen, eine alte Hotelkarte, Deso-Spray.

Die Reisetasche war zur Hälfte gefüllt. Sie nahm sie, ging zur Tür, sagte: „Ich heiße Monica September. September wie der Monat und begebe mich weg." – „Was?", fragte ihr Freund, der im Zimmer auf einer Doppelbettcouch residierte, „was? ich versteh dich nicht." – „Auf den Weg", sagte sie, nahm die Reisetasche endgültig und dann die Straßenbahn bis zur Endstelle. Es war ein freundlicher, milder Tag, an dem die Leute um 16.15 Uhr Arbeitsschluss hatten.

Die Straßenbahn quietschte durch die Endschleife; die Vorgärten der Reihenhäuser waren gut gepflegt; die Temperatur betrug zweiundzwanzig Grad im Schatten; Monica September vertrug sich gut mit ihrer Reisetasche; die Hunde bellten träge.

Der erste LKW-Fahrer, der sie mitnahm, war schmal und dünn. Er erzählte etwas, das sie nicht verstand, wegen des Lärms und wegen des Dialekts. Der zweite Fahrer war etwas breiter und blond. Der dritte trug Bart; der vierte wollte mit ihr in einen Waldweg fahren. Auf den fünften verzichtete sie und blieb in einer Siedlung ohne Straßenbahn-Endschleife, aber mit Vorgärten und träge bellenden Hunden sowie einer Milchverkaufsstelle. Sie trank eine Flasche aus und fragte die Verkäuferin um eine Bleibe. Da die Verkäuferin nicht gleich verstand, holte sie das Buch „Wörter und Wendungen der deutschen Gegenwartssprache" und zeigte ihr sinnverwandte Ausdrücke. Da wurde die Verkäuferin guten Mutes; denn sie lebte allein und war noch nicht so alt, auf Erlebtes verzichten zu wollen. Sie zählte dreiundsechzig Jahre und wohnte im Dahlienweg 7.

Am Abend aßen sie die Makrelen mit der Tomatensoße und

die Äpfel und leerten drei Flaschen Milch. Dann studierten beide den Plan der Interflug, doch die nächste Maschine nach Luanda über Lagos flog erst um 12.30 Uhr, und um 7.30 musste die Verkäuferin ihren Laden öffnen. So verabschiedeten sie sich nach dem Frühstück. Monica September schenkte der Verkäuferin vier Adressen zweier Freunde und vier Briefkuverts.

Dann musste sie der Verkäuferin noch zeigen, wie man eine Pille schluckt, und sie schieden als Freunde.

Das nächste Auto, das Monicas wegen anhielt, war ein Trabant. Drinnen gab es nur einen Sitz und darauf saß der Fahrer. Monica September setzte sich auf den Wagenboden und rutschte dicht über der Asphaltstraße dahin.

Sie erzählten und erzählten sich lange Short Storys über Liebe und Labsal, und einer versuchte, sie besser als der andere auszudenken. Dann kamen sie an eine Weggabelung. Der Fahrer wollte nach Dresden, Monica September aber nach Oslo oder Erfurt. So tauschten sie ihre Fahrscheine aus, Monica gab die zwölf Dresdner und erhielt dafür zwei von den Erfurter Verkehrsbetrieben. Mehr hatte der Fahrer nicht, denn er fuhr lieber Trabant als Straßenbahn. Von Oslo besaß er nur das Bild eines berühmten Skispringers. Das steckte im Portemonnaie, und er gab es ihr, und dann küssten sie sich. Das dauerte siebzehn Minuten und die vorbeifahrenden Bürger schauten verbissen auf den weißen Strich der Straße.

Monica durchmaß weitere Fernverkehrsstraßen und wenn es regnete, hüllte sie sich in ein Wartehaus oder in ihr knöchellanges Kleid. Wenn die Luft schwül war, vertrieb sie die Mücken mit Deso-Spray.

Mehrmals versuchten Männer, die ihretwegen ihre blitzenden Wagen angehalten hatten, ihr die Unterwäsche zu durchforsten. Dann nahm sie ihr Opernglas und schaute verkehrt herum durch.

Da wurden die Männer recht klein und sie konnte sie zwischen zwei Finger nehmen und im Fahrtwind abkühlen lassen.

Schließlich gelangte sie ans Meer. Vor dem Meer stand quer ein schwarz-weißer Schlagbaum, den man ihretwegen nicht hochgehen lassen wollte. Man forderte ihre Kurkarte, ohne die niemand in der Saison die Meeresländerein betreten durfte. Da hob sie ihren Ausweis für Arbeit und Sozialversicherung, und sie hob ihn so hoch, dass er allen, die vor und hinter dem Schlagbaum standen, als grüner Sonnenfleck deuchte.

So ließ man Monica September passieren, und sie setzte sich mitten auf die Kurpromenade. Hier malte sie auf den Asphalt mit Lippenstift einen Herzmuskel mit Vene und Arterie. Kurz darauf schritt ein sanfter bärtiger Bursche aus Berlin durch die Arterie in den Herzmuskel. Da wischte Monica September schnell die Vene weg, und sie gingen beieinander, bis es Abend wurde.

Sie waren müde geworden. Weil sie gegangen waren, und sie waren munter geworden, weil sie miteinander gegangen waren. So suchten sie ein schwedisches Hotel, das mit polnischem Glas, finnischem Holz und russischer Weitläufigkeit gebaut worden war und fanden so eines.

Monica September lächelte den Portier unziemlich an und zückte ihre alte Hotelkarte. Dann begab sie sich eilends mit dem bärtigen Burschen aus Berlin in eines der Zimmer, in dem Tahitimädchen gleichmütig auf eine breite Bettstatt herablächelten.

Sie behielten ihr Lächeln und Monica September behielt den bärtigen Burschen lange bei sich. Er wurde von Mal zu Mal zutraulicher, und es waren viele Male, die sie einander antaten. Und diese guten Taten vollbrachten sie nur sich selber zu Ehren und für sonst niemanden in dem großen weiten Hotel.

Monica September schrieb an alle vierzehn Adressen ihrer sechs Freunde folgenden Brief:

Lieber Freund,

ich habe einen Freund. Wir schlafen in Hotelbetten. Nun will ich schließen, weil sonst die Reinemachfrauen immer zur Tür hereinschauen. Aus Interesse. Ich hoffe, wir küssen uns demnächst mal wieder.

Deine Freundin MS

An den Freund, der daheim im Zimmer auf der Doppelbettcouch residierte, schrieb Monica September diesen Brief siebenmal und versandte alle Botschaften ohne Porto und Absender.

So verliebten sie die Tage, abends wuschen sie gemeinsam ihre Socken und nachts sprachen sie von ihrer und von seiner Haut.

Bald hatte Monica September die letzte Pille aus der Ovosiston-Packung gedrückt. Da stand sie in aller Frühe auf, bedeckte die breite Brust des schlafenden bärtigen Burschen aus Berlin mit dem Nachdruck des Kupferstiches von Merian und verließ das Hotel durchs Fenster mittels zusammengeknüpfter Handtücher. Die morgendlichen Nachtschwärmer wurden von ihrem Hotelabstieg angeheitert.

Der bärtige Bursche hingegen wurde, nachdem er erwacht war, Stadthistorienforscher, denn Monica September hatte ihm den Kupferstich sehr nachdrücklich ans Herz gelegt.

Monica September selber aber war im Nu an der Straßenbahnendstelle, wo sie ihre Bahn zur Stadtmitte nahm.

Dem Freund im Zimmer brachte sie von der Reise ein Taschenmesser und eine Bernsteinkette mit, denn sie war im Hohen Norden gewesen.

Der Freund hatte es inzwischen aufgegeben, auf der Doppelbettcouch zu residieren. Er hatte die Wohnung aufgeräumt und bereitete für Monica September ein Kalbfleischragout.

1973

Das Jahr der massenhaften Anerkennung der DDR und der X. Welt-
festspiele in Berlin. Es konnte einfach nur besser werden, denn „die
DDR war unser" und bald würde auch die Welt uns gehören. Nicht
im kriegerischen Sinne, doch selbst ideologisch stahlharte Genossen
mussten zähneknirschend diesem Satz zustimmen: Eine Weltan-
schauung kann sich nur bilden, wenn man die Welt anschauen kann.
Es konnte also nur noch Monate, vielleicht paar Jahre dauern bis zur
praktischen Welt-Anschauung.

Im späten Winter machte ich ein Ingenieurpraktikum im Funkwerk
Erfurt, wohnte mit dem Nicht-FDJ-Mitglied und Pfarrerssohn Ecki
Goethe, meinem Kommilitonen aus Magdeburg, bei der Frau Röh-
ner in der Rudolfstraße. Wenn ihr „Bekunnter" nicht da war, durften
wir in ihrem Wohnzimmer fernsehen. Ich ging lieber regelmäßig in
die Kneipe „Penne" und in die „Engelsburg", war in diesem Winter
samt Kostüm auf mindestens fünf großen Faschingsfeiern, mir heute
unbegreiflich. Auch die schneebedeckten Hänge vom thüringischen
Wurzbach, das später in einer Geschichte „Furthsbach" heißen wird,
waren vor meinen Brettln, wie ein erzgebirgsnaher Mensch die Skier
nennt, nicht sicher.

Im Sommer lockte Berlin. Ich musste keiner Zehner- oder Fünfziger-
gruppe angehören, um die Weltfestspiele genießen zu können. Un-
ser „Zirkel Schreibender Studenten" fuhr als Verein hin; wir hatten
eigens eine Anthologie herausgegeben, mit Texten voll Sonne, Vor-
wärts und Weltenliebe. Ich saß meist in und vor der Kunsthochschule
Weißensee, denn da trafen sich Dichter: Irmtraud Morgner mit Paul
Wiens, Karl Mickel mit Sarah Kirsch, Volker Braun mit wem auch
immer.

Einen Arbeitsplatz ab Herbst hatte ich auch schon. Ich konn-

te wählen, schwankte zunächst zwischen dem Messgerätewerk in Brand-Erbisdorf, Nähe Freiberg in Sachsen, und dem thüringischen Chemiefaserkombinat Schwarza. Letzteres wurde es dann; ich sollte Geräte entwickeln zur Messung hochviskoser Schmelzen. Klang gut. Zuvor musste ich meine Diplomarbeit zur digitalen Weg- und Winkelmessung abschließen.

Seit 2006 schrieb ich gelegentlich kulinarische Kurzkrimis; zwei Herausgeberinnen hatten mich überzeugt. Man musste eine Landschaft und eine Speise mit einem Kriminalfall verbinden. Für die Sachsen-Anhalt-Anthologie „Blasenwurst und Tote Oma", erschienen 2009 im Mitteldeutschen Verlag, dachte ich an meine Studentenstadt zurück und an die Zeit meiner Diplomarbeit.

SCHLAMMKEULE

Professor Mahner war ein Vertreter des herrschenden Systems; ein knallharter Vertreter. Wir hingegen waren jung, damals in den Siebzigern. Wir wollten die Welt umstülpen und spätestens in den Neunzigern den Nobelpreis erringen. Zunächst aber gingen wir Abend für Abend ins „Fischerufer". Dort kostete das Glas Bier zwar dreiundsechzig Pfennige – bei „Schweinebacke" waren's nur vierzig – dafür gab es „Wernesgrüner". Folglich klärten wir beim Bier, wie wir die Welt umstülpen würden und den Nobelpreis locker nebenbei erringen. Mit einer Methode zur Quantifizierung der Wirklichkeit. Eine Methode, die Typen wie Prof. Mahner nie durchschauen würden. Schließlich gehörte er zum herrschenden System, das den alten „Breiten Weg" plattgemacht hatte. Zunächst durch Herbeiwahl und Duldung des Faschismus, dann durch Feigheit vor den angloamerikanischen Bombern, schließlich durch tatkräftige Unterstützung der herrschenden Ordnung. Die hatte darauf gedrungen, in den Sechzigern den letzten Kirchturm am „Breiten Weg" zu fällen, hatte eine „Karl-Marx-Straße" daraus gemacht, das „Haus des Lehrers" hingeklotzt und eine riesengroße Arbeiterbronzefigur mitten in die Botanik gestellt. Wenn wir erst die Wirklichkeit richtig quantifizieren könnten, würde alles viel klarer, lichter und gediegener werden. Und Prof. Mahner würde verschwinden im Abgrund der Bedeutungslosigkeit.

Er hatte es gewagt, in seiner Vorlesung Anwesenheitskontrolle zu machen. Normalerweise unterschrieb immer einer für viele, aus zwanzig Anwesenden wurde so locker eine Hundertschaft. Doch Mahner hatte einzeln vorkommen und unterschreiben lassen. Solchen Repressionen unterlagen wir damals, in Magdeburg, an der Technischen Hochschule „Otto von Guericke", bei der Hochschulreform, im Schweinesystem des real zu reparierenden Sozialismus.

Die heutige Generation, die in überfüllten Hörsälen der Arbeitslosigkeit entgegenstudiert, kann sich gar nicht vorstellen, welche Tricks und Kniffe wir anwenden mussten, um locker an unser Diplom zu kommen, nebenbei den Nobelpreis vorzubereiten und vor Typen wie Prof. Mahner einigermaßen Mensch zu bleiben. Wir wussten immer: Die Wahrheit lag direkt vor uns. Nur Schweinesystemtypen wie Mahner hinderten uns, die Wirklichkeit so zu quantifizieren, dass sie wie Wachs in unseren Händen und Hirnen werden konnte. Wir studierten schon damals das kybernetisch-ökonomische System der gesetzmäßig verschwindenden Geldwirtschaft, das sich erst in jüngster Zeit in voller verdorrter Blüte zeigt. Damals wussten wir: Nur über die Leichen der überlebten Gleichheitsgesellschaft, die Typen wie Walter Ulbricht, Willy Brandt, Elfriede Jelinek und Jan Ullrich hervorgebracht hatte, würden wir ans Ziel gelangen. Erst das Diplom. Dann den Nobelpreis. Schließlich Weiber, Villen und Karibik. Erst wenn die Wirklichkeit so weit gequantelt würde, bis die kleinsten Teilchen ununterscheidbar würden, käme unsere Chance. Die Leute würden noch über einstürzende Neubauten oder anfliegende Flugzeuge grübeln, während wir schon die Welt so gemodelt hätten, wie wir in unseren Diplomarbeiten vorausahnten: Dein Konto wird mein Konto und was ich dir vorsetze, wird immer dein Schaden sein.

Gut, nicht wahr? Den Satz haben wir damals im Kollektiv erdacht: Dein Konto wird mein Konto und was ich dir vorsetze, wird immer dein Schaden sein. So was ist Höhere Mathematik, Kybernetik und Wirtschaftswissenschaft. Eines für alle und alles für einen. Und weil wir auch unsere Diplomarbeiten mehr oder weniger kollektiv erarbeitet hatten, denn das lag im Trend der Zeit, wollte Prof. Mahner diese auf einmal nicht anerkennen. Redete von Betrug, wo es eigentlich nur „Gerechte Quantifizierung der Wirklichkeit" heißen muss. Aber ich komme ins Philosophieren, wo ich doch nur diese alte leidige Sache von damals aufklären wollte.

Wir waren im Schicksalsjahr Dreiundsiebzig eine eingeschworene Arbeitsgruppe. Sieben Diplomanden. Prof. Mahner, der Vertreter des alten Systems, unser Gruppenleiter, der sich reineweg nie um uns kümmerte: Keine Konsultationen, keine Seminare zu unseren Diplomthemen – Hauptsache, wir besuchten seine hinterletzten Vorlesungen. Alles geschah an den malerisch stinkenden Ufern der Elbe, über die sich der Neubaublock K7 und der Hörsaal „Steinerne-Tisch-Straße" erhoben. Unser ausführliches Diplomthema, selbstverständlich in sieben Sektoren aufgegliedert, tut jetzt nichts zur Sache. Ich würde damit auch Patentrechte verraten, die gerade jetzt ihre ganze Wirksamkeit zu entfalten beginnen.

Es war damals eine von den gewachsenen studentischen Traditionen, dass die Arbeitsgruppen sich jeweils zum Trimesterabschluss – wir studierten in modernen Trimestern, nicht in antiquierten Semestern – zum gemeinsamen Bötelessen in die „Bötelstube" begaben. Was ein Bötel ist, wissen die alten Magdeburger genau – man könnte es entfernt mit einem Eisbein mit Erbspüree gleichsetzen. Ur-Magdeburger wie wir wissen auch noch, wo die alte „Bötelstube" stand. Ich sage nur: Heute zwischen Karstadt, Lidl, Sinn&Leffers und McDonalds. Also ein paar Schritte neben dem „Fischerufer", in dem wir damals alles rein gedanklich vorbereitet hatten.

Prof. Mahner wollte uns also auffliegen lassen. Er habe es satt, hatte er getönt, Leute das Diplom machen zu lassen, die nie selbstständig wissenschaftlich gearbeitet und sich immer hinter Kollektivthemen verschanzt hätten. Und die zudem seine Vorlesungen ignorierten. Konkret meinte er unsere Arbeitsgruppe. Mit der er nichtsdestotrotz das Bötelessen zum Trimesterabschluss noch zelebrieren wollte. Das hatten übrigens die jeweiligen Arbeitsgruppenleiter zu bezahlen. War eben alte studentische Tradition. Mussten wir für Mahner nicht ein Zeichen setzen? Ihm einen deutlichen Warnhinweis geben? Doch! Das waren wir uns und unseren Diplomthemen schuldig.

Einer von uns, der lange Lindner, den wir LiLa nannten, hatte ein Praktikum bei Fahlberg-List gemacht. Chemiebude. Er sollte vernetzen, wie das schon damals hieß. Wir setzten ihn auf die richtige Spur, und er hatte selber dann die Idee mit dem Titandioxid. Ist ein Pulver, das damals bei der Zellwollherstellung eingesetzt wurde. Ungefährlich, geruchlos, geschmacklos. Kann aber zeitweiligen Darmverschluss bewirken; man kann dann schon mal eine Woche außer Gefecht gesetzt werden. Nichts anderes sollte Prof. Mahner passieren. Einen Warnschuss durch Auswurfverschluss, wenn man das mal rein systemtheoretisch definiert. Die Wirklichkeit wird durch Quantelung so weit verengt, dass sie faktisch undurchlässig wird. Ein praktischer Beweis für unsere Theorie, und das gemeinsame Bötelessen war doch die beste Möglichkeit, das anzuwenden.

LiLa sollte also Titandioxid besorgen und wurde auch gleich kollektiv beauftragt, das Zeug dem professoralen Bötel beizufügen. Das war Beschluss. Er meckerte zwar herum, wieso er alles machen solle, doch wir blieben eisern.

Wer Bötel von damals kennt, weiß, dass das riesige Portionen waren. Essen war quasi eine politische Aufgabe. Umfassende Versorgung der Bevölkerung, blabla. Auf jedem Teller häufte sich ein riesiger Fleischberg, aus dem der Knochenansatz herausragte. Wie eine Keule; Menetekel einer Überflussgesellschaft, wenn ich das aus heutiger Sicht mal so formulieren darf. Dazu das Erbspüree. Die Farbe war damals noch nicht so optimistisch wie heute, alles naturbelassene Zutaten. Das Ganze bot sich eher gräulich-grünlich dar, in schön schlammiger Konsistenz. Damals sah eben manches nicht so proper aus, schmeckte dafür großartig. Unsere sieben plus ein Bötel standen schon in der Ausgabe; der Kellner kassierte derweil anderswo ab. Wir schickten LiLa vor: Los, hol die Viecher ab. Wird doch bloß kalt. Damals musste man dem Kellner manchmal kollektiv unter die Arme greifen. Sozialistische Kneipenkultur. LiLa schob ab zur Ausgabe, wir hofften, er waltete seines Amtes in Sachen Titandioxid – und richtig: Er brachte je zwei und zwei der Keulentiere mit den Riesenklecksen Graugrünbrei. Als Student musste man auch damals zu kellnern verstehen – da hat sich nichts geändert.

Prof. Mahner hatte auch unsere Biere zu bezahlen. Das war ebenfalls Tradition. Kosteten in der „Bötelstube" übrigens wie im „Fischerufer" 63 Pfennige, Preisstufe III, Wernesgrüner; Sonderbrauereiabzug, wie die offizielle ökonomische Klassifizierung lautete. In gewisser Hinsicht war die Quantifizierung der Wirklichkeit damals weiter als heute, beginnend bei den Gaststättenpreisstufen.

Wir hauten also rein, blätterten das fette Fleisch und das magere rote Gepökelte vom Gebein, ließen es mit ein paar Miniportionen Erbspüree rutschen; der Kellner brachte Lage um Lage an unseren Tisch. Und nun passierte – nichts.

Mahner fraß und fraß. Er hatte die dickste Schlammkeule abbekommen. Wir alle aßen mit bestem Appetit. Bis auf LiLa. Dazu muss man vielleicht noch sagen, dass er nun nicht unbedingt schwul war, aber doch so was Ähnliches. Er versuchte, vegetarisch zu leben. Deswegen hatten wir ihm ja auch als Spitznamen die Frauenfarbe Lila verpasst. Das war natürlich eine einzige Lachnummer, damals in Magdeburg: Vegetarier, Frauenbewegung und all so was. Unser Studiengang war rein männlich besetzt. Zum Bötelessen war LiLa nur mitgekommen, weil es Tradition war. Und weil er von uns eine Aufgabe verpasst bekommen hatte. So nagte er bisschen an ein paar roten Fleischfäserchen herum, vertilgte aber ansonsten seinen Berg Erbsenschlamm bis zum letzten Restchen. Wir andern aßen nur zur Abwechslung etwas davon; schließlich waren die Bötel riesig genug, um dem allzeit fließenden Wernesgrüner eine gute Grundlage zu geben.

Mahner wurde immer aufgedrehter, verkündete, dass keinem von uns das Diplom anerkannt würde. Wir sollten froh sein, wenn wir als Hochschulingenieure abschlössen. Das war damals quasi der nullte akademische Grad.

Wir starrten wütend auf LiLa. Was mochte er mit dem Titandioxid für den Prof. gemacht haben? Doch LiLa sah inzwischen fast so aus, wie er hieß und murmelte, dass er doch kein Fleisch vertrüge. Wir schleppten ihn später ab, mussten den Notdienst rufen. Er lag dann noch eine Woche in der Medizinischen Akademie. Nützte aber nichts. Er wurde in seiner Heimatstadt, irgendwo im Harz, beerdigt. Drei studentische Vertreter waren anwesend. Große Anzeige in der Unizeitung. Natürlich wurde auch die „Bötelstube" auf den Kopf gestellt, aber es gab keinerlei Unregelmäßigkeiten, wie das damals hieß. Und unsere Bötel waren wahrlich längst gegessen. Übrigens fand man in LiLas Bude auch kein irgendwo abgezweigtes Titandioxid; er hatte wahrscheinlich bei uns nur geprahlt damit.

Mahner hatte über all der Aufregung, schließlich hatte unmittelbar bei seinem offiziellen Trimester-Abschlussessen dieses tragische Ereignis begonnen, keinen Mucks mehr in Sachen Diplomaberkennung gesagt. Es wurde allen aus unserer Arbeitsgruppe ausgehändigt – bis auf LiLa. Dazu hätte man ja in den Harz fahren müssen, quasi untertage einfahren. So gesehen, war es ein Spiel über mehrere Bande, das aber letztlich das gewünschte Resultat brachte. Immerhin haben wir bei der ganzen Sache gelernt, dass dieser Satz stimmt: Dein Konto wird mein Konto und was ich dir vorsetze, wird immer dein Schaden sein. Und so richtig passte LiLa ohnehin nicht zu uns. Muss man von heute aus so sehen. Vegetarier haben in der Urwaldgesellschaft der Zukunft nichts zu suchen. Denn wir sind heute die Vertreter des herrschenden Systems, weil Typen wie Mahner abgewirtschaftet haben und die LiLas es eben nicht geschafft haben.

1974

Im Oktober des Vorjahres hatte ich mein Arbeitsleben in Rudolstadt begonnen. Da ich zunächst noch keinen Arbeitsplatz, sprich: Schreibtisch, hatte, erkundete ich an vielen Vormittagen mit dem Fahrrad die stillen Täler von Schwarza, Sorbitz und Sormitz.
Nisch, dasde das an de grohse Klocke hängsd!
Ich hängte nicht und wurde alsbald Vierschichtarbeiter an den X-Maschinen der Zellwollabteilung. 120 Mark mehr als mein Diplomingenieursgehalt.
Als Wohnplatz war mir ein Bett im „Haus am Wald" im stadtnahen

Dorf Mörla zugewiesen worden. Das zweite Bett bewohnte der Chemiker Bernd Geißler, frisch von der Uni Jena. Im dritten schlief an manchen Abenden ein plötzlich eingewiesener Dienstreisender. Im Obergeschoss hatte die Generaldirektorin Dr. Brunhild Jäger ein oder zwei Zimmerchen, immerhin Herrin über 6000 Werktätige.

Ich suchte mir eine andere Bleibe. Die fand ich im „Bremer Hof" zu Schwarza bei Frau Borchert. Ein Zimmer ohne Heizung, aber mit großem Eisenbett. Wasser im Flur, ein winziger Strahl, unter dem ständig ein Eimer stand. Auf meinem privaten Elektrokocher konnte ich Schnitzel oder Eier braten. Geduscht wurde im Betrieb. Die fehlende Heizung störte kaum noch, mit jedem Tage wurde es heftiger Frühling und Sommer.

Im Hochsommer gab es wieder eine neue Wohnung. Meine damalige Freundin und spätere Frau bekam ein Zimmer plus Küche zugewiesen, in der Nähe des „Blutigen Knochens" an Rudolstadts proletarischem Nordend. Die Küche wiederum ohne Wasser, das gab es eine halbe Treppe tiefer, im immerhin wohnungsgebundenen Klo. Baden konnte man im nahegelegenen Stadtbad, die Doppelwanne aber gab es nur für Ehepaare. Wir waren keines.

Die Sommer-Urlaubsreise im Jahr 1966 war eine Fahrradtour Berlin-Ostsee, die für 1969 ging mit drei Schulfreunden vier Wochen nach Budapest und an den Balaton, privat organisiert. Im Sommer 1974 gelangten wir mit dem Jugendreisebüro per Zug bis Kiew und Odessa.

Dieser Sommer war die Zeit der Fußballweltmeisterschaft in der BRD, wie das Land bei uns zu heißen hatte.

Dreißig Jahre später wollte ein gewisser Jan Brandt für den Verlag kookbooks in Idstein ein Buch zu dieser Weltmeisterschaft herausgeben: Wo waren Sie, als das Sparwassertor fiel? Auch ich wurde um einen Text gebeten für „Doppelpass". Darin spielten für die DDR: Volker H. Altwasser, Matthias Biskupek, Thomas Brussig, Andreas Gläser,

Falko Hennig, Karsten Krampitz, Erich Loest, Steffen Popp, Tom Schulz, Frank Willmann, Gernot Wolfram. Im Zeichen des Kalten Krieges verschweigen wir die BRD-Spieler, nicht aber meinen Text.

GELZENBEIN BECKENBAURU

Zunächst müssen wir über russische Grammatik reden. So gibt es im Sprachgebäude der Russen vollendete und unvollendete Partizipien, sechs Fälle, eine doppelte Verneinung, die keine Bejahung, sondern eine Bekräftigung ist und allüberall Verniedlichungsformen.

Nitschewo nje heißt keinesfalls niemals nicht und wenn ein russischer *Chwastun* davon redet, dass er das Täubchen sein Messerchen werde spüren lassen, so kann dies nur in Ausnahmefällen als erotische Witzelei verstanden werden.

Zum Grundverständnis russischer Grammatik, also sowjetischer Sprachregulierung, gehört zudem, dass die Präposition *K* den vierten Fall verlangt, der im Männlichen durch ein angehängtes *U* kenntlich wird. *K* wiederum kann man zwar als sowohl *zu* wie auch als *auf* verdeutschen, aber immer nur zielend, was wir mit *transitiv* übersetzen ... Sie kommen nicht mehr mit? Kein russisches Wunder! Einfach & logisch kommen wir nie weiter.

Damals aber wollten wir weiterkommen. Vorwärts, immer nur vorwärts. Damals, als der Kampf zwischen sowjetischen Mondrobotern und amerikanischen Astronauten tobte und die Welt uns, weil wir jung waren, offen stand, wenn auch nicht räumlich gesehen.

Unser Leben war sehr sicher eingegrenzt zwischen Orten wie Eisenach, Ettersberg, Görlitz, Greifswald, Pankow, Sachsenhausen und Wismar. Und wenn wir dieses Vieleck verließen, geschah dies in östlicher Richtung, über eine Eisenbahnlinie, die via Brest und großspurigeres – oder sagen wir: *breitspuriges* – Bahnwesen die Freundschaftszüge bis ins weite, ferne Land der Bjelorussen und Ukrainer, der Russen und Tataren, der *Natschalniks* und *Rabotschis,* der Freunde, Brüder und Kampfgefährten beförderte. Wir jungen Bürger praktizierten *germano-sowjetskaja Drushba. Drushba – Freundschaft! Drushba – Freundschaft!* hieß unser Schlachtruf. Wir saßen, schliefen und aßen zunächst in rollenden Freundschaftswaggons. Mit dem Grenzübertritt und ausführlicher *prowerka passportow* waren wir mittendrin im Sowjetlande, in unserer heroischen sozialistischen Geschichte und dem Sommer des Jahres 1974. Der erste Spielzug hatte begonnen.

Wir landeten mit dem touristischen Freundschaftszug in Odessa, einem Schwarzmeer-Ort, in dem man überall nur russisch sprach, wiewohl es zur Ukraine gehörte. Ja doch, der Nachhilfeunterricht für Euch muss sein, liebe Freunde, die Ihr damals bestenfalls Paris, Kalifornien oder Bilbao kanntet. Wir kannten Bilbao damals natürlich auch. Von einem Brecht-Song. Brecht, Bertolt, geboren 1898 in Augsburg, das ist in Bayern, gelle, war jener Theaterdichter, der, boykottiert vom Adenauer-Regime, in den Fünfzigern und Sechzigern, von den BBU's, den Bösen Bonner Ultras – – – das wollt Ihr nicht hören? Erzählen wir weiter von den heroischen Siebzigern im heroischen Sowjetland.

In Odessa brannte eine heiße Sommersonne – *Solnze swjetit,* auf Russisch, liebe unkundige Freunde – auf uns herab und auf jene Schiffe, die im Hafen lagen. Die Schiffe kamen zum Beispiel aus Kalifornien. Ja, so kam damals Kalifornien zu uns. Wir mussten eigentlich nirgendwo hinfahren. Die kalifornischen Seebären waren echte Amerikaner, und wir erprobten unser Englisch an ihnen. *Have a nice day,* näselten die Seebären, deren Schiff nicht auslaufen konnte und die nun im selben Hotel wie wir kampierten. Wir allerdings hießen Freundschaftstouristen, und die amerikanischen Seebären waren friedliche, *koexistente* Handelspartner, deren Handel im Augenblick etwas stockte. Es fehlten Ladepapiere oder Ausladekapazitäten, denn die Bürokratie war gewaltig im gewaltigen Sowjetland. Die Seeleute brachten ihre Wartezeit mit eigenem Whiskey zu, zu dem sie uns einluden. Sie sprachen: *This is nice! All over this country is Lennon!* Wir dachten, es handle sich um ein Missverständnis: John Lennon – ein Countrysänger? Wir verehrten ihn damals heftig, aber die Amerikaner zeigten auf die riesenhaften Denkmäler, Fotos und Plakate in der Stadt. *Thats Your Lennin*, quietschten sie freudig heraus, und wir erläuterten, dass Lenin ein großer Sohn des russischen Volkes sei, unsere Söhne aber Karl Marx und Friedrich Engels heißen.

Die größten Söhne Eures Volkes heißen jetzt *Thats Maier* und *Fuck Heynckes*, behaupteten die Amerikaner, mit denen wir uns fast allabendlich trafen, in ihren oder unseren Hotelzimmern, nachdem wir tagsüber sehr lange den sehr langen Schwarzmeerstrand und sehr kurz die allgegenwärtigen Lenin-Gedenkstätten besichtigt hatten. *Oh no*, erklärten wir, *our figther Pommerenke and Kurbjuweit, Bransch and Ducke. Ey crazy*, riefen die, Ihr *Germans* seid immer *Dubble-Germans*. Euch genügt nicht ein Hitler, Ihr seid immer konsequent, *it must be a* doppelter Überhitler. Dazu grinsten die Amerikaner, damit wir begriffen, dass Deutsche endlich lernen sollten, Spaß zu verstehen. Damals waren wir noch *silly*, oder, um es in der Odessaer Landessprache zu sagen, jeder einzelne von uns war ein *nastojaschtschij Djurak*, denn wir hatten es einfach nicht gelernt, über *Dubble-Fuck-Hitler* zu lachen.

Natürlich waren es nicht DIE AMERIKANER, mit denen wir solche tiefgründigen Gespräche pflegen konnten; eigentlich waren es nur zwei, und nur einer davon, den wir Jim *Bean* nannten, kannte sich ein bisschen mit Fußball, Sepp Maier und Jupp

Heynckes aus, der andere verstand nicht die Bohne davon, obwohl er nicht Jim *Bean* hieß. Unsere russischen Freunde, die wir längst in Odessa gewonnen hatten – denn nicht umsonst waren wir auf Freundschaftszugreise – kannten sich hingegen hervorragend im Fußball aus und wussten, dass die befreundeten Deutschen auch großartige Schwimmer, überragende Nordisch Kombinierte und führende Leichtathleten waren und fast so gute Turner wie die Sowjetsportler. Die unbefreundeten Deutschen, also Ihr, denen wir das alles hier und heute haarklein erklären müssen, wie damals die Weltgeschichte lief, als wir den Ball noch lange nicht abgegeben hatten, sondern vorwärts stürmten – Ihr hattet bloß eine mickrige Hochspringerin und überhaupt keine Schwimmer und lediglich bissel olympisches Reitergold und vielleicht mal 1 Stck. Zehnkämpfer. Unsere befreundeten Sowjetmenschen und wir, wir hätten Euch doch alle Ränge abgelaufen, selbst wenn internationale Meisterschaften in der *besonderen politischen Einheit Westberlin* stattgefunden hätten.

Vielleicht muss an dieser Stelle für ganz Hartleibige, also auf westdeutschen Töpfchen Erzogene, erklärt werden, wie es sich einst mit dem Sport und der Überzeugung und den Sympathien und den Großen und den Kleinen verhielt. Wir wohnten, wie gesagt, in einem winzigen Land, in besagtem Vieleck zwischen Eisenach, Ettersberg, Görlitz, Greifswald, Pankow, Sachsenhausen und Wismar. Deshalb waren wir auch solidarisch mit den Kleinen, also zum Beispiel im Eishockey. Spielte Kanada gegen die Westdeutschen, – also da waren wir natürlich für Euch. Weil Kanada Eishockeygroßmacht war und Ihr noch viel schlechter spieltet als wir. Ebenso einfach verhielt es sich, wenn die sowjetischen *Scheibu-Sportsmjeni* – so heißen Eishockey-Ritter im Russischen; manchen Leuten muss man ja alles erklären – gegen die Tschechen spielten, die damals Tschechoslowaken hießen. Da waren wir ganz klar für die Schwejks, das hatte mit dem Größenverhältnis zu tun. Auch wenn heutige Sympathiewissenschaftler solches mit Prag 68 erklären möchten. Schwieriger wird es jetzt, wenn, sagen wir mal, die Finnen gegen Kanada spielten. Wir hätten da für die Kleinen sein müssen, das war in diesem Fall Finnland. Aber weil wir uns unter den großen Acht um den ersten Platz der kleinen Vier mit den Finnen stritten, waren wir natürlich dafür, dass die Kanadier gewannen. Taktik, Freunde! Wir als Größte der kleinen Vier! Die Finnen waren als Land zwar klein, aber als Eishockeymacht groß, und wenn wir damals nicht auch im Sport hätten sparen müssen, denn für eine olympische Medaille braucht man im Eishockey zwanzig Mann und eine ganze Oberliga von Weißwasser bis Dynamo, hätten wir dauerhaft den ersten Platz der kleinen Vier belegt. So wurden wir schließlich fast noch schlechter als Eure damals schon unter aller Kanone spielenden Westdeutschen. Für die Russen hingegen war Eishockey das Größte als Mannschaftssportart, die Begeisterung reichte bis ins südliche, frostunsichere Odessa. Aber ich schweife ab. Wir zoomen uns wieder in die Vergangenheit, an den Schwarzmeerstrand, wo *solnze swjetit*, also wo es verdammt heiß war. *Solnze swjetit!* Merkt Euch das, *solnze swjetit,* vielleicht braucht Ihr das mal in Eurem sonnigen Leben. Wir saßen also mit unseren amerikanischen und sowjetischen Freunden zusammen und tranken alle mächtig Whiskey.

Die Sowjetfreunde verstanden kein Englisch; Deutsch nur in jiddischen Redensarten, weil sie Odessaer Russen waren. Die Amerikaner verstanden sowieso nur die *language of money.* Aber wir, wir hatten gleich zwei Trümpfe in der Hand. Wir konnten sagen *Anton leschit na Tamarje i djelajet djeti*, worüber die Russen schmunzelten, während die Amerikaner nur so blöd glotzten wie Ihr heute. Ein paar Lern-Vokabeln wollen wir an dieser Stelle verraten: *leschit* heißt liegt, *djelajet* macht und *djeti* Kinder. Wenn die einen sagten *dshob twoju match* so konnten wir den anderen übersetzen *motherfucker* und beide Großmächte staunten, wie weltläufig wir aus dem kleinen Land doch waren.

Bis hierher ist aber alles noch immer Mittelfeldgeplänkel. Denn die sowjetischen Zeitungen waren zwar voller großer Losungen, Leninbilder und Aneinanderreihungen von erfolgreichen, ruhmbedeckten und kämpferischen Ernteschlachtschilderungen, aber im Unterschied zu amerikanischen Zeitungen brachten sie auch Weltsportereignisse. Und so lasen wir überaus langsam dann in der *Prawda* mit roten Ohren von den Spielzügen eines gewissen *Gelzenbein*. Hah! schrien wir, da muss es sich um Hölzenbein handeln, und die Amerikaner wussten natürlich weder mit Gelzenbein noch mit Hölzenbein etwas anzufangen, für die war bei Sepp Maier Ende der Fahnenstange. Sie starrten in die kyrillische Buchstabenwüste. Im Unterschied zu Euch, liebe Landsleute, verstanden die Jim *Beans* nix von Fußballregeln und lachten deshalb immer nur, wenn wir mit den sowjetischen Freunden die Abseitsfalle und das sliding-tackling diskutierten. *Slicktinck-Tacklinck*, sagten die Freunde, so wie sie heute *Bissness* und *Mannatscherr* sagen, die jetzt *neuen Russen*, die schon damals zu gern dabei gewesen wären, was ihnen, als größte sozialistische Friedensmacht der Welt ja auch zugekommen wäre.

Smotritje, schaut hin, sagten sie und stippten uns auf die Mannschaftsaufstellung in der kyrillischen Buchstabenwüste: Alle sind dabei. Die Jugoslawen und die Argentinier, die Italiener und junge Nationalstaaten, die wir auf unsere Kosten ausbilden, wie die Demokratische Republik Kongo. Und Ihr seid sogar zwei Mal dabei, als befreundete Deutsche – und als richtige Deutsche. Wir zuckten zusammen, aber so waren sie, unsere Odessaer Freunde: geradeheraus und knallhart, von Leninschem Geist und von Stalin, dem Stählernen, geschweißt.

Und wo, Ihr Täubchen, fragten sie mit einer in Odessa, literarisches Mekka der russischen Literatur, üblichen hintergründigen Selbstironie, wo, Ihr Täubchen, ist die große Sowjetunion? Die dabei ist, den Mond zu erstürmen? Haiti, Polen, Bulgarien – und keine Sowjetunion. Doch dann leuchteten die typisch russischen Augen in ihren typisch russischen Gesichtern und sie setzten erneut an: Und Ihr, Söhnchen, wo seid Ihr? So fragten sie die Amerikaner und wir übersetzten sogleich: Wo befindet sich große US-amerikanische Nation bei *Konkurs der Futbolisten?*

Wir spielen Baseball, sagten die und konterten. Wir übertrugen nun deren sanften Vorwurf etwas wortungetreu aus dem Amerikanischen ins Schwarzmeerrussisch, quasi ins Odessische: Keine Lenin-Zeitung bringt zur weltweiten Mitteilung, wie Atlanta Apples gegen große Erfolge habende Sacramento Sunshines in den Sieg verfielen.

So kämpften die beiden größten Mond- und Kosmos-Erforschungsnationen der Welt auf unserem gekrümmten Sprachrücken miteinander. Es wäre wohl noch ewig so weitergegangen, wenn im Hotelradio nicht ein Ausschnitt der russischen Reportage vom Kampf der befreundeten mit den richtigen Deutschen im fernen Hamburg zu hören gewesen wäre. *Gelzenbein Beckenbauru!* – schrie der Reporter und bevor wir in nur wenigen Minuten enträtselt hatten, dass es sich hierbei um einen Spielzug von Hölzenbein auf Beckenbauer gehandelt haben könnte – denn *K* (*zu* oder *auf*) verlangt den vierten Fall, Endung *U*, wie wir Euch ja schon eingangs erklärt haben – schrie der Reporter *Goool!*, und während wir noch überlegten, ob dies mit *geil* übersetzt werden müsse und ob Hölzenbein oder Beckenbauer das Tor geschossen hatte, schlugen uns die Odessaer Freunde auf die Schultern und beglückwünschten uns. Hölzenbein, fiel uns ein, konnte allerdings weder Vorbereiter noch Torschütze sein, denn er spielte bei dieser

Begegnung überhaupt nicht mit. Die Amerikaner wollten wissen, was los sei, und wir versuchten den Spielzug ins Amerikanische zu transferieren. Währenddessen überschütteten uns die Odessaer immer heftiger mit *Molodzui-Molodzui*-Brüllern, was, wie wir wussten, *Prachtkerle* bedeutete und uns arg bröckeln ließ. Denn dass Westdeutsche Prachtkerle sein sollten, wo wir doch die den Sowjetbrüdern am befreundetsten Deutschen waren, empfanden wir als unfair.

Bis der *Molodjez* aus Odessa uns erklärt hatte, dass einer unserer Spieler ein Tor geschossen hatte, dauerte es eine Weile, also *Minutotschku*. Wir versuchten, den Namen *Sparwasser* ins Russische zu übersetzen. Aus *Sparwasser* machten wir *wenig Wasser*, und das war nahe am Wodka, was bekanntlich *Wässerchen* heißt, woraus nun wieder die amerikanischen Freunde schlossen, dass *the east-german named Whiskey* soeben zwischen die *goalposts* getroffen hatte und dafür wohl drei oder sechs *points* eingeheimst hatte.

Wir sollten, beharrten nun unsere amerikanischen Freunde, jetzt nimmermehr am Wässerchen sparen. Wir stießen auf den großen deutschen Fußballer Whiskey an. Die Sowjetfreunde waren überglücklich, dass wir gegen den Kapitalismus gewonnen hatten und wir waren froh, weil wir gegen uns den Sieg errungen hatten.

Aus, aus, aus, das Spiel ist aus, schrie niemand von uns, obwohl das *Metch* nach all den langwierigen Übersetzungs- und Erklärungsversuchen längst aus war. Wir hatten gewonnen. Durch den Genossen Wässerchen. Irgendwann war auch die Weltmeisterschaft gelaufen, und wieder hatten wir gewonnen, obwohl unsere längst raus, raus, raus waren. Dennoch waren wir Weltmeister; nie mehr später würden wir den doppelten Einsatz haben können, wie in den herrlichen Siebzigern bei allen Welt- und Europameisterschaften. Wo allen anderen Nationen in Einzelwettkämpfen nur mehr drei Starter zugestanden worden waren, konnten wir sechs ins Rennen schicken. Klar, dass die ebenfalls bedeutenden Sporttreibenden dieser Epoche, die *US-Boys* und die *SU-Drugi*, immer ein bisschen neidisch waren.

Wir Deutschen hatten in dieser herrlichen Freundeszeit zwar ein schwieriges Sprachsystem mit unseren unklaren Zeit- und Möglichkeitsformen, aber immer drei Chancen mehr als die anderen. Die Russen hatten eine vertrackte Grammatik, aber die schönsten Verkleinerungsformen, und die Amerikaner hatten mit ihrem Whiskey und ihrer unkomplizierten Art, einfach alles und jedes in ihr Englisch zu quetschen, sämtliche Sympathien auf ihrer Seite.

Das kalifornische Schiff mit den amerikanischen Seebären war inzwischen doch entladen worden, und wir verabschiedeten uns mit Strömen von *Sparwasser*, wie russische und amerikanische Freunde jetzt gleichlautend Alkohol nannten. Statt *Gelzenbein-Beckenbauru!* jubelten unsere Odessaer Freunde *Drushba-Freundschaft! Drushba-Freundschaft!* Denn das war der Spielzug der Epoche und die Amerikaner, die immer gern alles mitmachen, was zum Lachen ist und überhaupt keine Nation von Individualisten sind, wie man uns im Politunterricht weismachen wollte, jubelten doppelt und vierfach wie beim Überhitler: *Friendship-Friendship, Friendship-Friendship.* Nichts wurde während unserer Abschiedsparty doppelt verneint und die Niedlichkeitsformen feierten fröhliche Urständ. Wir versuchten erst gar nicht, eine solche deutsche Eigentümlichkeit wie *fröhliche Urständ* ins Amerikanische oder gar in die *sowjetische Grammatik* zu übersetzen. Wir tranken längst Sparwässerchen auf Sparwässerchen, denn auch die größten Whiskey-Vorräte der Erde gehen irgendwann einmal zu

Ende. Das hätte den Amerikanern eigentlich schon damals eine Lehre sein müssen, aber sie wussten ja noch nicht, welches neue Jahrtausend ihnen bevorstand. Die Russen wussten, dass es ihnen nie gutgehen werde, weshalb sie sich im Moment großartig, also sauwohl fühlten, was sie mit *Charascho sidim* ausdrückten. Das heißt nix anderes als: Gut sitzen wir – aber was es wirklich heißt, werden weder Ihr noch wir je erahnen können. Damals saßen wir einfach gut, dort in Odessa, das einstmals nicht nur ein russisches, sondern auch eine intellektuelles und jüdisches Mekka gewesen war, alles ein Widerspruch in sich, wie doppelte Verneinung und unablässige Verniedlichung.

Charascho sidim: Wir saßen zwischen den beiden heroischen Weltraumeroberernationen, denn wir hatten den grünen Rasen gewonnen, aber nicht am grünen Tisch, sondern mit *sliding-tackling* und dem alle verblüffenden Spielzug *Gelzenbein-Beckenbauru.*

1975

Allmorgendlich fuhr ich mit dem Schichtzug ab Rudolstadt (Thür.) 6.28 Uhr, an Rudolstadt-Schwarza 6.35 Uhr. Zum Schichtbeginn 6.45 Uhr ging ich pünktlich vorbei an der Wache. Im Haus Technik II saßen schon Kollege Ehm, der sich rasierte, und Kollege Elsholz, der sein mitgebrachtes Frühstück verzehrte: Na, Du Ginsdler.
Hinter meinem Schreibtisch stand ein kleiner Analogrechner, etwa so groß wie zwei Kühlschränke, mit der Kapazität eines der späteren Taschenrechner. Während meiner Diplomarbeit hatte ich mit integrierten Schaltkreisen von IBM gearbeitet, durch ihre Metallbeinchen Maikäfern nicht unähnlich. Hier konnte man diese in Fachzeitschriften sehen, wenn man die Genehmigung zur Lektüre hatte. Ich lieh

mir aus der Betriebsbibliothek alles Verfügbare von Jean Paul und Bücher von Erich Loest aus den Fünfzigern und las fleißig während der Arbeitszeit. Gelegentlich entwickelte ich einen „Fadenwächter" weiter, an dem schon vor mir geforscht wurde, und der auch nach mir nie fertig wurde.

In der Reckzwirnerei sollte ich „das System analysieren", denn mein Beruf hieß „Systemanalytiker". Dafür bekam ich monatlich 800 Mark brutto, 590 netto.

Bei den Reckzwirnerinnen gab es ein Amateurkabarett „Dickhäuter". Man brauchte dringend männliche Mitspieler – und Texte. Ich war für beides brauchbar. Unser Anleiter, der Dramaturg Peter W. Bahr, lotste mich später ans Theater. Doch vorerst heiratete ich in diesem Jahr; die Hochzeitsreise war eine Wanderung mit Rucksack und Zelt auf dem Rennsteig. Außerdem fuhren wir nach Prag, wiederum mit Jugendtourist. Das bedeutete, es gab nur für ordentlich verheiratete Paare Zweibettzimmer. Ein frischverliebtes, katholisches und dennoch unverheiratetes Pärchen wurde von uns mit diesem Privileg beschenkt, während wir alten Eheknochen uns im Kollektivzimmer tummelten.

Kollektiv war ein oft gebrauchtes Wort in jener Zeit. Ein Vierteljahrhundert später feierte es fröhliche Urständ in manchem meiner Texte. Ich schrieb seit einigen Jahren Glossen, Rezensionen, heitere Betrachtungen für die „Thüringer Allgemeine", auf Wunsch, nach Anfrage und mit sanftem Anstoß des Kulturredakteurs Sigurd Schwager. Dem damaligen Chefredakteur Sergej Lochthofen gefiel dies; für eine geplante kleine Reihe von vielleicht zehn typischen Begriffen aus der DDR schien ich ihm als Autor geeignet – weil ich mich gut erinnern könne und eine leichte Schreibe für dieses schwierige, umstrittene Thema hätte. Ich begann im Winter 2000/2001 damit und erinnerte mich an meine drei Ingenieurjahre im CFK und ein auch dort übliches Buch.

BRIGADETAGEBUCH

Gleich, wo wir zur Schule gingen: Wenn der Unterricht nach deutschem System ablief, lernten wir das Zergliedern. Ein zusammengesetztes Wort gliedert sich danach in Grund- und Bestimmungswort.

Was ein Tagebuch ist, soll hier nicht zergliedert werden; wir nehmen es als Grundwort. Autoren schreiben zum Beispiel hinein: „Montag. Muss unbedingt noch den Text über das Brigadetagebuch schreiben, Liefertermin morgen, habe aber keine Zeit, weil ich Tagebuch führen muss …"

Nähern wir uns nun dem Bestimmungswort des Begriffs „Brigadetagebuch". Die Brigade. Ein militärischer Ausdruck, der eine Heeresabteilung, größer als Kompanie und Regiment, kleiner als Armee, bezeichnet. Im DDR-Betrieb aber war die Brigade „eine Wettbewerbsgruppe; das kleinste Arbeitskollektiv in der volkseigenen Wirtschaft in gemeinschaftlicher Lohnverrechnung". Der Chef hieß Brigadier, „der von allen Arbeitern anerkannte fortschrittlichste Arbeiter der Brigade". Solch Bezeichnung rührte daher, weil „Meister" oder bei den Maurern „Polier" in früher DDR als bürgerlich galten – in der Sowjetunion mochte man weder Meister noch Handwerk kennen. Aus dem Keltischen übers Italienische und Französische war der Brigadier ins Russische übernommen worden – und als Sowjetbegriff hatten deutsche Meister nun Brigadiere zu sein – waren aber doch nur Vorarbeiter. Spät erst in der sozialistischen Wirtschaftsgeschichte erhielt der Meister seine Würde und seine Führungsfähigkeit zurück.

Wir sind abgekommen und haben ein Stück Geschichte erzählt – das eben aber war Aufgabe des Brigadetagebuchs. Ein solches war meist ordentlich ledergebunden. Sehr gern rot, gülden geprägt der Deckel. Es enthielt viele blütenweiße Seiten. Da hinein nun waren die Erfolge, die Erfolge und die Erfolge der Brigade zu schreiben, ökonomische und kulturelle. Der Brigadetagebuchführer, der öfter eine Brigadetagebuchführerin war, bekam sogar ein paar Stunden frei, um in Schönschrift aufzulisten: „Wir erfüllten den Plan auch im dritten Quartal zu hundertundsieben Prozent und Kollege Greiner-Müller hatte wiederum den größten Anteil daran. Sorgen macht uns unser Lehrling Conny, aber wir haben eine Patenschaft über ihn übernommen, damit seine Fehlschichten ein für allemal der Vergangenheit angehören."

Wer Phantasie hat und DDR-Brigaden von innen erlebte, kann daraus nun ganze Geschichten schöpfen. Den anderen wollen wir nicht zu viel Mühe bereiten, sondern nur andeuten, dass Brigadetagebücher vor allem das außerbetriebliche Leben der Brigade widerspiegelten:

„Unser Brigadeausflug erfolgte in bewährter Weise ins schöne Schwarzatal, wo uns nach einem kräftigen Marsch, den die Kollegen Baumert und Henseleit aus fadenscheinigen Gründen ablehnten (Fußverletzung) und per Pkw absolvierten, das Ziel erwartete. 15.20 Uhr trafen alle im Gasthaus ‚Trippsteinblick' ein, wo die Kegelbahn bereits ‚angewärmt' war. Mit fünf Abräumern gewann erwartungsgemäß Kollegin Müller, Elfie, was aber insofern nicht verwunderte, da sie mit der BSG Chemie Bezirksmeister im Kegeln ist. Danach stärkten wir uns alle an Rostbrätln, von Koll. Hase fachmännisch besorgt und gebraten und am Bier, dem einige Kollegen wieder etwas zu heftig zusprachen. Um 22 Uhr kam der bestellte Bus zurück, so dass wir zusammenfassend feststellen können, dass die Organisation, die in den Händen unseres Gewerkschaftsvertrauensmannes Olberth, Frank, lag, nichts zu wünschen übrig ließ."

Vielleicht sollte man zu diesem Stücklein anmerken, dass BSG die Abkürzung für Betriebssportgemeinschaft war und sowohl Sport wie auch solche Brigadeausflüge großzügig alimentiert wurden: Die Zeit konnte herausgearbeitet werden. Bis in die achtziger Jahre hinein galten solche Veranstaltungen auch als Arbeitszeit und der Brigadier „schrieb dafür Durchschnitt". Allseitig entwickelte Arbeiter sollten auch Kultur genießen – es gab dafür Punkte, die bei Prämien und im Ökulei eine Rolle spielten.

Ich merke, es tun sich schon wieder eine ganze Anzahl böhmischer Dörfer auf – verschieben wir's nach hinten. Nur soviel noch: Es gab auch Brigadetagebuchvergleiche; manche Brigadetagebuchführer hatten literarischen Ehrgeiz und schrieben die Erlebnisse der Brigade so auf, dass sich hinten alles reimte. Schriftsteller leiteten dann wiederum die besten Brigadetagebuchführer an: „Zirkel Schreibender Arbeiter" und „Poetenseminare" grüßten im Staat der Organisationsvernetzungen von ferne – auch das sind andere Geschichten …

Wer heute in da oder dort aufbewahrte Brigadetagebücher hineinschaut, erfährt nur einen ganz bestimmten Teil einer jeglichen Geschichte. Diese ist manchmal unfreiwillig komisch, manchmal ganz wunderbar komisch und meistens so halbfertig wie das ganze Leben.

1976

Aus der vorerst für zehn Begriffe geplanten Zeitungsreihe „Böhmische Dörfer in Deutsch und Geschichte" wurden fünfzig und dann ein ganzes Buch im Eulenspiegel Verlag, Berlin, mit Nachauflagen und Taschenbuchausgabe bei Piper unter dem Titel „Kleines DDR-

Lexikon", München 2006; mein auflagenstärkstes Nach-Wende-Buch.

Ich musste mich nur gut erinnern und meinen Redakteur bitten, dass er mir Material aus dem Zeitungsarchiv besorgte. Zur Jahrtausendwende konnte man noch nicht mit ein paar Netzklicks alle geheimen Wahrheiten erfahren.

An jenes DDR-Schicksalsjahr 1976 aber erinnere ich mich relativ gut. Die Geburt meines Sohnes in einem heißen Hochsommer, eine Ablehnung meiner Bewerbung für ein Direktstudium am Leipziger Literaturinstitut in einem kalten Frühling. Später erfuhr ich Hintergründe; es waren die üblichen. Ein damals in Leipzig hausender Kollege teilte am 8.11.76 geheimschriftlich mit: „Biskupek verhält sich indifferent. Seine lit. Arbeiten weichen gesellsch. relevanten Themen aus." In diesem grauen Mond November erfolgte die Biermann-Ausbürgerung; da war ich schon nicht mehr im Betrieb.

Meine drei Absolventenjahre, in denen man möglichst nicht wechseln sollte, waren vorbei; ich begann etwas Neues. Das hatte mit meinem nebenamtlichen Schreiben zu tun. Seit den Rudolstädter Anfängen war ich fast wöchentlich nach Jena gefahren; im Kulturhaus Lobeda organisierte Lutz Rathenow einen „Arbeitskreis Literatur", in dem auch ein paar jener Leute verkehrten, die ich während diverser „Poetenseminare" kennengelernt hatte. Es gab zudem Werkstätten für einen sehr kleinen Kreis: Wir fühlten uns ungeheuer wichtig. Ein Treffen fand in Dresden in der Jugendhochschule der FDJ auf dem Weißen Hirsch statt. Mit zum Beispiel Richard Pietraß, Gabriele Eckart, Regina Scheer und Jürgen Fuchs lasen, schwatzten und tranken wir ein Wochenende lang. Bei einem Ausflug ins Dresdner Tal zu einer Gruppe schreibender Arbeiter aus Cossebaude – ich erinnere mich an das herrlich sächsisch singende „Gossebaauuude" – trat auch ein drei Jahre, also viel Jüngerer auf, den Fuchs heftig zusammenstauchte. Das war Sascha Anderson.

POETENSEMINAR

Neben dem Hervorbrechen anfallartiger Geschlechtsliebe, die mit „Pubertät" umschrieben wird, machen viele Menschen Perioden von Schreibanfällen durch. So wie der Pubertäter seine Pickel ausdrücken muss, müssen diese sich inhaltlich-formal ausdrücken: durch meist kurze Zeilen, untereinandergeschrieben. „Poesie" nennt man ein solches. In gebundene Alben (weiches Leder, purpurroter Samt oder schlicht modern-glatte Plaste) schrieben sich früher vor allem Schülerinnen gegenseitig Sprüche hinein; nannten die Alben „Poesiealbum", kurz „Pohsie". Eigenhändig verfertigte „Pohsie" war die Krone jugendlicher Schöpfung.

Nun ist der Schreibtrieb oft schon Kindern eigen: kaum können sie aus Buchstaben und Silben Wörter formen, fabulieren sie ganze Abenteuerromane in meist abenteuerlicher Rechtschreibung. Dass auch ausgewachsene Bürger sich schreibend selbstverständigen, durch Liebesbriefe, Urlaubsnotizen und Entwicklungsromane, hat im Laufe der Geschichte zur Literaturindustrie geführt, deren bislang höchstes und letztes Stadium die Frankfurter Buchmesse mit ihrem Vor- und Nachläufer Leipziger Buchmesse ist.

Schreibanfänge aber liegen in der Jugend. Das erkannte Ende der sechziger Jahre die DDR-Jugendzeitung „Junge Welt" und deren Redakteur Hannes Würtz. In einer Rubrik „Poetensprechstunde" konnten Leser versuchen, ihre Verse veröffentlichen zu lassen. Im tiefen Thüringen, in Unterwellenborn, lebte zu dieser Zeit auch ein Lehrer, der über den Schreibfleiß sozialistischer Kinder- und Jugendpersönlichkeiten promovierte: Er sammelte die Zeugnisse des Poesiewillens junger Leute. Mit Hannes Würtz gab dieser Dr. Edwin Kratschmer später Anthologien „Offene Fenster" mit dem Untertitel „Schülergedichte" heraus: erstaunliche Talentproben.

Die DDR war ein Land systematischer Förderung; ganz ideologiefrei wollen wir das brav feststellen. So, wie in Schulen beste Bodenturntalente und Schwimm-Franzis herausgesiebt wurden, so wollte man auch dichterische Potenzen entdecken. Man hätte schon damals wissen müssen, dass sportliche Leistungen weitgehend unpolitisch in Zentimeter und Sekunden dargestellt werden können. Das Jahr 1963 hat davon erzählt. Literarische Leistungen hingegen, wenn sie denn herausragen, stellen immer auch ihre Ursprünge infrage. Ein Schriftsteller, umso mehr eine Dichterin, wird, um sich gedruckt zu sehen, vielleicht Kompromisse machen – später aber gilt nur Wahrheit – wenn es sich um wirkliche Dichterinnen und Schriftsteller handelt. Solches aber passt in keine freichristlichsozialdemokratischrealsozialistische Zwangsjacke. F. Freiligrath (Poet): Der Dichter kämpft auf einer andern Zinne als die Partei.

Die in der DDR herrschende Partei und ihre Jugendorganisation begannen die Bewegung junger Schreiber zu kanalisieren: Im „Zentralen Schweriner Poetenseminar der FDJ" wurden seit 1970 alljährlich im August etwa hundert Talente zusammengefasst. Ein der Partei treu & bieder ergebener, aber lebendig-lustvoller Literaturlehrer namens Dr. Reinhard Weisbach führte das Zepter; die Würtzschen und Kratschmerschen Vor-Arbeiten wohl bedenkend. Mit etwa zehn Seminarleitern, bekannten Schriftstellern der DDR wie Günter Deicke oder Martin Viertel, später aber auch Karl Mickel, Volker Braun, Brigitte Struzyk, Steffen Mensching oder dem Autor dieses Textes saß man eine Woche lang in Seminargruppen beisammen: Manuskriptdiskussion war vorrangig, daneben Vortrag, Lesung, Betriebsbesuch und Absolvierung langer Trink-, Rede- und Liebesnächte. Dichterpärchen fanden sich sonettbekränzt und trennten sich farcenhaft. Die Organisation ging alsbald in Breite und Tiefe: Es gab Spezialseminare und lokale Treffs; also Bezirks- und sogar Kreispoetenseminare. Entgegen heutiger gschamiger anderslautender Berichte waren fast alle der DDR entstammenden Autoren mal beim Poetenseminar: Thomas Rosenlöcher, Kerstin Hensel, Lutz Rathenow, Annett Gröschner, Uwe Kolbe ... auch andere heute Prominente wurden einst poetengefördert: die Theaterleute Manuel Schöbel und Holger Teschke etwa, die Politiker Andre Brie und Hans-Jürgen Döring oder der Kabarettist Ulf Annel. Es war eine Talenteschmiede, deren Protagonisten ihre Ursprünge kritisierten: tief und unerbittlich von draußen, wie der verstorbene Jürgen Fuchs, oder lustvoll-sarkastisch im Lande, wie das Duo Wenzel/Mensching.

Warum gibt es die Poetenseminare nicht mehr? Weil ihnen DDR-Makel anhängt?

Es gibt sie durchaus noch, wenn auch unter anderen Namen. Der Berliner Literaturwettbewerb, das „Junge Literaturforum Hessen-Thüringen" und auch die von Hamburg bis München stattfindenden „Poetry-Slams" sind vergleichbar, nicht gleichzusetzen. Denn poetisches Feuer in jugendlichen Brüsten ist unauslöschlich.

1977

Nahezu jedes Jahr, das ich in der DDR erlebte, könnte ich mit einem jener Texte aus der erwähnten Sammlung „Was heißt eigentlich DDR?" füllen. „Sechzig-Vierzig", eine Tanzsaal-Regel: 60 Prozent musste DDR-eigene Musik sein. „Die Bonzenschleudern", Frühzüge, die aus allen Bezirken gen Berlin strebten, die „ml. WA", die marxistisch-leninistische Weltanschauung, die Heiratsanzeigen zierte.

Nun gut, ich war schon verheiratet, wir bekamen in diesem Sommer eine etwas größere Wohnung, Küche mit fließendem Wasser und Duschkabine „Ahlbeck". Ich hatte längst ein neues Leben außerhalb des betrieblichen Schichtrhythmus begonnen. Unser Kabarettleiter sagte mir im Frühjahr 1976, dass eine neue Schauspieltruppe am Theater anfange, mit dem Oberspielleiter Klaus Fiedler und Schauspiel-Absolventen. Vielleicht könnte ich es mal probieren ...

Ich wurde von Fiedler und dem Chefdramaturgen examiniert: „Wie könnte man die Schülerszene im ‚Faust' inszenieren?" Ich antwortete, wie es diese Theaterlehrer sich wünschten. Dem Intendanten, einem parteitreuen Buffo, wurde signalisiert: Wir haben da einen interessanten Burschen für den Posten eines Regieassistenten ... Fiedler fand es exotisch, einen technischen Kybernetiker als Mitarbeiter zu haben.

Der Intendant empfing mich in seinem Dienstzimmer; er kannte mich durch meine Frau, Mathematik- und Physiklehrerin seines Sohnes. Vor solchen Fächern haben Theaterleute, zumal wenn sie Buffo sind, Respekt. Er verpflichtete mich mit Handschlag. Ich war nun Regieassistent mit Spielverpflichtung. Durch Steuerermäßigung erreichte mein an sich geringes Bruttogehalt immerhin die stattliche Höhe von 560 Mark netto.

Der Handschlag erwies sich als schwerer politischer Fehler. Als meine Kaderunterlagen, wie Personalpapiere hießen, im Theater ankamen, erkannte der Intendant, dass er hoffnungsvollen Nachwuchs aus der Industrie abgeworben hatte. Von oberster Stelle gab es Ärger, denn ich galt als ideologisch nicht gefestigt, war parteilos und schrieb zudem politische Gedichte, wie geheime Protokolle aussagten: „...ein junger Literat, der sich gern in Opposition sieht und alles literarisch Normale als Clownerie und Unsinn abtut."

Doch Handschlag war Handschlag, eine archaische, in DDR-Nischen gültige Geste.

Die ebenfalls neue Dramaturgin Uta Gallert sagte zum Oberspiel-

leiter: „Fiedler! Der Biskupek will sich am Theater doch bloß umse-
hen, um darüber zu schreiben!"

*Eine der Schauspielerinnen hatte einen Ausreiseantrag. Menschen
mit derlei Wünschen bekamen einen PM 12, einen vorläufigen Personalausweis. Ich schrieb dazu einen kurzen Text und schickte ihn an
einen meiner Jungdichterfreunde. Bei dem wurde später eine Haus-
suchung gemacht; man fand diesen meinen Text. Dank des Sammel-
fleißes einer Behörde mag er für dieses Jahr stehen.*

PERSONALAUSWEIS HEISST
AUF DEUTSCH PA

Eine Frau, Ende dreißig. Sie besitzt keinen PA, keinen ordnungsgemäßen. Der Grund dafür liegt zwischen mehreren Akten-
deckeln. Die Frau hat einen sechsjährigen Sohn. Dessen Vater hat
ebenfalls keinen PA, doch dort, wo er jetzt lebt, braucht er diesen
nicht, sondern einen anderen.

Die Frau ist immer noch mit dem Vater des Sohnes verheiratet.
Sie arbeitet jetzt wieder als Schwester im Kreiskrankenhaus, nachdem sie einige Jahre beim Kreiskabinett für Kulturarbeit, wie sie
sagt, tätig war. Dies ist jetzt, seit sie keinen PA mehr hat, natürlich
(natürlich, sagt die Frau) nicht mehr möglich.

Die Frau versteht sich anzuziehen und hat eine dunkle Stimme, die viel verspricht. Wenn die Frau etwas verspricht, verspricht
sie es ihrem Sohn. Ein Plaste-Flugzeug zum Beispiel. Das schickt
dann der Vater in glänzend-knisternder Verpackung in einem
bunten Paket, das kontrolliert wurde.

Die Frau liebt ihre Arbeit. Die Frau mag ihre Kollegen. Ihre
Kollegen schätzen die Frau. Hoch ein. Sie soll die Gemeinde-
schwesternstelle in einem Dorf im Grenzgebiet übernehmen, aber

dies ist ihr natürlich (natürlich, sagen ihre Kollegen) nicht möglich ohne ordnungsgemäßen PA.

Wenn die Frau ihren nicht ordnungsgemäßen PA vorweisen muss und sie statt des geforderten blauen Büchleins eine grüne Karte aus der Handtasche zieht, hat jene Person, die den Personalausweis zu sehen wünscht, ein Aha-Erlebnis.

Die Person schaut die Frau genau an; die Person misst die Frau mit Blicken; die Person schätzt sie ab; die Person taxiert sie.

Die Frau wirkt ruhig und ausgeglichen. Sehr selten wird ihre dunkle Stimme schrill. Einer Kollegin, mit der sie sich gestritten hatte, schenkte sie am andern Tag ein Bändchen mit Barlach-Graphik.

Die Frau kann sehr glücklich aussehen, erhitzt, mit offenem Gesicht, die Augen nur wenig angemalt. Mit ihrem Sohn singt sie Lieder. Von der kleinen weißen Friedenstaube und den Partisanen vom Amur, vom Männlein im Walde ganz stumm und still.

Bei einem Zeitungspreisausschreiben gewann sie eine Reise nach Moskau. Doch die kann sie natürlich nicht (natürlich nicht) wahrnehmen, ohne PA. Ein Kollege legte ihr daraufhin die Hand gütig auf die Schulter und sagte: „Sentimentalität können wir uns nicht leisten. Sentimentalität kostet uns Devisen."

Im Urlaub fährt die Frau mit ihrem Sohn in den Thüringer Wald. Der ist nicht weit. Sollte es während des Urlaubs regnen, ist das halb so schlimm. Ein verregneter Urlaub im Thüringer Wald ist trotzdem Urlaub.

Personen mit sentimentalen Anwandlungen könnten bei der Geschichte die Augen *begunnen zu tropfen*, wie ein gewisser H. Heine es formulierte.

Doch in unserer schwierigen Situation können wir uns nicht den kleinsten Tropfen und auch keinen armen Tropf leisten, wie wir schon hörten. Denn Sentimentalität kostet uns, wie wir ebenfalls zum wiederholten Mal erfahren müssen, Devisen. Das kann man nicht oft genug wiederholen. Weil wichtig ist zu erfahren, was alles wir uns einfach nicht leisten können.

Im Übrigen leiste ich mir, die Frau zu mögen.

1978

Verschiedene meiner Kurzgeschichten waren bei verschiedenen Leuten gelandet. In Magdeburg hatte mich Christa Johannsen (Jahrgang 1914, ich erzählte schon von ihr) unter ihre Fittiche genommen. Christa veröffentlichte im CDU-eigenen Union-Verlag; ein gewisser Johannes Bobrowski war dort ihr Lektor. So lud man mich nach Meuselbach-Schwarzmühle ins CDU-Ferienheim – die heute führende Partei führte auch damals im Kollektiv, genannt Nationale Front. Nein, meine Geschichten entsprachen nicht dem Verlagsprofil, doch der Mann einer Lektorin übersetzte aus dem Ungarischen für den Eulenspiegel Verlag. Dieser Hans Skirecki, genannt Janosch, nahm meine Texte mit, so bekam ich eines Tages von der jungen Lektorin Regine Stigge Post: Der Eulenspiegel-Verlag möchte eine Zusammenarbeit mit mir riskieren.

Ich fühlte mich derweil wohl am Rudolstädter Theater, hatte begriffen, dass Liebeswirren auf der Bühne sich gelegentlich auch im richtigen Schauspielerleben fortsetzten und, wie in Shakespeares „Sommernachtstraum", Geschlechtsgenossen einschloss. Für ein Theater-Spektakel – mehrere Stücke samt Nachtprogrammen – hatte ich Kabaretttexte geschrieben. Das sahen Leute vom Geraer „Fettnäppchen" und luden mich zu einer Gastdramaturgie ein. Das Programm „Bewusst wie" wurde ein Erfolg, denn 1978 gab es zudem „Werkstatttage des Kabaretts" in dieser damals zweitgrößten thüringischen Stadt.

Ich schrieb darüber eine satirische Betrachtung und schickte sie an „Die Weltbühne" nach Berlin, bekam postwendend – damals schrieb man ständig Briefe – Antwort. Das könne man leider nicht drucken; ich möge mal in die Redaktion kommen.

Vom Eulenspiegel Verlag gab es einen „Fördervertrag". Ein halbes Jahr lang erhielt ich monatlich 500 Mark. Mit meiner Regieassistentengage zusammen reichte es dicke, dass meine Frau mit unserem Sohn eine Weile zu Hause bleiben konnte.

Das geförderte Manuskript, im Verlag längst abgeliefert, war derweil beim „Außengutachter" gewesen. Was ich nicht hätte wissen dürfen, doch Lektorinnen und Autoren bildeten gern Geheimbünde. So wurde mir hinterbracht, dass die Gutachterin – die Ehefrau eines hohen Verlagsbeamten des einzigen DDR-Theaterverlags – mein Manuskript und ihr vernichtendes Gutachten auf den Tisch des Hauses gepfeffert hatte und ihren angestauten Unmut gegen Geschichten und Autor im Satz gipfeln ließ: „Und Homo isser ooch noch!"

JOACHIM. VARIATION ZUM THEMA

Ich umfasse mein Glas. Vergeblich versuche ich, den um das Glas gelegten Kreis aus Handteller und Fingern zu schließen. Die weißgepressten Fingerspitzen treffen sich nicht.

Joachim sitzt mir gegenüber. Mein Freund Joachim. Joachim passt nicht in diesen Kreis von Studenten, Musikern und Oberschülern. Der Kreis ist zu groß für das niedrige, mit geschmacklosen Plakaten tapezierte Zimmer. Joachim ist zu groß für diesen Kreis. Warum muss er hier sitzen, obwohl er nicht hierher passt?

Angelika, die an mir lehnt, versucht mich ins Ohr zu beißen.

Angelika ist betrunken. Ich beobachte Joachim. Er flößt dem Mädchen, das ihren blonden Kopf auf seine Hose gelegt hat, wässriges Bier ein. Das Mädchen verschluckt sich, setzt sich auf, flüstert mit ihm. Dieses Flüstern ist kindisch. Warum benimmt sich Joachim so kindisch? Warum musste ich mit Joachim hierhergehen, um ihm meine Freunde zu zeigen? Das sind doch alles gar nicht meine Freunde: das sind kichernde Oberschülerinnen und betrunkne Studenten.

Ich kenne das blonde Mädchen nicht, mit dem sich Joachim jetzt nach hinten beugt. Die hellen Gesichter verschwinden im Halbdunkel und Zigarettenqualm. Nur die an den Schenkeln engsitzenden Jeans der Blonden sehe ich noch. Wahrscheinlich hat Angelika die Blonde mitgebracht, die sonst nicht hierhergehört. Angelika schleppt alle möglichen Typen an. Nur Frauen. Vermutlich kommt der Blonden alles hier exotisch vor: das Sitzen und Liegen auf Kisten und Kissen; der warme Schnaps, die offenen Fenster zum Hof. Doch warum genügt ihr das Staunen nicht? Warum muss sie sich mit Joachim beschäftigen?

Ich habe für uns eingekauft. Für Joachim und mich. Es liegt alles in meiner Bude: Käse, Brot, grüne Gurken. Käse und Brot habe ich in Würfel geschnitten. Weil Joachim kommen wollte, habe ich für das Radio eine Konsole gebaut. Mein Zimmer ist jetzt wohnlicher; der Apparat schwebt. Er schwebt an der Wand, einen Meter über dem Fußboden. Für die Konsole musste ich Löcher bohren, mit Plastedübeln ausfüllen, Haken hineinschlagen. Die Wände meines Zimmers haben Beulen und sind bröcklig; ich müsste sie mit Kalkfarbe streichen. Dadurch soll sich der Putz wieder festigen.

Wir würden uns jetzt an meinem Tisch gegenübersitzen, braunen Tee in den Gläsern, Musik hören. Ab und zu würde einer einen Käsewürfel nehmen; ab und zu einer einen Satz sagen.

Neben den Teegläsern stehen meine beiden Biergläser, halb-voll mit Doppelkorn. Ich spiele auf der Gitarre Joachim etwas vor. Wir sind still und das Fenster steht offen zum Hof. Joachim nimmt ein Buch vom Regal, blättert, macht eine Bemerkung zu einer Randnotiz von mir, grinst. Ich gehe in den Vorraum meines Zimmers, in dem das Klosettbecken steht und der Elektrokocher. Ich setze neues Teewasser an. Wenn ich wiederkomme, hat Joachim eine Zeichnung an die Wand gezweckt: Eine Glucke brütet über einem Hochhaus.

Ich stelle das Marmeladenglas mit dem Salz auf den Tisch, schneide Gurken in Scheiben. Joachim kippt wieder vom Schnaps in die Biergläser. Es ist fast Morgen, man riecht es durchs offene Fenster. Wir haben noch viel Tee, Gurke, Schnaps ...

Angelika hat mich etwas gefragt. Ich habe vor mich hin ge-starrt und sie nicht verstanden. Wahrscheinlich will sie mit zu mir kommen. Joachim tanzt mit der Blonden. Tanzen kann man das nicht nennen. Viel zu wenig Platz ist da. Er steht mit ihr in der Ecke und beide wiegen sich zur Musik. Es ist peinlich, wie er mit ihr tur-telt. Sie ist viel jünger als er. Jetzt winkt er und grinst her. Er wird mit ihr verschwinden, das ist klar. Sie ist gierig vor Erwartung. Ich werde ihm auf die Schulter klopfen und Angelika mitnehmen. Wenn ich jetzt gehe, ohne Angelika oder sonst ein Mädchen, fängt wieder das Gerede an. Ich weiß, wie sie reden; diese Leute sind meine Freunde.

Ich kann nur mein Glas pressen, bis die Finger weiß werden. Joachim gebe ich einen Rippenstoß. Freundschaftlich. Kumpelhaft.

Ich darf nicht so aufrecht sitzen; ich muss Angelika umfassen, ein Stück oberhalb der Taille, dort, wo ich mit den Fingern ihre weiche Brust spüre, und pressen, bis sie quietscht. Und an mich muss ich sie ziehen, wo es dunkel ist.

1979

Ich begann, regelmäßig für „Die Weltbühne" zu schreiben; eine Rezension über das „Theater auf der Handfläche" war am 10. Juli 1979 mein erster Text. Ich schrieb eine Glosse „Dichter im Bilde", nannte die von Kennern heftig beachtete Zweijahrespublikation „AUSWAHL / Neue Lyrik – Neue Namen" ein „Kompendium neuer Porträtfotos, aufgelockert durch eingestreute Gedichte". Der Erfolg war, dass ich für AUSWAHL 80 und 82 zur Mitarbeit eingeladen wurde, was mir echte Lyriker bis heute verargen.

Ein Text „Die Sänger von Unterwellenborn" vom August 1979 war von mir als braver Reportage-Beitrag über glückliches DDR-Leben gedacht, damit mir auch weiterhin Glossen und Rezensionen gestattet wurden. Genau der wurde „im Hohen Haus", der Agitationsabteilung der SED, scharf gerügt, die Redaktion hielt dennoch zu mir. Ich bekam später sogar ein monatliches Fixum von 400 Mark, die Krone eines jeden Weltbühnenschreiberlebens.

Junge Schriftsteller wurden auch mit Betriebspraktika gefördert: Ich bekam Urlaub vom Theater, arbeitete einen Monat im VEB Elektronik Gera an diversen Blechschneideungetümen, wohnte in einem Zimmerchen auf der „Sorge" und hatte danach vier Wochen freie Schreibzeit. Im Theater zeichnete ich später wieder Programmhefte, weil der Grafiker gerade überfordert war, soufflierte, wenn die Souffleuse ein krankes Kind zu Hause hatte, hütete sonnabends während der Probe die Kleinkinder der Schauspieler – Kindergärten hatten geschlossen – musste auch mal für kranke Schauspieler einspringen, machte deren Rollen dann zur Lese-Rolle.

Ab Herbst hatte ich ein Engagement als Dramaturg am Berufskabarett „Fettnäppchen" in Gera. Das einst hoch motivierte Rudolstädter Schauspiel verkrümelte sich.

1992 schrieb ich einen Essay über meine drei Theaterjahre von 1976–1979; 2002 produzierte ich ein Radio-Feature dazu, 2007 erschien „Eine moralische Anstalt – Roman mit richtigen Requisiten, letzten Vorhängen und Theaterblut". Am 30. Juni 2013 starb Klaus Fiedler, drei Tage vor seinem 75. Geburtstag. Ich schrieb einen Nachruf für die Zeitung.

BLATT FÜR KLAUS FIEDLER MIT RADIO-BRUCH-STÜCK

Theaterleute fallen auf. Klaus Fiedler, ein schwarzlockiges Energiebündel, fiel auf, als er 1976 ans Theater Rudolstadt zum Oberspielleiter Schauspiel berufen wurde. Mit ihm kam eine Truppe von Absolventen der Schauspielschule Rostock, weitere Schauspieler und Regisseure waren ebenfalls seinem Programm verfallen: Theater als Vergnügen und politische An- und Eingriffe, als Kritik an bestehenden Verhältnissen und als utopischer Bühnenversuch. Die Kulturlenker im einstigen Bezirk Gera waren angetan, die Schauspieltruppe machte mit Spektakel-Veranstaltungen und aktueller polnischer Dramatik von sich reden, weit über die Provinz hinaus. Der zunächst nur für Fiedler geplante Bezirkskunstpreis wurde 1978 an das gesamte Ensemble vergeben.

Doch schnell regten sich die geheimen und öffentlichen Organe. 1979 war Schluss mit lustig, Fiedler und seine Leute verließen zähneknirschend das Haus. Fiedler bekam nie wieder ein leitende Theaterfunktion, machte aber weiter von sich reden, als Dozent und Regisseur von Berlin bis Annaberg, zeitweise auch als Nachtpförtner und Gefängnisinsasse.

Der Berliner Fiedler, am 3. Juli 1938 geboren, lernte kartografischer Zeichner, war Theaterstudent (exmatrikuliert), Bühnentechniker und Eleve in Berlin, Quedlinburg und Freiberg und galt später in Leipzig als des Generalintendanten Karl Kayser wilder junger Mann.

Als die Welt sich öffnete, Fiedler Angebote auch nach Italien bekam, wurde bei ihm ein Hirntumor diagnostiziert. In jenen Zeiten war Krankenversicherung für Fiedler ein Fremdwort; in seinem Theater-Osten gab es Benefizveranstaltungen für ihn. Mit Blessuren, leicht sprachgestört, aber immer noch voll blitzender Einfälle, kam er wieder zu Kräften, lebte in Berlin genau dort, wo der Osten und der Westen sich berühren, arbeitete als Schauspieldozent, inszenierte gelegentlich an off-Theatern, auch in Sri Lanka, und kam 2009 zur „Sprungbrett"-Veranstaltung, quasi einem Theater-Klassentreffen, an seine alte Wirkungsstätte nach Rudolstadt, gemeinsam mit Mitstreitern jener Endsiebziger: Herbert Olschok, Günter Zschäckel, Bärbel Röhl oder Christina Emig-Könning.

Fiedler regte Künstler und Schriftsteller an, so Barbara Thalheim in „Mugge"; Ingo Schulze setzte ihm im Roman „Neue Leben" ein Denkmal. Ein MDR-Radiofeature über seine Rudolstädter Zeit hieß „Es war immer wie Fest":

Aus: „Es war immer wie Fest"

Sprecherin: Retardierendes Moment: Die Partei, die Partei, die hat nicht immer recht.

Originalton Sigrid Röhl-Reintsch: Ich hab gemerkt, dass man viel machen kann, wir hatten natürlich auch immer Angst vor Stasi, oder wenn wir nachts Plakate geklebt haben. Das war wie Räuber und Gendarm spielen.

Originalton Klaus Fiedler: Im zweiten Jahr gab es eine Gruppe – wir haben absichtlich den Begriff Kollektiv vermieden – die selbstständig, fast ohne staatliche Leitung, arbeitete und sich beflügeln konnte. Man muss bedenken, dass 1976 Wolf Biermann nicht nach Hause konnte. Die örtlichen Parteiorgane waren völlig kopflos. Die SED-Vertreter kamen durch unsere Arbeit in die Rolle des Zauberlehrlings.

Sprecherin: Information 149/78 des Inoffiziellen Mitarbeiters E. über die Arbeit des Schauspielensembles Rudolstadt vom 10. März 1978.

„Besondere Sorge machen zurzeit die sehr tiefen Verbindungen der Schauspielleitung zum politischen Schriftsteller Tatens (!) Rozewicz, dessen Stück ‚Der komische Alte' auch im SPEKTRUM vorgesehen ist.

Diese Verbindung wurde 1977 anlässlich einer Wochenreise des Schauspiels nach Warschau hergestellt. Das Ergebnis war damals, dass in das ‚Spektakel 77' das Stück Rozewiczs „Die kleine Stabilisierung" aufgenommen wurde, die eine Inszenierung für ganz spezielle intellektuelle Zielgruppen ist. Sie wurde gezeigt an der TH Ilmenau, der Uni Jena und der Hochschule in Weimar.

Das Stück ‚Der komische Alte' spricht ein Thema an, das in keinem Fall mit unserem Leben zu tun hat, sondern das die verklammerten Haltungen eines alten Mannes darstellt, der in den Verdacht gerät, durch das Streicheln eines Kindes ein Kinderschänder zu sein.

Nach Lesung des Stückes wurde es einhellig durch den Intendanten, den Rat des Kreises und die Kreisleitung der SED abgelehnt. Es wurde aber auf besondere Weisung des Mitgliedes des Rates des Bezirkes für Kultur, Hans Kathe, für das SPEKTRUM 78 in den Spielplan aufgenommen und dafür eine nicht unbeträchtliche Geldsumme zur Verfügung gestellt. Das Bühnenbild selbst wird etwa 10 000 Mark kosten."

Sprecher: Die Probleme mit der kreislichen, bezirklichen und zentralen Macht im Staate zeigten sich auch anders. Regisseur Werner Buhss zur Probenarbeit am Stück „Strephart" vom Autor des „Deutschen Theater Berlin", Jochen Berg:

Originalton Werner Buhss: Während der Proben erfahre ich von irgendeinem Knallkopp aus der Bezirksleitung, dass ick Inszenierungsverbot habe.

Juut. Det war ja nich weiter schlimm, denn hätte es ja ein anderer machen können. Also der nächste war Meltke, der gar nicht so scharf war auf das Stück, oder Fiedler, ick weeß die Reihenfolge nich mehr, denn gings mit dem nich und denn gings mit dem nich. Berg hat sein Geld gekriegt, aber das Stück „Strephart" wurde niemals aufgeführt. Streng genommen war das ein Wirtschaftsverbrechen.

Sprecherin: Letzter Vorhang – Publikum und Schauspieler gehen getrennt nach Haus.

Originalton Ex-Theaterfunktionär: Ich war sehr enttäuscht, dass das damals so schnell zu Ende ging.

Originalton Uschi Amberger: Das war damals auch eine politischere Zeit. Die Leute kamen zu unseren Vorstellungen mit Schlafsäcken, haben bei Freunden gepennt, in Scheunen. Insofern ist das nach meinem Dafürhalten nicht mehr vergleichbar.

Sprecher: Es war jenes durch und durch politische Theater. Theater als ideologische Eingreiftruppe. Nur dass Eingriffe nicht im Sinne der herrschenden Ideologie erfolgten. So etwas musste liquidiert werden.

Originalton Werner Buhss: Das Ende, soweit ich es erlebt habe, kam schnell. Viel zu schnell.

Normalerweise war das Unternehmen auf fünf Jahre geplant. Am Ende des zweiten Jahres hatten wir ne Situation erreicht, wo wir die Partei überfordert hatten. Einfach diese Leute, die ständig mit uns arbeiten mussten, ständig mit uns reden mussten. Jede Woche kam ein Wagen von Gera nach Rudolstadt, wo irgendwelche Funktionäre drin saßen, die mit uns quatschen wollten oder quatschen mussten. Wir hatten die echt überfordert, bis die an einen Punkt gekommen waren, wo die einfach dit jemacht haben, was Funktionäre in so 'ner Situation immer machen. Denn hammse abjeblockt. Dann war das Ende, das dann kam, nur noch ne Frage der Zeit.

Der Punkt war der: Wir hatten nicht mehr gemerkt, in unsrer Überheblichkeit, überhaupt nicht mehr gemerkt, dass es außer uns noch andre Bestimmer in dieser DDR gab.

Originalton Klaus Fiedler. In der dritten Spielzeit häuften sich immens die von denen gemachten Auflagen. Wir waren für die ein zu löschender klassenfeindlicher Schwelbrand geworden. Die pusteten rein und die Gruppe flog in kleinen Grüppchen auseinander. Die Erstickung gelang – aber sie verhinderte nicht unsere langjährige Freundschaft. Revolutionäre waren wir nicht; der Eigensinn war unsre Kraft.

1980

Die Sowjetunion war in Afghanistan einmarschiert, und im Geraer Kabarett bekämpften wir unnachsichtig betriebliche Schlampereien. Rubiks Zauberwürfel war in aller Munde und wenigen DDR-Händen; von einem Urlaub in Ungarn brachte ich einen mit. Ich schrieb eine Reihe Blacks mit Würfel: Mein Protagonist verzweifelte an dem Ding, am Betrieb, an seinen Chefs; womöglich verzweifelte er am ganzen Sozialismus, doch ich will mich nicht noch mutiger machen, als ich ohnehin war.

Es begaben sich merkwürdige Dinge, erst Jahre später erkannte ich Zusammenhänge, in den Neunzigern schrieb ich darüber. Unsere Wohnungsnachbarin im „Baumgarten 8", die „in einer Dienststelle" Sekretärin war, erbot sich für einen freundschaftlichen Preis, Manuskripte von mir ins Reine zu tippen. Hilfsbereit sah sie gelegentlich nach unserem Sohn. Ihr Mann war beim Zoll. Unsere Über-Nachbarin zeigte mich an, weil ich ihren Aschenbecher entwendet hätte. Ein Polizist entschuldigte sich für die unbegründete Anzeige, fragte nebenbei, ob ich nicht vielleicht bei der Polizei arbeiten wolle, ich sei doch ausgebildeter Ingenieur. Nö, nö, bin glücklich im Dramaturgen-Amte.

Ein Dichterkollege, der am Literaturinstitut immatrikuliert worden war, kam jetzt öfter und taxierte unsere Einrichtung auf ihren Geldwert. Auch „das Element", ein abgebrochener Lehrer mit rotem Halstüchlein, der über westdeutsche Studentenunruhen eine Diplomarbeit schreiben wollte, erschien oft. Als eine ganze Weile später zwei Herren mit Klappkarten vormittags klingelten, ahnte ich nicht, dass alles mit allem zu tun hatte.

Irgendwann rief mich mein Kabarettchef in sein Kabüffchen. Als ich pünktlich eintraf, saßen an seiner Statt die beiden Klappkarten da. Sie könnten mich gleich nach Rudolstadt mitnehmen, waren zum Einkaufen in Gera. Ein konspirativer Treff; ich hätte es ahnen müssen.

Meine ersten Texte für repräsentative Anthologien waren schon 1978 erschienen; ich stand in der Gedichtsammlung „Zwiebelmarkt" nach den Herren Brecht, Weinert und Heinz Czechowski, nach Volker Braun und Rainer Kirsch und vor Katja-Lange-Müller und Bert Papenfuß mit meiner Walt-Whitmann-Parodie: „Auch ich singe im Vorwärtssitzen". Zwischen Günter Kunert, Irmtraud Morgner, Joachim Walther, Peter Gosse, Heinz Knobloch, Lothar Kusche und Karl-Heinz Jakobs war meine „Perücke der Tante" gedruckt, in der Prosa-Anthologie „Die Tarnkappe". Mein Stolz kannte keine Tarnung mehr. Derweil übersprang mein Buchmanuskript „Die Meldestelle für Bedenken", leicht verkrampft und stark lädiert, letzte Genehmigungshürden und wartete, dass Druck-Kapazität frei würde.

DEN OFEN ANHEIZEN
Eine Dienstanweisung

Wenn der zu Informationszwecken und Darstellung einer Wer-ist-wer-Situation in eine konspirative Wohnung (KW) Geladene, im folgenden IMV (Inoffizieller Mitarbeiter Vorlauf) genannt, mit einem verbindlichen Termin (VT) dingfest gemacht wurde, ist höchste Wachsamkeit geboten.

Die KW wird ca. fünf Zeitstunden vor dem VT durch den Rangniederen (RN) des Gesprächskollektivs betreten. Dabei ist darauf zu achten, dass politisch unzuverlässige Hausbewohner davon keine Notiz nehmen können. Der Ranghöhere (RH) sichert das konspirative Betreten von der Straße aus ab.

Wenn die KW durch Kachelöfen beheizt wird und das Treffen zudem während der Heizperiode stattfindet, muss zuvor von den örtlichen Dienstorganen (telefonische Anweisung) für ausreichendes Heizmaterial – Papier, Holzspäne, Brennholz, Briketts und / oder Presssteinkohle – gesorgt werden.

Der RH sichert sodann den ordnungsgemäßen Gesprächsverlauf mit dem IMV. Die Sicherung ist als Einkaufsgang zu tarnen. Dieser muss als Dienstgang abgerechnet werden. Es sollten Erkenntnisse über Vor- und Genussliebe des IMV in einem Strategiepapier erarbeitet worden sein. Gemäß diesem sind durch den RH beim örtlichen Handel Tee/Kaffee/Kuchen/Brötchen/Belag zu erwerben. Weiterhin ist Bier/Weißwein/ Rotwein/Likör/Fruchtsaft/Nektar/Doppelkorn/Adlershofer Wodka in genügender Menge einzukaufen, wobei die Quellen streng konspirativ ausgewählt, die Gleichberechtigung zwischen staatlichem (HO) und genossenschaftlichem (KONSUM) Eigentum gewahrt und möglichst gleich im Operationsbezirk verteilt sein. Belege sind laut Verordnung „Bewirtung IMV" zu sammeln und nach wirtschaftlicher Rechnungslegung zu behandeln. Sowjetischer Wodka und Whisky (Falckner) sind nur nach Sondervollmacht gestattet, über den Einsatz von Sekt, Champagner und NSW-Spirituosen entscheidet allein der Dienststellenleiter.

In der Heizperiode wird mindestens vier Stunden vor VT mittels zunächst Papier (geknüllt) und Holzspänen im Kachelofen Feuer entfacht. (Sicherheitszündhölzer!) Dieses wird zunächst mit Brennholz und später mit Briketts bedeckt. Der gesamte Erwärmungsprozess obliegt dem RN, während der RH nötige Kontrollmaßnahmen durchzuführen hat.

Auf ausreichende Belüftung ist zu achten. Dabei sollten geöffnete Fenster keinesfalls den konspirativen Charakter der Maßnahme beeinträchtigen.

Während des Erwärmungszeitraumes ist durch den RN das durch den RH organisierte Genussmaterial so anzuordnen, dass eine zweckentsprechende Gesprächs-Atmosphäre entsteht. Bei weiblichen IMV sind biologische Materialien (Blumenangebinde) in Anschlag zu bringen, was wiederum für die organisatorische Schöpferkraft des RH ein Ansporn sein sollte.

Nach Durchführung der Maßnahme verbleibt der RN so lange in der KW, bis ein Abkühlungsprozess zu erkennen ist. Die Asche ist unverzüglich so zu entsorgen, dass keinerlei dem Klassengegner dienliche Materialien in die Öffentlichkeit gelangen können. Der RH ist zur Überwachung von Abkühlung und Entsorgung laut Dienstplan verpflichtet.

Es müssen von RH und RN gegenseitige Beschlusskontrollen angefertigt, genehmigt, abgeheftet und einer Beschlusskontrolle zugeführt werden.

1981

Groß prangte auf der Leipziger Buchmesse der Blindband meines Buches. Feliks Büttner hatte einen gewaltigen Daumen gezeichnet, der aus einem Tintenfass hervorkam. Mein Name – ein Stempel. Was will man mehr?

Es war üblich, dass man sich mit einem ersten Buch als Kandidat für den Schriftstellerverband bewerben konnte. Man brauchte zwei Bürgen, später für eine Vollmitgliedschaft zwei weitere. Aus dem Bezirksverband Gera erboten sich sofort zwei Kollegen, ich hatte an räumlich entferntere Schriftsteller gedacht, Bernd Leistner etwa oder Heinz Knobloch – aber wenn die Geraer nun schon mal wollten?

Sie wollten zunächst dann doch lieber nicht, wie ein gewisser „Buche" geheim mitteilte: „Dafür müßte B. politisch und literarisch bessere Voraussetzungen erbringen."

Von meinem älteren Kollegen, dem einstigen Mittweidaer Carl Andrießen (man vergleiche mit der Geschichte für 1957), übernahm ich nach und nach die Eulenspiegel-Kolumne „Literatouristik". Das war der Beginn einer dreißigjährigen Liaison. Für das Geraer Kinderfilmfestival redigierte ich eine Festivalzeitung. „Inoffiziell wurde bekannt, dass B. sich weigerte, die geforderte Überarbeitung des Manuskripts vorzunehmen und verlangte eine Erklärung."

Am Leipziger Literaturinstitut musste irgendeiner der Verantwortlichen ein schlechtes Gewissen haben; ich wurde gebeten, mich doch für einen Sonderkurs zu bewerben. Das war ein Stipendium, gekoppelt an eine Weiterbildung für sich etablierende Autoren. Einmal im Monat fuhr man für eine Woche in die Leipziger Tauchnitzstraße, hörte kluge Vorlesungen, musste auch Eigenes vorlesen und zerpflücken lassen. Ich wohnte in der Bude meines alten Freundes Harald Pfeifer und hatte jeden Abend zu tun: Bier, Kabarett, Wein, Budenfete, Theater, Lesung …

Heinz Knobloch war mit im Kurs, andere lernte ich kennen. Wen finde ich noch auf dem alten Foto? Peter Brasch, linksaußen, natürlich; Heiner Hüfner; Inge Kolinko, eine Ukrainisch-Übersetzerin; Annerose Kirchner aus Gera; Jochen Wiesigel, dessen Kinder ich während meines Erfurter Betriebspraktikums manchmal gehütet hatte; Siegfried Pitschmann, über den erzähle ich bis heute viel; Leni Riefstahl, man beachte: das „en" fehlte; Regina Röhner aus Rüsdorf, wunderbar sächselnd; in der Mitte Gerhard Rothbauer, der den Kurs leitete; wie ein Fußballer in der Hocke der lange Eckert, Wolfgang, Trinkkumpan und Vertrauter.

DAS LEBEN VERGEHT
IN DER VERGANGENHEIT

Sie waren im Café „Stehfest" und saßen fest. Gleich nebenan war der Peterssteinweg, von dem angehende Journalisten herüberkamen und laut tönten. Sie bestellten noch zwei Bier.

Das Bier kam nicht und sie bestellten weitere zwei, die wieder nicht kamen. Die angehenden Journalisten gingen einfach zur Theke und nahmen die dort abgefüllten Biere sofort weg. Bis zu ihnen gelangte nichts.

„Kannst du dir vorstellen, das Leben so ist?", fragte Don.

„Wieso ist?", fragte Robse zurück.

„Na so: Da greift ein anderer immer ab, was dir zusteht."

„Das ist doch Quatsch", meinte Robse.

Robse war praktisch veranlagt, hatte kurze Haare aus Prinzip und wollte lernen, wie man eine Geschichte so erzählt, dass sie stimmte und trotzdem gedruckt wurde. Deshalb war er an diesem Institut. Man hatte ihn delegiert, von der Armee, bei der er es bis zum Unterleutnant gebracht hatte. Im Armeezirkel hatte er Geschichten geschrieben und die waren in der „Armeerundschau" gedruckt worden. Aber sie stimmten nicht.

Für Don stimmte sowieso nichts. Don hatte man hergeschickt, damit er nicht in den Westen ging wie sein Bruder. Don kam aus einer Funktionärsfamilie, bei deren Kindern nichts so war wie bei den Eltern. Die Eltern, verdiente Genossen, rieben sich auf für ihren Staat. Die Kinder hatten lange Haare, aus Prinzip, wollten Künstler werden, aus Prinzip, oder am besten gleich Künstler sein. Der ältere Bruder von Don galt einst als Talent, wurde gefördert und war jetzt im Westen.

Man hatte den älteren Bruder vor Jahren von diesem Institut geschmissen, auf dem man den Schriftstellerberuf erlernen konnte, auch wenn jeder wusste, dass das unmöglich war. Nun hatte man Don immatrikuliert, vielleicht als Wiedergutmachung, oder weil sich die Hohen Herren in Hohen Häusern Gedanken um ihre künstlerisch begabten Untertanen machten, die aus verdienten Funktionärsfamilien kamen.

„Leben ist nur so, wenn man es sich gefallen lässt", sagte Robse.

„Wir lassen es uns doch gefallen. Wir bestellen Bier und die anderen trinken es für uns aus", sagte Don.

Robse stand auf und ging zur Theke. Gerade waren wieder Biere gezapft worden und der Kellner wartete mit dem Tablett. Robse wollte zwei nehmen, aber der Kellner wehrte ab: „Die sind für den Tisch da hinten."

„Wir haben schon zweimal bestellt" sagte Robse, „und immer noch nichts gekriegt."

„Da kann ich doch nichts dafür, wenn die Studenten das nehmen", sagte der Kellner. „Ihr kriegt dann die nächsten. Setz dich wieder hin."

„Und", fragte Don, „hat's was genützt?"

„Wir kriegen die nächsten."

„Das ist ja das Problem", sagte Don. „Wir sind immer die nächsten. Leben ist aber jetzt, der Augenblick, die Gegenwart."

„Und warum", fragte Robse, „werden Geschichten dann immer im Präteritum erzählt? Tief ist der Brunnen der Vergangenheit. Thomas Mann. Oder ist auch nur eine der 49 Stories von Hemingway in der Gegenwart geschrieben? Beim Prosa-Seminar geht's doch dauernd darum."

„Glaub doch nicht den Scheiß, den Dozenten erzählen. Geschichte wird nicht erzählt, Geschichte geschieht. Wir sind deren Beobachter", sagte Don.

Ein Student stand auf und nahm die nächsten abgefüllten Biere vom Tresen. Robse schrie rüber: „Das waren unsre!"

„Geschrien wird hier schon mal gar nicht", sagte der Kellner. „Ich hab doch gesagt, ihr kriegt die nächsten."

„Was ist jetzt mit dem Erleben in der Gegenwart?", sagte Robse zu Don. „Ich glaub, wir erleben hier kein Bier mehr."

„Doch", sagte Don. „Du hast die Sache einfach falsch angefangen. Lass mich mal machen:"

Sie sind im Café „Stehfest" und sitzen fest. Gleich nebenan vom Peterssteinweg kommen angehende Journalisten rüber, laut tönend.

Sie bestellen noch zwei Bier.

Das Bier kommt nicht und sie bestellen weitere zwei, die wieder nicht kommen. Die angehenden Journalisten gehen einfach zur Theke und nehmen die dort abgefüllten Biere sofort weg.

„Das geht gar nicht", sagt Robse. „Die *angehenden* Journalisten *gehen*". Da grinst Rothbauer süffisant und sagt: „Angehende Schriftsteller sollten ein Sprachgefühl haben. Es geht nämlich nicht alles in der Literatur, vor allem nicht, wenn man sich sprachlich gehen lässt."

„Pass mal auf", sagt Don, „lass jetzt Vergangenheit ruhen und Gegenwart lass einfach geschehen. Du hast doch ein ganz anderes Problem."

Robse schaut wie ein Schießhund zum Tresen. Noch ist der Zapfhahn fest geschlossen.

„Hör zu, Robse! Du willst Klarheit UND Wahrheit. Das geht aber nicht. Du musst dich für eines entscheiden. Entweder du erzählst klar und deutlich, was du gesehen hast und welche plötzlichen Wendungen dich ereilen, oder du versuchst, die Wahrheit zu erkunden und wirst von der nächsten Wendung der Geschichte einfach überrollt. Das war so, ist so und wird so sein Und es wird sogar so gewesen sein, wenn du die vollendete Zukunft als unsere Gegenwart begreifst."

Robse reicht das dumme Geschwätz von Don. Aber der ist nun mal so und verkompliziert alles, was einfach und klar ist. Robse geht zur Theke.

Er will doch nur, dass seine Geschichten gedruckt werden und dennoch stimmen. Deswegen sitzt er am Institut und manchmal im Café „Stehfest".

Doch weil hier nichts stimmt, ist das Café „Stehfest" längst geschlossen, abgerissen; das Institut gibt es in dieser Form ohnehin nicht mehr und die angehenden Journalisten von einst und gestandenen Edelfedern von jetzt erklären die Welt von früher mit dem Gefühl der Sieger von heute.

1982

Wir zogen um in eine große, hohe, schwer heizbare Erdgeschosswohnung mit viel Parkett und einem Garten samt baufälliger Laube. Siebzig Mark Miete für neunzig Quadratmeter. Vier Zimmer, Küche, Bad. Flur geteilt. Der Straßenname atmete Geschichte. Zunächst Schwarzburger Straße, weil sie aus der Residenz hinausführte zum Ur-Ort des Fürstengeschlechts. Nach der deutschen Reichs-Einheit wurde daraus die Königin-Luise-Straße. Große Umwälzungen machten ein Teil zur „Straße der SA", die dann aber nach 1934 den führenden Gesamtnamen Adolf-Hitler-Straße bekam. 1945 hieß sie kurz Schwarzburger, die alsbald dem Genossen Stalin wich. Der wurde obsolet – mit Marx-Engels-Straße gedachte man, für ewig auf der Siegerstraße zu sein. 1982 galt noch die Ewigkeit.
Die Renovierung der Wohnung benötigte Zeit, Arbeitskraft und

Geld. Letzteres verdiente ich mit einem Szenarium für die DEFA, das wegen Republikflucht des Regisseurs unverfilmt blieb.

Wir bekamen Telefon, den Anschluss geteilt mit dem Nachbarn. Es existieren umfangreiche Verschriftlichungen unserer am Telefon geführten Gespräche. Und es existiert eine Geschichte „Nachbar Hümpe hat Vertrauen" in meinem Erzählungsband „Leben mit Jacke", 1985 gedruckt.

Der Rundfunk hatte inzwischen Hörspiele von mir gesendet. Die Förderung meines jungen Schriftstellerlebens ging voran. Das Reisebüro der DDR bot teure Gruppenreisen in ausgewählte exotische Gebiete der Sowjetunion an. Eine solche führte über Moskau nach Aserbaidschan und Georgien. Der Schriftstellerverband kaufte von einer 25-er Gruppe sechs Reisen und stellte sie fünf Nachwuchsautoren und einer Nachwuchsautorin als Studienreise zur Verfügung.

IN BAKU POLIZEI, JUDEN IN SCHEKI
Geschichte am reich gedeckten Kaffeetisch

Ihr wisst noch gar nichts von meinem Urlaub? Ich war in der Sowjetunion. Wirklich. Nicht bloß Moskau, auch Baku und Tbilissi. Und Schemacha und Scheki. Sagt Euch nichts? Kosten tut so eine Reise schon was, aber dafür waren wir fast so edel untergebracht wie die Westdeutschen. Manchmal saßen wir mit denen in einem Speiseraum; die bekamen auch nichts anderes serviert als wir. Immer vom Feinsten gedeckt, immer Kristallgläser, jeden Abend Wein, grusinischen.

Ich hatte mit Karla ein Zimmer. Mein Mann konnte ja nicht mit, ihr wisst, diese Sache im Betrieb. Aber lässt man so einen Platz verfallen? Wir hatten noch genug Zeit, dass wir das auf Karla umschreiben lassen konnten, die Genehmigungen. War gut, dass Karla mal rauskam, nach ihrer doofen Scheidungssache.

In unserer Reisegruppe waren sechs Schriftsteller dabei, irgendwelche jungen. Nee, Ihr kennt die nicht. Die haben die Reise geschenkt gekriegt. Muss man sich mal vorstellen! Denen wird Zucker in den Hintern geblasen. Hört mir auf mit Künstlern! Ich hab sie kennengelernt! Die haben sich aber so was von der Gruppe abgesetzt! Dauernd und immer nur Extrawürste.

Nee, Ihr kennt die nicht. Ich hab noch von keinem was gelesen, Strittmatter war nicht dabei, das hätte ich mir gemerkt. Nee, Christa Wolf auch nicht.

Die Frau hieß aber Christa, nee Christine. Christine hieß sie. Eine Frau und fünf Männer. Ihr könnt Euch nicht vorstellen, was da los war! Einmal kamen sie mitten in der Nacht, ich war nur mal Luft schnappen, zu dritt aus einem Zimmer. Aus einem Zweibettzimmer! Diese Christine hatte wahrscheinlich sogar Einzelzimmer. Na, die wird das ausgenutzt haben. Deren Mann ist auch Künstler oder Professor. Angeblich ist der berühmt. War aber nicht mit.

Von den fünf Männern hätten sie mir jeden auf den Bauch binden können. Jeden! Viel zu jung. Nee, ich wollte nun wirklich nichts. Von keinem. Ich doch nicht, Karla, ja, das ist was anderes. Ich sag nichts. Die anderen in der Gruppe waren alles Pärchen. Bloß ein Einzelner, so ein Ausgrabungsforscher; redete dauernd über Buchara, wo er schon mal war. Karla hat mit dem dann in Moskau, nee, wenn sie euch das nicht selber erzählt. Ich sag dazu nichts.

Aber die Schriftsteller fielen immer auf. Dauernd Extrawürste. In Baku waren sie beim Schriftstellerverband und wurden dann offiziell eingeladen. Man wollte extra einen Hammel schlachten, aber das wollen die dort dauernd. Die schreiben ja nicht Russisch, aber sie konnten sich Russisch unterhalten.

Ich hab beim Frühstück am nächsten Morgen mitgekriegt, was

wirklich los war. Müssen fürchterlich gesoffen haben. Die Schriftsteller feierten eine Wodkaorgie nach der anderen. Und die Frau, diese Christine, immer mit. Ich weiß nicht, was sich so eine Frau dabei denkt.

Jedenfalls müssen die bis tief in die Nacht bei dem Aserbaidschaner gewesen sein, irgendwo in der Altstadt. Baku hat in der Altstadt eine Moschee neben der anderen. Die blaue Moschee. Die grüne Moschee. Und dann noch eine dritte. Kommt man übrigens nur mit ohne Schuhe rein. Dort sind sie versackt und bei uns im Hotel gab's Ärger. Weil die nachts nicht da waren. Das kriegen die im Hotel doch mit! Wird alles streng sowjetisch kontrolliert. Es wurde die Polizei alarmiert, da in Baku. Ich hab's erst am andern Tag brühwarm erfahren. Die Christine hat das ganz naiv ausgeplaudert. Mann, war die naiv! Weil nämlich der, bei dem sie eingeladen waren – das war der Polizeichef! Bei dem kam der Alarm an! Der hat die dann ins Hotel fahren lassen. Wurde alles vertuscht. Wir hätten uns das mal erlauben sollen! Aber das ist eben Asien dort.

Noch schlimmer war's in Scheki. Das ist eine Stadt am Fluss. Man sieht den Kaukasus, ein bisschen wie Thüringen, müsst Ihr euch vorstellen. Also die Berge im unteren Bereich, wir sind ja nicht bis hoch gekommen. Das gehörte nicht zum Programm. Die Schriftsteller haben sich nie ums Programm geschert.

In Scheki haben die eine Familie kennengelernt. Ich meine, ich hätte mich da nie aufgedrängt, das gehört sich doch im fremden Land nicht. Da wahrt man doch Zurückhaltung. Ich hab's erst bei der Abfahrt mitgekriegt, wir hatten da auch wieder in einem Hotel übernachtet. Waren übrigens immer Balkons vor den Fenstern, die aber nie jemand genutzt hat. Bloß wir Deutschen.

Die Christine war mit einem von den Männern dort, bei der Familie. Waren einfach einen ganzen Tag weg, obwohl Betriebsbesichtigung für alle angesetzt war. Ich weiß ja nicht, was die da gemacht haben, bei denen. Die Christine mit dem einen ihrer Typen da. Aber die ganze Familie kam dann zu unserer Abfahrt. Wir waren ja mit einem Reisebus unterwegs. Brachten Geschenke mit. Dabei waren das keine Russen, sondern Juden. Oder Armenier. Jedenfalls gehörten die eigentlich nicht nach Scheki. Und deshalb haben sie angegeben und geschnattert wie in der Judenschule. Sprachen sogar bissel Deutsch oder so eine Art Jiddisch. Der ganze Ort sollte sehen, dass sie echte Deutsche kannten. Obwohl das Juden waren. Oder Armenier.

Die kann man übrigens nicht unterscheiden, die sehen alle nur südlich aus. Mit bunten Käppis und die Frauen mit Tüchern. Aber untereinander sind sie sich überhaupt nicht grün.

Das ist eine andere Art von Menschen. Für mich sind das alles Russen, also Sowjetbürger. Aber sie tun, als seien sie völlig verschieden. Ob da einer Polizeichef ist oder Jude, ich finde, das ist Asien. Karla schien das übrigens gar nicht zu interessieren, aber das soll sie Euch mal schön selber erzählen. Ich habe nur gesehen, was ich gesehen habe. Drei in einem Hotelzimmer und die Juden mit ihren Geschenken. Und Karla mit dem Ägyptologen oder was der war. Und Schriftsteller, die glauben, sich alles herausnehmen zu können. Da müsste unser Staat viel härter durchgreifen. Man macht sich so seine Gedanken nach einer Reise.

1983

Mein letztes Jahr als Dramaturg am Kabarett „Fettnäppchen“. Ich hatte in meiner Geraer Zeit etwa ein Dutzend Programme betreut, die Hälfte wurde aufgeführt. Das lag nicht nur an der Zensur, son-

dern auch daran, dass Autoren nicht lieferten oder wir umdisponieren mussten, weil das Kabarett anderweitig gebraucht wurde, so bei einer großen Arbeiterfestspiel-Estrade. Der Brecht-Schüler Helmut Baierl sollte diese schreiben und nutzte mich als Zu-Arbeiter. Er lud mich in die Berliner „Akademie der Künste" ein, dort servierten dienstbare Geister Kaffee und Kognak.

Ich glaube, es blieben ein paar Sätze für das Kabarett übrig – meine Zu-Arbeit wurde fürstlich bezahlt.

Ich galt als halbe Planstelle. Zwei, höchstens drei Mal in der Woche fuhr ich morgens zwei Stunden mit dem Zug nach Gera und nachmittags wieder zurück. Sehr selten hatte ich Abenddienst.

Mein ungeplantes Abschiedsprogramm hieß „Wir Clown Uns Nix". Ich bearbeitete dafür Clownsnummern, nutzte auch ein Lied von Stephan Krawczyk, der später in Ungnade fiel und in den Westen abgeschoben wurde. In einer der Nummern schoss ein Clown mit der Armbrust auf ein weißes Blatt. Danach malte er um seinen Pfeil die Schießscheibe, traf also immer ins Zentrum. Die Conference dazu: Genau so würde in den Betrieben der Plan erfüllt; übliches DDR-Kabarett-Gemurmel.

Der Regisseur Harald Engelmann von der Berliner Volksbühne ließ sich einfallen, die Armbrust wie ein DDR-Emblem zu gestalten. Im Ährenkranz lag das Schießgerät. Mit dem Armbrust-Zirkel wurde der Hammer-Pfeil aufs Blatt geschossen.

Das Streichquartett, auch Viererbande genannt, nickte das Programm ab. Umjubelte Premiere. Nach einer Woche wurde das Ensemble – ohne Regisseur, ohne Dramaturg resp. Autor – zu einer Vormittagsvorstellung geladen. Im Raum treue Bürger. Kein Lacher. Wachsame hatten gemeldet, die Freundschaft zur Sowjetunion sei torpediert worden. Es sei AUF das DDR-Emblem geschossen worden. Es war zwar MIT dem Emblem geschossen worden, doch Fein-

heiten interessierten nicht. Das Kabarett setzte schuldbewusst das Programm ab, denn Verbote gab es nicht.

Ich hatte durch Buchhonorare, „Weltbühne" und „Eulenspiegel" ein ausreichendes Nebeneinkommen und konnte mich ins Freiberufliche flüchten. Die – geheime – Anweisung ans „Fettnäppchen" hieß: Biskupek wird zunächst weiter für Nummern bezahlt, aber nicht mehr aufgeführt.

Eine meine Dramaturgen-Aufgaben war bis dahin, „unsere Autoren", also Ingenieure, Lehrer, Mathematiker, die nebenbei Kabarettexte schrieben, zu betreuen. Dazu luden wir auch bekannte Autoren ein, zum Coachen, würde man heute sagen.

Einer dieser Autoren war Peter Ensikat.

Als er 2013 starb, schrieb ich für den PEN-Club den Nachruf.

NEKROLOG FÜR PETER ENSIKAT
Gehalten am 3. Mai 2013 in Marburg

Peter Ensikat stammte aus Finsterwalde und war ein heller Kopf. Mit achtzehn Schauspielstudent in Leipzig, schrieb er für das dortige Studentenkabarett „Rat der Spötter"; im Unterschied zu seinen Kommilitonen kam er 1961 nicht in den Knast, denn er lag zu der Zeit im Krankenhaus. In Dresden und später in Berlin spielte er Kindertheater, also Theater für Kinder – schrieb sich und seinen Kollegen passende Stücke. Die Stücke passten so gut, dass er zeitweise der meistgespielte Dramatiker der DDR war. Bekannt aber wurde er als Kabarettautor.

Im Zeitalter der Vergleiche könnte man Dieter Hildebrandt den Peter Ensikat des Westens nennen – was nur bedingt stimmt. Ensikat war, jahrzehntelang gemeinsam mit Freund und Kollegen

Wolfgang Schaller, immer zuerst Autor. Wie er es schaffte, alles kurz und klein und auf Pointe zu schreiben, erklärte er uns Ende der Siebziger im Kabarett „Fettnäppchen" so: „Ich schreibe erst alles auf, was ich weiß. Und dann streiche ich. Und streiche und streiche. Und irgendwann genügt es mir – allerdings nicht immer den spielenden Kollegen."

Ensikat hatte auf der Oberschule Französisch gelernt; Finsterwalde muss wahrlich ein lichter Fleck im DDR-Russisch-Englisch-Einerlei gewesen sein. Und weil er während der Weltfestspiele 1973 eine belgische Theatertruppe kennenlernte, genügte diese Kombination, dass er in Belgien und später in weiteren Ausländern Theater inszenieren durfte. Man höre seinem Französisch an, meinte er, dass er es in belgischen Kneipen vervollkommnet haben musste.

Die DDR-Kulturbürokratie versuchte, Ensikat zu mögen, was an solchen Delegierungen und sogar einem Nationalpreis 1988 kenntlich wird. Ensikat hingegen versuchte, seine Abneigung gegen ideologische Rechthaber mit friedfertigem Witz zu über- oder unterspielen. Sieben Jahre lang war Pit, wie ihn Freunde nannten, auch Direktor des Kabaretts „Die Distel". Seine Bücher aus den vergangenen zwei Jahrzehnten haben Titel, die erklären:

Ab jetzt geb' ich nichts mehr zu.

Wenn wir den Krieg verloren hätten.

Hat es die DDR überhaupt gegeben?

Was ich noch vergessen wollte.

Ihr könnt ja nichts dafür! Ein Ostdeutscher verzeiht den Wessis.

Das Schönste am Gedächtnis sind die Lücken.

Vor sechs Tagen wäre Pit 72 Jahre alt geworden. Am Jahrestag der Revolution von 1848, dem 18. März 2013, ist er in Berlin gestorben.

1984

Das Buch von George Orwell gleichen Namens hatte ich schon in
den Siebzigern gelesen, bei einem Freund, über Nacht, damals oft üblich. Atomwaffen wurden stationiert. Proteste dagegen gab's hie und
da, öffentlich und heimlich. Meine neuen Geschichten für den Eulenspiegel Verlag lagen und lagen, aber meine Kurztext-Manufaktur
gedieh: Für „ndl" und „temperamente", deren Redaktion immer mal
ausgewechselt wurde. Für das Jugendmagazin „neues leben" schrieb
ich bebilderte Liebesgeschichten. Die Eulenspiegel-Literatur-Kolum-
ne „Literatouristik" wuchs nun allein auf meinem Mist. Diese Zeitschrift war damals nicht verwandt mit dem Verlag gleichen Namens,
nur verschwägert, denn alles unterlag – im Wortsinne – dem Großen
Kulturkenner „Die Partei".

Was mochten die Genossen gedacht haben, als die „Weltbühne"
Nr. 41 vom 9. Oktober 1984 schnurstracks ausverkauft war? Es muss-
te ein Sonderdruck angefertigt werden. Das lag an mir, genauer: an
„Gustav im Misthaus".

Im Sommer hatten wir das Iser-Gebirge erwandert und waren per Zufall im Domizil von Gustav Ginzel (1932–2008) gelandet. Ich schrieb
über diesen tschechischen Deutschen mit dem böhmischen Humor,
dessen Leitspruch lautete: „Auf jeden Krempel gehört ein Misthaus-
Stempel." Nun stachelte er Freunde an – es müssen Tausende gewesen
sein –, genau dieses Weltbühnenheft zu kaufen und ihm zu schicken.
Mit Misthaus-Stempel versehen, gab er die Hefte ab: für einen guten
Preis. Denn er hatte einst ja auch das Misthaus für 345 Kronen gekauft und ein Mehrfaches für den darin lagernden Mist bekommen …
In Berlin gab es hie oder da ein Bett, meine Übernachtungs-Abenteu-
er bildeten die Erlebnisgrundlage für den Roman „Der Bauchnabel
und andere schöne Mittelpunkte einer Reise zu zweit" im Mitteldeut-

schen Verlag, ursprünglich als DEFA-Treatment geschrieben, das nicht zum Film gedieh.

Studentenklubs und Kulturhäuser veranstalteten Lesungen. Man bekam dafür um die hundert Mark; 20 Prozent Steuer wurden einbehalten; leicht verdientes Geld. Für mich. Kollegen quälten sich oft unter der Leselampe, aber ich galt als „Eulenspiegel-Autor", ein Prädikat, das Zuschauer zog.

Es gab damals die „Bezirkskulturakademie" in der Ludwigsburg zu Rudolstadt, ein Barockschloss mit Übernachtungsmöglichkeiten und einem Bierkeller. Hier trafen sich diverse Amateurzirkel, junge Autoren, aber auch das Dutzend echter Verbandsschriftsteller und die Profis unter den bildenden Künstlern. Von letzteren wurde ich zu einer Lesung eingeladen. Ich war heiter, ich war Kabarett, ich war sanft staatsverdrossen; die Mischung gefiel und seither hatte und habe ich ein gutes Verhältnis zu vielen bildenden Künstlern Thüringens. Die machten nämlich auch sanft staatsverdrossene Ausstellungen, nannten sie „Humor aus der Schublade".

Mit dem Museologen Jens Henkel von der Heidecksburg pflegte ich engere Beziehungen, das sollte später zu sehr vielen bibliophilen Büchern führen. Wir waren ein kunstinteressierter Freundeskreis, unsere Kinder hatten das Pech, in Ausstellungen mitgeschleppt zu werden und das „Man müsste mal" ihrer Eltern anzuhören. Die DDR war neben ihren slawischen Nachbarn Weltmeister in Man-müsste-mal-Gesprächen.

DAS FERIENKIND

Es hatte große, kluge Augen und die jugendlichen Eltern wollten für drei Tage ins Goldene Prag. Drum hatte sich ein befreundetes Pärchen, noch im Stadium der Liebe, zur Aufsicht bereiterklärt.

Dieter und Doreen bestiegen mit dem Ferienkind die Regionalbahn, die zur Zeit unserer Geschichte Personenzug hieß, und fuhren hinauf in ein grenznahes Waldgebirg. In einem dort versteckten Ort, wo der Bach von einer Furt gequert wurde, also in Furthsbach, hauste Tante Lene, die Dieter ihr Häuschen mit Garten und Wald dereinst vererben wollte. Wenn aus dem Liebespaar mal ein amtliches Paar geworden sein sollte.

Im Zug begann das Ferienkind, Doreen zu examinieren: Hältst Du Deinen Körper immer sauber und gesund? Doreen zischelte. Das Ferienkind zog aus seinem Campingbeutel, wie Kinderrucksäcke hießen, ein rotes Tüchlein und sprach: „Ich ja! Und weil ich die Pioniergesetze achte, darf ich stolz mein rotes Halstuch tragen."

Das Kind schnürte das Tuch mit einem Knoten fest um den Hals. Doreen blickte verstohlen auf die anderen Fahrgäste im Waggon. Die dösten.

„Wir achten auch unsere Lehrer und Eltern", erklärte das Kind. „Das ist aber nicht überall so. Wenn wir ‚Alltag im Westen' und ‚Der Schwarze Kanal' im Fernsehen angucken, erfahren wir, wie schlimm es anderswo ist."

Die Fahrgäste waren jetzt mucksmäuschenstill. Dieter vermeinte, dass ihn sein Hemd kratze. Er nahm den Campingbeutel des Ferienkindes und suchte darinnen: Hast Du nicht Deinen Teddy mit? Mit dem können wir spielen.

„Teddy Thälmann", sagte das Kind, „ist unser großes Vorbild."

Die Fahrgäste warfen jetzt sehr eigenartige Blicke auf Dieter und dann auf Doreen. Zum Glück erschienen in diesem Moment zwei Uniformierte, die, weil der Personenzug grenznahes Gebiet durchfuhr, ein wachsames Auge auf die Fahrgäste haben mussten.

Es war doch kein Glück, dass die Uniformierten gerade jetzt erschienen, denn das Ferienkind sprach: „Auf Friedenswacht für ein besseres Deutschland!"

Der Zug hielt soeben, zwei Stationen vor Furthsbach. Die Uniformierten begehrten die Ausweise von Dieter und Doreen zu sehen. Dann baten sie beide nebst dem Ferienkind auf den Bahnsteig. Ein Sachverhalt wurde geklärt. Nach mehreren Stunden hatte alles seine Richtigkeit. Tante Lene war den Organen bekannt.

Tante Lene in Furthsbach war nicht bekannt, dass die Zukünftige ihres Neffen Dieter schon ein Kind hatte. Wo war nur die Moral hingeraten!

„Tante Lene", sagte Dieter, „das ist doch nicht das Kind von Doreen, sondern von unseren Freunden. Die sind für drei Tage im Goldenen Prag."

„Sie halten Freundschaft mit dem tschechisch-sowjetischen Brudervolk", erklärte das Ferienkind. Tante Lene zuckte schmerzlich.

„Die Tschechen", hub Tante Lene an und fuhr, direkt zu Dieter gewandt, fort: „Die Tschechen haben deinen Onkel damals bei Nacht und Nebel rausgejagt! Nischte durfter mitnehmen, bloß weil er Deutscher war."

„Die deutschen Faschisten", sagte das Ferienkind, „überfielen fremde Länder, aber die deutschen und sowjetischen Kommunisten haben ihnen alles wieder abgenommen, so dass wir in Frieden lernen dürfen."

Tante Lene knallte etwas heftiger als beabsichtigt die eigens für den Besuch zubereiteten böhmischen Buttermilchkolatschen auf den Tisch. Das Kind verschmähte dieselben, denn was der Bauer nicht kennt, das isst er nicht, obwohl das Ferienkind ein Arbeiter-und-Angestellten-Kind war.

Die drei Tage vergingen leider nicht wie im Fluge und als das Ferienkind beim Verabschieden zu Tante Lene sprach: „Du gehörst noch nicht zu den fortschrittlichen Teilen des Volkes. Weil Du privates Land hast …", war ohnehin alles zu spät. Tante Lene überschrieb noch vor ihrem Tod alle Grundstücke der, wie sie sagte, Kolchose. Weil sonst ja alles doch nur verlottern würde.

Und als Dieter viele Jahre später auf Rückgabe klagte, war es ein Glück, dass das Ferienkind zum promovierten Juristenmenschen geworden war.

So wendete sich alles zum Guten. Weil das Ferienkind nunmehr längst wusste, dass man sein Eigentum sauber und gesund halten musste.

1985

Im städtischen Wehrkreiskommando fiel ein Regal um; mühsam wurden die Karteikarten wieder eingeordnet. So kam meine an oberste Stelle; anders ist kaum zu erklären, dass man mich alten, freiberuflichen Knochen für würdig befand, drei Monate lang Reservistenwehrdienst zu leisten. Ich kannte lediglich jene vier Wochen Studentenausbildung, als man uns täglich bloß zwei Flaschen Bier gestattete.

Resis, wie Uraltsoldaten hießen, bekamen ihr Gehalt weitergezahlt. Mir als Freiberufler beließ man eine Monatspauschale von 400 Mark. Bezahlte Recherche, dachte ich, und rückte im Spätsommer in die Bad Salzunger Kaserne ein.

Auf diese Recherche hätte ich verzichten sollen, auch wenn ich privilegiert war, gelegentlich ganze Kompanien mit Lesungen zu unterhalten hatte; die Offiziere lasen während ihrer Dienstzeit den „Eulenspiegel". Zwei Wochen wurde ich in die Offiziershochschule Suhl abkommandiert, um künftige weibliche Grenzoffiziere zu interviewen. Das Resultat war eine weitere Eintragung in die geheimsten Papiere der Republik. Immerhin fand ich Material für „Einsatz wider Alkoholgegner". Gedruckt 1996 im Roman „Der Quotensachse".

Vor der Armeezeit aber lag im Frühjahr ein ganzes Land, ein Staat,
eine Sowjetrepublik: Estland. Die Cheflektorin des Tribüne-Verlages
hatte auf einer Zusammenkunft von Autoren Studienreisen in eine
Sowjetrepublik eigener Wahl angeboten.
Estland schien mir ein überschaubares Territorium, so flog ich im
Mai über Moskau nach Tallinn, wohnte Wochen im Hotel „Olüm-
pia", lernte etwas estnisch und eine eigene Welt kennen. Die anders
war, als jene Sowjet-Welt, die ich einst gleich nebenan, in der Region
Pskow erlebt hatte.

KONTAKTSUCHE MIT GALJA

Wisst Ihr denn überhaupt, woher all meine handwerklich-po-
lytechnischen Fähigkeiten – von den männlichen bis menschlichen
will ich gar nicht reden – kommen? Wisst ihr nicht! Warum bin
ich denn heute für eine jede Arbeit, vom Aufsichtsratschef bis zur
ABM-Kraft, geeignet? Weil ich eine harte Schule hinter mir habe.

Ich muss deutlich werden und von Pskow erzählen.

Pskow, wisst ihr, nee, wisst ihr ja nicht mehr, war einst die
sowjetische Partnerstadt meines stolzen Heimatortes. In Pskow
hinter dem Peipussee gab es goldne Zwiebeltürme und auf dem
großen Bjelorussischen Bahnhof – oder war es der Baltische? –
liefen Freundschaftszüge ständig ein und aus. Mit einem solchen
Freundschaftszug gelangte auch ich nach Pskow. Und warum?

Ich hatte freiwillig an einem Sonnabendvormittag beim Ju-
gendobjekt der Fräser und Bohrer – „Tausend Späne für die
Freundschaft" mitgetan. Ein Zeitungsmensch hatte mich dabei
fotografiert; so war ich in die Presse gelangt, kam dadurch in den
betrieblichen Kaderspiegel und landete schließlich auf der Liste für
die Auszeichnung mit einer Freundschaftszugreise. Ein Zug voller

deutscher Werktätiger auf dem Schienenwege ins Freundesland. An der Grenze bekamen wir eine breitere Spur unten dranmontiert und beobachteten aufmerksam, mit wie wenigen Schraubenschlüsseldrehungen die Sowjetfreunde ihre Arbeitsstunden verbringen konnten.

Kleine Geschenke erhalten die Freundschaft. Wir hatten viele und auch gewichtige solche mit: metallne Briefbeschwerer aus der Konsumgüterproduktion, gehäkelte Eierwärmer, gebatikte Brudertücher, ein Freundschaftsbanner aus schwerem Brokat und viele Flaschen des guten Adlershofer Wodkas.

Im Zug waren wir pro Abteilseite zu dritt übereinandergestapelt. Der im obersten Bett trat auf den Körper des Mittelbettinhabers, der schrie und quetschte beim Absteigen dem untersten die Gliedmaßen. Wir erstellten einen Bettbesteigungsplan, was ich kürzlich in meiner ABM-Bewerbung als Management-Training anführen konnte. Weil die Heizung im Zug kraftvoll arbeitete, mussten wir uns ständig im Speisewagen abkühlen. Da es dort keine Speisen gab, konsumierten wir unsere Wodka-Freundschaftsflaschen während der Fahrt. Seither bin ich auch für Empfänge von Wirtschaftsbossen besser vorbereitet, als *verpimpelte* Honorardoktoren von heute.

Zum organisierten Freundschaftsfest mit den Werktätigen von Pskowmaschpriborintorg wurden wir zum Singen deutscher Volkslieder aufgefordert. Wir brachten „Jugend aller Nationen", „Ich bin ein Musikante und komm aus Schwabenland", „In einem Polenstädtchen", „Wenn Mutti früh zur Arbeit geht" und das Vereinslied unserer Fußballmannschaft „Aber die Einheit, die Einheit, wird nie untergehn" zu Gehör. Wir öffneten dabei weit unsere Münder. Die Sowjetbürger waren sehr beeindruckt und die anwesende Freundschaftsstudentin Galja sprach zu mir in klarem Deutsch „Sie besietzen ein särr schäänes Zääpfchen". Was Sie damit gemeint haben konnte, versuchte ich später zu ergründen, als wir freundschaftlich verbunden am Fluss spazierten. „Promenade der Geliebten", sagte Galja, wies auf die Allee, die Mücken und den über allem schwebenden Machorkaduft und lud mich ein, ihr Wohnheimzimmer zu besichtigen. Sie war Studentin der deutschen Sprache und der sowjetischen Geschichte. Ihre Mitstudentinnen begrüßten mich mit russischen Dankesworten und verließen das Zimmer. Da es dunkel geworden war, versuchten wir Licht zu machen, was durch Zusammenbringen zweier loser Drähte in einer Steckdose erfolgen sollte, aber uns zunächst versagt blieb. „Remont nada", sagte Galja und ich wusste es für mich mit: „Na da wolln wir mal" zu übersetzen. Als ich die Drähte zur Verknüpfung bringen wollte, gab es einen Leuchtbogen und wir standen wiederum im Dunklen. Galja sprach von „rjamantitschnij" und war sehr nah bei mir. Das russische Parfüm, müsst Ihr wissen, ist von großer Erstaunlichkeit. Ich kann auch heute, sagen wir mal in Berlin, sofort feststellen, dass es keine Türkin war, die da eben an mir vorbeischwebte.

Ich zog damals verstohlen meinen Spezialschraubenzieher, den ich immer am Mann habe. Nach zahlreichen Drehschraubversuchen im Dunklen begann Galja, mich tatkräftig zu unterstützen. Wir schlossen im Laufe des Abends den Kontakt und bald konnten auch die Mitstudentinnen wiederum im hellen Licht der Elektrifickenkazija, wie Galja meinte, ihre Studien treiben. Ich brachte Galja den Satz „Für deutschen Inschenör ist nischte zu schwör" bei, welchen sie in ihr Vokabelheft schrieb. Sie machte mich mit weiteren Errungenschaften der emanzipierten Sowjetbürgerinnen vertraut, zum Beispiel dem Verspeisen großer roher Zwiebeln zum Wodka, den ich aus unseren Beständen gerettet hatte. Die Heizung im Wohnheim wurde wie in unserem Zug durch Öffnen und Schließen der Fenster geregelt. Auch die Klappbetten waren sinnreich erdacht. Wo sie mal verklemmten, half mein Spezialschraubenzieher.

Ich sag immer: Das richtige Werkzeug bringt eine jede Gesellschaft zur Ordnung. So standen bald auch die Mitstudentinnen mit mir auf sehr vertrautem Fuße und ich hätte im Wohnheim eine feste Planstelle als Haushandwerker bekommen können. Mein Freundschaftszug aber stand längst zur Abfahrt bereit auf dem Bahnsteig des Baltischen Bahnhofs zu Pskow. Oder war's der Bjelorussische? Bahnsteig heißt dort übrigens manchmal Perron und manchmal Plattfórm.

All dies lernte ich während meiner Freundschaftszugreise, für die ich wegen unangemeldeter Entfernung übrigens einen Verweis in die Kaderakte bekam. Ich erklärte zwar meine Kontakte, wie auch die defekten innerhalb der Steckdosen des befreundeten Freundschaftswohnheims, freimütig, doch es wurde über mich eine Freundschaftszugreisesperre beschlossen. Galja schrieb noch drei blasse Ansichtskarten, auf denen jedes Mal die goldenen Zwiebeltürme von Pskow abgebildet waren. In Galjas russischen Texten konnte ich auf allen drei Karten das Wort „Elektrifickenkazia" entziffern, meine Frau aber auch, weshalb unser Freundschaftsbriefwechsel leider einschlief.

1986

Mehrmals hatte ich Einladungen zu Lesungen ins westliche, deutsch- und österreichsprachige Ausland bekommen, die ich brav an den Verband weiterleitete, in dem ich nach Erscheinen meines zweiten Erzählungsbandes richtiges Mitglied war. Man bedauerte: dieser Gefahr konnte man mich noch nicht aussetzen.

Immerhin wurde mein beim Mitteldeutschen Verlag geplanter Roman „Der Bauchnabel" in der „Thüringischen Landeszeitung" vorabgedruckt. Die für mich zuständige Bezirkszeitung „Volkswacht" hingegen sah mich als genauso gefährlich an, wie es jene Genossen mit den Klappkarten taten, die zunächst ein OAM, ein operatives Ausgangsmaterial anlegten und später die Operative Personenkontrolle „Touristik" eröffneten. Meine Bekanntschaft mit estnischen Intellektuellen und westlichen Studenten der Finno-Ugristik, häufige Berlin-Aufenthalte oder Einladungen nach Bulgarien waren Beweis, dass ich eine internationale Drehscheibe war.

Irgendwann wurde ich dies wirklich. Der Theaterverlag hatte mir das Projekt „Bildbiografie Karl Valentin" angeboten. Dazu musste ich recherchieren. In München und in Köln, wo Valentins Nachlass im Theatermuseum lagerte. Ich beantragte, beantragte und ließ beantragen.

Eines schönen Tages hatte ich einen Pass. Ich stieg in Saalfeld in den Interzonenzug. Mit 40 DM in der Reisetasche, so viel war gestattet. Zuvor musste ich schriftlich erklären, dass ich im Westen Geld hätte, also keine Devisen von Verband oder Verlag brauche.

Solche Lügen wurden gern genommen. Ich kannte zunächst lediglich meine oberschlesische Tante Liesl, jetzt Niederbayern, und diverse Münchner Adressen. Ich schlief in Schwabing im Bett einer jungen Dame, die ich erst später kennenlernte. Vor der Tür lag täglich die „Süddeutsche Zeitung". Der Bayerische Rundfunk kaufte mir gegen bar meine rechtswidrig eingeführten Geschichten ab; ich kam per Mitfahrgelegenheiten in die Alpen, ins Rheinland und in den Taunus zur Cousine. Denn es war eine Zeit angebrochen, die den Zaun ums Land löchrig machte.

MEIN SELBST-VERTRAUEN

Das müssen Sie verstehen.

Die Sache liegt jetzt klar hinter mir, der Vorgang ist abgeschlossen; ein schmaler Blick zurück, doch zwei breite nach vorn: Das ist die Losung des Umdenkens einer neuen Zeit.

Es hat damit angefangen, dass ich einen Onkel habe. Ich hatte ihn tief in meinen Kaderakten versteckt, doch irgendwann ist er mir wieder aufgestoßen.

Kennen Sie das, wenn es in der Kantine Buletten mit Zwiebeln gab? Und plötzlich, vor dem Nachmittagskaffee, schmeckt man Zwiebeln? So eine Zwiebel, ungefähr, ist mein Onkel. Schickt mir da einfach den subversanten Wisch. Mit Stempel.

Unglücklich verquickt damit war der Umstand, dass wir eine permanente Arbeitskräftesituation haben. Im Rat der Stadt fehlen die kompetenten Mitarbeiter wie die Nadeln im Heuhaufen. Ich bin so eine Nadel, deshalb wächst mir auch die Arbeit über den Kopf, dass einem das Wasser bis zum Hals steht. Ich bin doch beim Referat Abwässer und Verschmutzungsstrafgelder. Sie können sich vielleicht vorstellen, was meine Tätigkeit mir und meinen Vorgesetzten bedeutet. Reiner Schmutz, sag ich.

An anderen Stellen fehlen die Leute ähnlich. Wir vom Rat könnten Lieder davon singen. Stichwort: Der Sektorenleiter für das Kreissängertreffen hat nun auch einen Aufhebungsvertrag gemacht. Beim Kulturkombinat wär er noch dringlicher am Platze. Ungefähr so geht das. Jetzt bearbeitet meine Sekretärin die Chöre; die Kollegen vom Finanzamt sollen nebenbei alle Abwässerfragen in die Wege leiten und ich bin ständig Z. b. V. Zur besonderen Verwendung heißt das zwar, aber wir nennen uns Ziemlich blöde Vollidioten.

Entschuldigung, das Amtsdeutsch läuft einem manchmal so über die Zunge. Arbeit in Hülle und Fülle und keine Leute bei der Stange. Es ist eines der sieben Republikswunder, dass unser Rat überhaupt noch rundläuft. Abraten und Teetrinken, so heißt unser Kampf um Devisen.

Und nun stößt mir also noch mein Onkel auf. Es lag natürlich an der gegenwärtigen Situation. Man ist ja wirklich anders angesehen, wenn man schon mal dort war. Und nun wurde ganz plötzlich mein Onkel fünfundsiebzig. Im Oktober. In München.

Ein Ausreiseantrag ist ja nichts Schlimmes, sondern was Einmaliges. Für zehn Tage. Mit Wiedereinreise; ich habe mich da sachkundig gemacht.

Und mein Onkel hatte eine ganz echte Einladung geschickt. Von allein wäre er ja nie drauf gekommen, das nur nebenbei, aber nun musste ich natürlich, ob ich wollte oder nicht, die Sache in die Wege leiten. Das ist immerhin ein amtliches Schriftstück mit Stempel der Ratskollegen aus München. Man muss ja Kollegen sagen.

Und nun kommen der Hammer und die Sichel. Sense sozusagen. Ich mache Z. b. V. Und das heißt in der gegenwärtig schwierigen Kaderlage, dass ich die Genehmigungsverfahren für genehmigungspflichtige Sonderfälle unter mir habe.

Verstehen Sie jetzt?

Es ist kein schlechtes Gefühl, nein, das darf ich Ihnen verraten, wenn man so schwierige Entscheidungen treffen muss. Wir sind ja gehalten, verstehen Sie? Hin und wieder kann ich auch mal die Zustimmung verweigern. Begründete Bedenken. Außerdem machen ja nicht wir den letzten Stempel auf solchen Antrag, doch zuweilen muss schon ich mich konsequent zu einer Ablehnung der Befürwortung durchringen. Man hat seinen Ärger nicht nur mit den gezwiebelten Kantinenklopsen.

Die unglückliche Verquickung habe ich angedeutet. Mein Antrag mit dem amtlichen Onkelschreiben landete auf meinem Tisch. Ich habe die Sache nicht auf mich gezogen; das war ein klares Kompetenzproblem.

Ich versuchte, den Hauptreferenten mit meiner kitzligen Angelegenheit zu konfrontieren. Aber der erklärt mir bloß kaderpolitische Engpässe. Entlastung ist nicht drin, sagt er. Ich solle mich auf die vorhandenen Präzedenzfälle und meine vertrauensvolle Zusammenarbeit stützen.

Da sitzt man da und weiß nicht, wie man über sich informiert sein soll. Obwohl ich mir ja gewisse peinliche Nachfragen ersparen kann. Soll ich vielleicht meine Nachbarn über mich befragen?

Natürlich ahne ich von mir, dass ich bloß deshalb im Oktober nach München fahren will, weil da dieses traditionelle Fest abläuft. Der Onkel ist mir doch schnuppe. Der lebt doch, rein geistig, in einer fremden Welt. Mit dem verbindet mich doch nichts. Das ist doch ein Ewiggestriger. Ein für allemal haben wir Fragen der Geschichte beantwortet, gelöst und hinweggefegt. Unklare Antworten bekämpft man nämlich durch hinweggefegte Fragen.

An meinem Schreibtisch kommt man einfach auf richtige Gedanken. Ich stelle die Kollegenfrage, die man immer in Problemfällen stellen muss: Kann ich dem Antragsteller vertrauen?

Ich mein, ich kenn mich doch.

Man muss unsereinen verstehen. Nicht immer bloß Schreibtischhengste schimpfen, wenn wir den Wünschen der Bürger noch nicht voll und ganz entsprechen können. Unsereins hat Verantwortung. Wenn was passiert, fällt's auf uns zurück.

Und nun also mein diffiziler Fall. Ich will also von mir eine Stellungnahme darüber, ob ich ein vertrauenswürdiger Kader bin, einer, der in München weder mit der CSU fusioniert noch behördenmäßige Hochtechnologie etwa beim Oktoberfest ausplaudert oder eine fehlerhafte Worterklärung für Glasnost gibt, oder – oder, ob ich etwa einer bin, dem es dort vielleicht besser gefallen könnte, als er hier vorgibt, dass es ihm gefallen werde?

Das Schlimmste: Ich muss meine Stellungnahme über mich schriftlich abgeben. Und wenn die anfechtbar ist, fällt das auf mich zurück. Mit Schriftstücken kann man jeden festnageln.

Noch nicht mal vorgeben kann ich, dass ich es nicht gewusst hätte. Da heißt es immer entschuldigend, man könne in den Bürger ja nicht hineinsehen. Sonst kann man sich ja in jedem Menschen irren, und für eine bedauerliche Fehleinschätzung, eine bitter bereitete Enttäuschung, ist hier noch niemandem der Kopf abgerissen worden, aber in meinem ganz besonderen Fall?

Soll ich mir denn blind vertrauen? Doch wie kann ich besser meine Ergebenheit für alles Geforderte beweisen, als dass ich ohne Ansehen der Person entscheide?

Es fällt ja doch alles auf mich zurück. Da wird doch sofort gefragt werden: Wer bearbeitet denn die Genehmigungsverfahren für genehmigungspflichtige Sonderfälle?

Ich finde, man kann Demokratie auch zu weit treiben.

Gerade jetzt sollte man doch vorsichtig, Stück um Stück, aber nicht alles auf einmal. Da locht man doch die Akte an der falschen Stelle.

Weil ich für mich gebürgt habe, fällt das doppelt auf mich zurück. Und das krieg ich dann vierfach zu spüren. Und das dann achtkantig ...

Jawohl. Jawohl, also Nein.

Ich habe mich durchgerungen. Ich habe mich abgelehnt.

Da darf man einfach nicht inkonsequent sein. Da muss man seinem inneren Schweinehund mal auf die Zehen treten. Da muss man vorwärts- und nicht rückwärtsschreitend genehmigen.

Das müssen Sie, ich bitte Sie, das müssen Sie doch auch mal verstehen.

1987

Auch mit dieser Geschichte las ich mich durch die End-Achtziger. Ich gelangte damit in Eulenspiegel-Estraden mit Kollegen, Jazz und Dollerei. 1988 im „Palast der Republik" hörten sie fünfmal je 2700 Zuschauer. Gedruckt werden durfte sie erst 1990 im Band „Die Abenteuer der andern".

Mit Mathias Wedel, promovierter Satire-Sachverständiger, später Theaterhochschuldozent, Kabarettdirektor, 1994 kurzzeitig Bestsellerautor, dessen Karriere durch öffentlich gewordene Notizen geknickt wurde, später Chefredakteur beim „Eulenspiegel", bekam ich einen Schreibaufenthalt im Schriftstellerheim Petzow, damit wir den Doppel-Essay „Streitfall Satire" abschließen konnten. Er erschien 1988, wie auch meine Estland-Reportage „Blumenfrau und Filmminister", letztere immerhin mit einer Auflage von 45000 – jeder der wenigen Estland-Reisenden aus der DDR muss das schwarze Bändchen wohl mehrmals gekauft haben.

„Veröffentlichtes Ärgernis" hieß ein 1987 erschienenes Buch mit Zeichnungen von Rainer Schade. Ich schrieb über „Schwierigkeiten beim Liebedienern", den „Vordruck-Leitverlag", „Sozialistische Nymphen" und ein „Frühstück bei Updike", letzteres im Stil jener Kollegen, denen der Westpass eine Selbstverständlichkeit war.

Aber auch ich durfte zum Solothurner Literaturfestival fahren, bekam von einer Schweizer Stiftung real existierende Franken, Unterkunft mit freier Kühlschrank-Auswahl, Original-Hodler-Bild überm Bett sowie Freifahrten nach Genf und Zürich.

Als ich für die ariadne-Krimi-Anthologie „Immer Ärger mit den lieben Verwandten", erschienen 2009, meine Ost-West-Erfahrungen in eine Story einfließen lassen sollte, dachte ich gern zurück und mir etwas aus.

DER PASS DES VERGESSENS

Nach fast fünfundzwanzig Jahren sollte ich mit Vergebung rechnen können, wenigstens aber auf Verständnis hoffen dürfen. Meine Situation war damals schwierig. Ich will sie skizzieren:

Ich lebte als freischaffender Lyriker in Karl-Marx-Stadt. Ging denn das überhaupt?, mag mancher sogleich einwenden. Und vielleicht könnte er nach eingehendem Studium der Bücher, die über jene ferne Zeit heute zuhauf vorliegen, feststellen: Man konnte bestenfalls davon leben, wenn man Mitglied der Partei war, staatskonforme Gedichte schrieb und irgendwelche Auftragsarbeiten für den Stasi-Geheimdienst verfasste.

Im Prinzip ist das richtig. Das kann ich mit meinen heutigen Einsichten sagen. Aber es gab gewisse Nischen. Auch darüber ist inzwischen geschrieben worden. Ich hatte eine solche Nische für mich erkämpft. Ich schrieb konkrete Lyrik. Also Worte, die zugleich Zeichen bzw. Zeichen, die zugleich Worte sind; zeichenhafte Wortgebilde, die nicht wörtlich genommen werden durften. Den Satz: „Ich stürze ab" schrieb ich so, dass „Ich" oben stand und darunter ein Buchstabenturm aus „stürze ab". Meine existenzielle Situation war somit beschrieben, aber um der Zensur ein Schnippchen zu schlagen, setzte ich neben den Buchstabenturm aus „ich stürze" ein „nicht". Als Sprungmatte. Oder rettendes Wasser. Als weiches oder spritziges Ziel des sozialistischen Realismus. Man konnte verstehen, dass ich aufgefangen wurde. Und wovon wurde man in der DDR aufgefangen? Richtig. Vom Staat. Denn alles und jedes war „Der Staat". Ich hatte also ein dialektisch zu verstehendes Gebilde gefertigt, welches man schwer gegen mich verwenden konnte. Ich war durchaus staatstragend, auch wenn ich eine staatsferne Form, die konkrete Poesie, nutzte. Doch im Zuge der immer besseren Anerkennung des Honecker-Staates, gipfelnd im Besuch des Staatsratsvorsitzenden im Saarland und einem Staatsempfang beim Kanzler, wurden Lyriker wie ich, die zwar aus Karl-Marx-Stadt kamen, aber Weltpoesie in sich aufsogen und auf höherer, faktisch von mir nur vorgetäuschter sozialistisch-staatsbejahender Ebene wieder absonderten, gebraucht.

Ich stürzte auch deswegen finanziell nicht ab, weil wir freischaffenden Lyriker Übersetzungsaufträge erhielten: für bulgarische, mongolische oder dagestanische Poesie. Wir bekamen den Originaltext und eine Interlinearübersetzung geliefert und hatten lediglich nachzudichten. Das war leicht verdientes Geld. Außerdem gab es ein Netz von Kulturhäusern, in denen Dichterlesungen veranstaltet wurden. Das Honorar dafür war nicht hoch, aber wir ließen uns die Fahrtkosten jeweils mindestens zweimal wiedergeben; von unserer delegierenden Heimateinrichtung und vom Zielort, gelegentlich auch noch vom zentralen Schriftstellerverband bzw. von dessen Nachwuchsaktiv, von deren Literaturabteilung oder von einer anderen gesellschaftlichen literaturfördernden Einrichtung. Die Abrechnungsschlamperei im Staat half Nischenexistenzen.

Ich war auch Mitglied im Schriftstellerverband. Das gehörte dazu. Vom Verband erhielt man gelegentlich Stipendien oder kostenfreie Arbeitsaufenthalte. Bei gewünschten Studienreisen musste man dazugehören. Natürlich wünschte sich jeder Studienreisen, doch nicht jeder bekam sie.

Ich bekam eine Genehmigung. Zu einmaliger Aus- und Wiedereinreise. In ein Land des nichtsozialistischen Wirtschaftsgebiets.

Das Ganze hatte seine Vorgeschichte. Als konkreter Poet erhielt ich seit ein ein paar Jahren Einladungen zu Literaturfestivals im deutschsprachigen Ausland. Man wusste von mir, denn manches Literaturmagazin hatte schon – ohne Honorar, denn das hätte den devisenrechtlichen Bestimmungen widersprochen – etwas aus meinem Schaffen gedruckt. Ich stürzte inzwischen bereits bei „Schreibheft", „ChicSaal", „Foulder" oder „Dulzinea" ab – bzw. eben NICHTAB. Ich variierte auch zu ABNICHT oder zu CHINA TB, zu CT HINAB und TINBACH. Letzteres gab einem ganzen bibliophilen Sonderdruck den Namen: *Der verzinnte Bach – Lyrik aus den Karl-Marx-Städten der Welt.*

Kurz: Es kamen hin und wieder Einladungen. Solothurn. Rauris. Bozen. Schreyahn. Edenkoben. Bethanien ... Ich lieferte die Einladungen jedes Mal beim Verband ab und bekam jedes Mal keine Nachricht.

Doch 1987 war es so weit. Ich hatte mich lange wohlverhalten. Wieder lag eine Einladung da. Zum „Ersten Freien Breisgauer Literaturfestival". Ich lieferte ab, wartete nicht weiter – und wurde zur Literaturabteilung des Schriftstellerverbandes nach Berlin bestellt. Vielleicht wieder eine Reise zum dagestanischen Poesiefest?, dachte ich. Doch Carla, unsere Auslandreferentin (NSW) strahlte mich an: Deine Reise in den Breisgau ist genehmigt!

Dann nahm sie mich beiseite. Du bekommst einen Pass mit Dienstvisum. Das heißt, du kannst mit diesem Pass nicht in irgendein westdeutsches Amt gehen und dir Begrüßungsgeld holen, das sonst jedem DDR-Bürger, zum Beispiel bei Reisen in dringenden Familienangelegenheiten, zusteht. Du musst uns aber eidesstattlich versichern, dass du in der Bundesrepublik über Geldmittel verfügst. Denn wenn wir Devisen für deine Reise beantragen müssen, wird sie abgelehnt.

Ich verfüge aber nicht ... versuchte ich die Wahrheit, nichts als die Wahrheit zu sagen.

Das habe ich jetzt nicht gehört. Willst du fahren?

Aber ja doch.

Ich fuhr. Die Eisenbahnfahrkarte bezahlte ich am Reichsbahnschalter in Mark der DDR. Karl-Marx-Stadt – Plauen – Hof – Nürnberg – Karlsruhe – Offenburg – Freiburg; mit Rückfahrkarte und blauem Pass am Mann, der das Staatswappen der Deutschen Demokratischen – ich korrigiere: des Unrechtsstaats trug. Ein nagelneuer Pass mit nagelneuem Unrechts-Dienstvisum zur ein- – gestrichen mehr – maligen Ausreise in die BRD.

Bei jedem Umsteigen sog ich den frischen Lenorduft ein. Oder war es Peppermint? Raider hieß jetzt Twix und Schwingtüren schwangen allein für mich auf. In einer Breisgauer Villa, die zum Orgbüro des 1. FBL umfunktioniert worden war, erhielt ich die Adresse einer Mäzenin. Ich war beglückt, dass das Erste Freie Breisgauer Literaturfestival 1. FBL hieß, an mein zum Festival eingereichtes Gedicht erinnernd, in dem ich BGL umspielte, die Betriebsgewerkschaftsleitung, die natürlich das Berchtesgadener Landesautokennzeichen als heimliche Kennung trug.

Das Festival war privat organisiert. Für unsereins eine neue Erfahrung. Mit mir waren andere konkrete Lyriker aus Osteuropa eingeladen worden, die vor allem kyrillisch-haptisch arbeiteten, während die Dichter Westeuropas keltische und ozeanische Schlüssellaute nutzten und damals moderne Wortperformances aufführten.

Uns Osteuropäer – die DDR zählte man hinzu, denn im Breisgau wurden die damaligen Realitäten anerkannt – brachte man bei privaten Gönnern unter. Meine Mäzenin war adlig, vermögend, getrennt lebend verheiratet und sehr interessiert an den slawischen Nachbarn Deutschlands – zu denen sie mich, ebenfalls die Realitäten anerkennend, zählte. „Wie gefällt es Ihnen hier in Deutschland?", fragte sie, und ich sagte mein osteuropäisches Standard-Wertungswort: „Interessant".

Meine Gönnerin hatte Originalbilder von Günter Uecker und Georg Baselitz in ihrem Salon hängen. Bestürzende, spitzfindige

Bildgründe. Ich bekam ein eigenes Zimmer mit eigener Nasszelle und eigenem Bademantel, einen eigenen Kühlschrank, wohlgefüllt, und meine Mäzenin meinte, ich solle ruhig Kollegen einladen: schwach-, aber auch hochprozentige Getränke stünden zu meiner Verfügung. Ein großer metallblitzender Schrank diente zur Gänze der Kaffeezubereitung und lieferte Getränke, die zu meinem konkretpoetischen Wortschatz nie gehört hatten.

Ich schenkte der Gönnerin mein Buch *stutzgeburt* aus dem Mitteldeutschen Verlag. Erst stutzte sie, meinte dann anerkennend: Ich glaubte immer, das Wort „Mitteldeutschland" sei bei Ihnen im Oschdn verboten. Aber seit der Honecker im Saarland war, hat sich da wohl manches gelockert.

Gelockert hatten sich auch die politischen Sitten. Ich sprach mit konkreten Poetessas und Poeten aus dem nichtsoz. Wirtschaftssystem. Ich übersetzte für einen estnischen Dichter mit Hilfe von Englisch und Russisch. Und weil ich in mein Haus – also in die Villa meiner Gönnerin – auf Kaffee, Kühlschrankinhalt und Whisky einlud, kamen zwei polnische Lyrikerinnen und ein schottischer Klangpoet. Wir feierten unter Baselitz auf eine vielleicht doch verkehrte Weise. Meine Mäzenin war erstaunt, wie schnell und gut und fest wir Bekanntschaft geschlossen hatten, aber ihr großes Herz für das Slawentum verzieh alles.

Es waren wunderbare Tage.

Es waren aufrüttelnde, aber zerrüttende Tage.

Mein Signalsystem hatte offensichtlich neue Synapsen bekommen – in der Sprache meiner immer mehr ausgeblendeten Karl-Marx-Städter Heimat ausgedrückt: *Ich daad mir geen Gobb machen.*

Überall während des einwöchigen 1. FBL traf ich Menschen, die ich in der kurzen Zeit liebgewonnen hatte. Labsal meiner Leidenschaft. Ohngemein ordnungsfaktorische OrganisatorInnen.

Kroßartige KollegInnen. Hingebungsvoll härene Scharen. Klang-
bürger und Wortfetzenträgerinnen. Wunderschön Weintrunkene.
Der Rausch weicher Worte wie Whisky, vegan und wollüstern, in
Wausch und Wogen, wonnemondundsterne, wispernd und shtill
whiskernd, klänglich und anglish – mein Sicherheitssystem war
ausgeschaltet.

Der schottische Kollege, bürgerlich McPherson, als Dichters-
mann Dylan Delon, schloss mich in sein Herz. Ich hatte mit ihm
slawisch-schottische Nächte verbracht – genau genommen war unsere Bekanntschaft zunächst nur eine Nacht und zwei Frauen lang.
Die Zeit mit Krystina und Grazyna. Unter ZeugInnen – ich hatte
schnell die korrekte Juristensprache der freien Bundesrepublik gelernt – gab ich ihm meinen blauen Pass.

Er wollte ihn haben; er wollte ein Mal in seinem Leben DDR-
Bürger sein. Er hatte schon fast alle und fast alles gehabt.

Gewiss, das war der Fehler, doch meine Synapsen schalteten
einfach falsch.

Gewiss, er hat mir eine größere, eine erstaunlich große Zahl
von Scheinen gegeben.

Gewiss, die damalige Situation machte alles sehr leicht. Ich bekam nämlich sofort einen bundesdeutschen Pass, der in alle Welt
hinaus reichte: nach Schottland und gleichermaßen nach Polen.

Krystina wollte aber nicht in die DDR. Auch nicht nach Polen.
Sie wollte nach Schottland. Sie sparte nicht mit Einfällen, dies zu
erreichen. Grazyna wollte berühmt werden. Ich wollte meinen nagelneuen BRD-Pass nutzen …

Ich muss innehalten. Ich muss nachdenken, was ich sage. Ich
will mich nicht versprechen und nichts zersprechen.

Es war eine Verkettung unglücklicher Umstände, dass Dylan
Delon alias McPherson tot aufgefunden wurde. Lange, sehr lange
nach dem Festival, im fernen Schottland, in einem schwer identifi-

zierbaren Zustand; das schottische Wasser, das nur via Whisky eine veredelnde Wirkung ausübt, hatte an ihm sein Werk getan. Doch der plastumhüllte Pass (blauer Dienstpass, ausgestellt in Berlin, Hauptstadt der DDR) war unversehrt.

Krystina war längst britische Staatsbürgerin geworden und auf Weltreise. Sie vermisste ihren Mann nicht. Die DDR-Behörden waren zum Zeitpunkt des Auffindens jenes Dylan Delon, der ich war, in einem desolaten Zustand. Ich spreche hier von einer Zukunft, die zwei Jahre nach den geschilderten Ereignissen beim 1. FBL stattfand.

Ich hatte die damals ebenfalls vom Whisky bewirkte Wende in meinem Kopf schon angedeutet. Ich wollte nicht mehr nach Karl-Marx-Stadt. Ich wollte meine dort lebende Geliebte vergessen, wie ich sie diese ganze Beichte lang verdrängt habe. Ich wollte auch ihr Kind, ein grauenhaft lauter Jungpionier, nicht mehr aufziehen müssen, was mir ab dem Jahre 1987 auf wunderbare, fast möchte ich sagen: passgenaue Weise gelang. Ich hasste Karl-Marx-Stadt, ich hasste meine kümmerliche Existenz; ich wollte mich endlich lustig machen dürfen über meine Versuche, die konkret abgestürzte Existenz in einem Unrechtsstaat zu beschönigen. Ich wollte mal oben mitmischen.

Was ich mit meinem damals nagelneuen bundesdeutschen Pass erreicht habe, wäre in den fast fünfundzwanzig Jahren seither kaum gelungen, wenn ich wieder als konkreter Poet die Rückreise angetreten hätte.

Vermutlich hätte ich mich zwei Jahre später in die Wendewirren eingemischt, mit Plakaten: „Wir stürzen NICHT, wir stürzen EUCH!" Die Großschreibung von NICHT EUCH wäre meine Rückversicherung gewesen, wenn es dann doch anders gekommen wäre. NICHT EUCH stürzen wir, hätte der Sinngehalt nach der Logik der konkreten Poeten lauten müssen, die sich im Übrigen heute bewahrheitet hat. Wir stürzten uns selber, indem wir andere stützten. Doch bis in die Gegenwart macht niemand dies stutzig.

Aller Logik nach bekäme ich heute Hartz IV, aber gewiss keine Aufträge in Sachen dagestanischer Lyrik mehr.

In der jetzigen konkreten Wirklichkeit habe ich mein Auskommen auf einem ganz anderen Gebiet. Und gewiss würde ich jene alte Zeit mit Krystina und Grazyna und jenem skurrilen Karl-Marx-Städter Poeten, der ich mal gewesen sein soll, überhaupt nicht erinnern, wenn nicht in diesen Tagen jener unter ungeklärten Umständen zu Tode Gekommene einen gewissen Nachruhm erlebt. „Gewissen" ist gewiss untertrieben. Zwanzig Jahre können selbst die Literaturwissenschaft und vor allem den Literaturmarkt ändern. Ich lese in Zeitschriften wie *Spiegel* von dem enormen Interesse, das heute die NOVA VITA MEA KARLMARXSTADTIA erregt. Der Poet, der offensichtlich in ein schottisches Hochmoor stürzte, von einem schottischen Hochplateau, wie sie dort bedauerlicherweise ja überall aufragen, bekommt erstaunliche Tantiemen. Bzw. nicht er, sondern seltsamerweise jene Geliebte, die auf dunklem, quasi linkem Wege zu den Rechten gekommen sein muss. Das damalige Kind, das jetzt Gegenstand von Glamourberichterstattungen im *Spiegel* ist – ich lese das alles an meinem Zufluchtsort im Netz – wird immer wieder mit den konkreten Poesien in Verbindung gebracht: Wieder ein Absturz des einstigen Karl-Marx-Städter Pioniers, heißen dann die Schlagzeilen.

Soll ich denn nun die Vergangenheit ruhen lassen? Oder soll ich die Tantiemen endlich auf jenes Konto fließen lassen, welches im Rechtsstaat Bundesrepublik das allein richtige ist? Nämlich meines.

Soll ich Literaturgeschichte umschreiben? Sollte ich mal meiner einstigen Geliebten schreiben, obwohl sie jetzt, wie ich im Netz sah, noch fetter ist, als man damals hätte vermuten können? Ich werde bei ihr auf kein Verständnis hoffen dürfen. Sie wird mich verleugnen. Sie wird die schottische Wasserleiche anhimmeln und verteidigen bis zum letzten Gutachten.

Doch wenn ich womöglich schon bald meinen einstigen Dienstpass in einem Chemnitzer Literaturmuseum liegen sehen werde, blau und fast unbenutzt, wird mir das Herz erst hoch schlagen – und dann abstürzen.

Mein Sturz ins Schicksal – eine passgenaue Angelegenheit. Oder habe ich das schon mal irgendwo konkret so gelesen?

1988

Ich tanzte auf viel zu vielen Hochzeiten in den Achtzigern. So schrieb ich Lied-, Song- und Kabaretttexte für den Leipziger Liederniedermacher Clemens Wachenschwanz, den Weimarer Schauspieler Bernd Lange, die Geraer Diseuse Sybille Hahn. Ich wurde zu den Chansontagen nach Frankfurt/Oder eingeladen, teilte dort mal ein Zimmer mit dem später berühmten Texter Werner Karma, der sagte, er habe es satt, Verse für stille Kammern und wenig Geld zu schreiben.

Ich recherchierte mit dem Fotografen Wolfgang Korall für einen Text-Bild-Band „Fahrendes Volk" bei Zirkusleuten, Hochseilartisten, bei Schaustellerfamilien und erfuhr fast alles über Dreiecksverhältnisse. Für das Schweriner Poetenseminar wurde ich als Festredner verpflichtet, noch immer zählte und wog man dort Silben. Die Zeitschrift „Unterhaltungskunst" wünschte Kabarett-Rezensionen. Schon vorher hatte ich für die Tageszeitung „Thüringer Neueste Nachrichten" Theaterrezensionen unter dem Pseudonym Claus Cordt geschrieben. Auch für „Die Weltbühne" brauchte ich Pseudonyme, zum

Beispiel Michel Sachs oder Ronald Byrnemann. Es kam Besuch aus dem befreundeten estnischen Ausland. Als vor unserem Haus in der Marx-Engels-Straße, wie nicht selten, Panzer donnerten und dann brummend standen, ging einer unserer Besucher in den nächtlichen Garten und ließ aus dem Verborgenen eine Schimpfkanonade russisch-sowjetisch-militärpolitischer Flüche los, dass die Panzer sofort salutierten und abratterten.

Inzwischen hatte ich auch Veröffentlichungen im „Nichtsozialistischen Wirtschaftsgebiet", Nachdrucke meist, wofür Westgeld gezahlt wurde. Das erhielt man umgerubelt in Ostgeld: eins zu eins. Von dem aber durfte man Prozente in Forum-Schecks umtauschen, in Devisenläden einlösbar. Berücksichtigte man Verlagsanteile und West-Steuern waren aus 100 DM 50 Ostmark plus 10 DM in Forum-Schecks geworden.

Manchmal schien es mir in jenem Jahr, als sei niemand lernfähig. Die drückenden Verhältnisse erzeugten Figuren, die selbst nur zu gern Druck ausübten.

DIE FRAU DES OBERLEUTNANTS

In der Einheit des Oberleutnants gab es den Gefreiten Calau. Und in der Einheit des Gefreiten Calau, dessen Spitzname auf der Hand lag, gab es den Oberleutnant, den man, da es der einzige dieses Dienstgrades war, den Oleu nannte. So einfach waren die Beziehungen. Sie wurden durch Dienstgrad und Dienststellung geregelt. Zwischen Calauer und dem Oleu lagen vermutlich zehn Dienstgrade. Genau kann das nicht ausgedrückt werden, denn sowohl der Oleu wie auch Calauer waren zu militärischer Geheimhaltung verpflichtet.

Der Oleu hatte weizenblonde, kurze Haare und eine scharfe, laute Stimme. Die Haare mussten regelmäßig gekürzt, die Stimme musste regelmäßig geschult werden. Als Calauer als frisches Soldatchen frisch in der Einheit eingetroffen war, wurde er vom Oleu stimmgewaltig darauf hingewiesen, dass er auszuführen habe. Im Laufschritt. Beim Laufschritt werden die Arme angewinkelt.

Calauer hatte schwermütige, Vertrauen weckende Augen. Der Oleu hatte eine Dreiraumwohnung. Sie lag gleich neben dem Objekt, mitten im Betonviertel, mit Blick auf den blinkenden Zaun. Der Oleu war schon dreimal, der Notwendigkeit gehorchend, versetzt worden. Die Frau des Oleus hatte jedes Mal neue Klassen unterrichten müssen. Sie gab vor allem Deutsch. Ihren Studienwunsch hatte sie damals gefasst, als sie angefangen hatte, heimlich Gedichte zu schreiben.

Calauer wusste um die Wirkung seiner schwermütigen Augen. Das lag daran, dass er vor der Einberufung im Jugendstudio des Fernsehfunks gearbeitet hatte. Dort gab es Künstlerinnen kennenzulernen. Calauer war damals wissbegierig gewesen. Er hatte auch jetzt ungemein schnell begriffen, dass beim Laufschritt die Arme anzuwinkeln sind.

Der Oleu sprach meist kurze, knappe Sätze. Die Gedichte der Frau des Oleus waren aus seltsamen Wörtern gemacht, flossen langzeilig dahin und waren bisher nirgendwo veröffentlicht worden, denn es waren heimliche Gedichte. Der Oleu sagte „Hm" zu den heimlichen Gedichten. So verdammt einfach war das alles.

Das Leben wurde durch Dienstvorschriften, Lehrpläne, Befehle und private Mitteilungen geregelt. Als private Mitteilung ließ ein Oberst verlauten, dass in manchen Einheiten die kulturellen Aktivitäten entwicklungsfähig seien. Als Befehl wurde durchgegeben, dass eine Theatergruppe auszubauen, zu entwickeln und spielfähig zu machen sei.

Calauers Kaderunterlagen waren verräterisch. Calauer war nicht böse über den Verrat. Er nahm den Befehl ordnungsgemäß entgegen. Die für eine Laientheatergruppe nötigen weiblichen Mitspieler wurden unter den Offiziersfrauen geworben. Die Frau des Oleus wurde in ihrer Eigenschaft als Deutschlehrerin angesprochen. Sie kam pünktlich zu den Proben.

Auch der Oleu kam anfangs zu den Proben. Seine Frau hatte ihm gesagt, dass sein kurzgeschnittenes, weizenblondes Haar Bühnenwirkung ausstrahle. Sie hatte gehofft, er sage etwas zu ihren heimlichen Gedichten. Calauer, der befehlsgemäß Regie führte, dessen Anweisungen die spielenden Offiziere sich selbstverständlich beugten, fragte den Oleu, der einen Oberleutnant in einem sehr lustigen und freimütigen Sketch darzustellen hatte, ob er nicht wisse, wie ein Oberleutnant sich verhalte in der darzustellenden Situation. Der Oleu konnte wegen dienstlicher Überlastung bald nicht mehr an den Proben teilnehmen.

Calauer musste dafür öfters Toilettendienst übernehmen, allerdings immer nur dann, wenn der Oleu nichts mit der Einteilung der Dienstpläne zu tun hatte.

Calauer als Regisseur widmete sich intensiv dem Spiel der Figuren. Das war verdammt schwer und doch auch verdammt einfach. Die Frau des Oleus stürzte sich vehement ins Rollenstudium. Calauers schwermütige Augen weckten Vertrauen, wenn er geduldig erklärte, welche verborgenen Probleme wie sichtbar zu machen seien. Als Lockerungsübungen hatten die spielenden Soldatenfrauen und Soldaten sich seltene Wörter zuzuschreien. Fingerspitzen und Schläfen mussten wechselseitig berührt werden, um spielstörende Verspannungen abzubauen. Es sei jetzt exakt wie beim Fernsehen, ließ sich die Frau des Oleus erklären. Am Abend flossen langzeilige heimliche Gedichte aus ihrem Füllfederhalter der Marke Heiko.

Die Frau des Oleus stammte aus Thüringen und fertigte sonntags runde Klöße. Zu solchen runden Klößen lud sie an einem Sonntag Calauer ein. Der Oleu war im Feldlager und Calauer hatte Ausgang bekommen. So verdammt einfach ergab sich alles.

Die Nachbarn im Betonviertel waren zumeist Armeeangehörige. Sie waren der militärischen Geheimhaltung streng verpflichtet. Calauer wusste um die Wirkung seiner Augen und sprach bis zum Abend mit der Frau des Oleus über Rollen und Regisseure und Referenzen beim Fernsehfunk. Alles mit gehöriger Intensität und gehörigem Abstand. Die Frau hing an seinen Augen. Kurz bevor er wieder ins Objekt einrücken musste, kam es schließlich zu einem Vorkommnis. Auf dem Sofa des Oleus, mit den bunten, prallen Kissen im Rücken, unter dem matten Auge der Fernsehscheibe. Die Frau des Oleus zeigte im Anschluss verschämt und schnell einige heimliche, langzeilige Gedichte.

Bis zur nächsten Probe hatte sie zwei neue Texte aus sich herausgeschrieben. Calauer blickte schwermütig, Vertrauen weckend. Der Oleu musste vier Wochen später wieder ins Feldlager. Jeder Tag zählte für den Gefreiten Calauer. „Beim Laufschritt werden die Arme angewinkelt", sagte Calauer mit einem plötzlichen Grinsen einmal in einer Vorkommnis-Situation zur Frau des Oleus. Das plötzliche Grinsen konnte sie, mit dem Gesicht im bunten, prallen Kissen, in diesem Moment nicht wahrnehmen; sie wunderte sich nur über Calauers Kommandostimme, laut und scharf, dachte hernach über den seltsamen Alltag der Soldaten nach und schrieb ein heimliches, langzeiliges Gedicht.

Die Wörter waren plötzlich verdammt alltäglich. Sie fand keine seltenen mehr. Der Oberleutnant hatte noch immer seine laute und scharfe Stimme. So verdammt einfach war das alles.

Der Gefreite Calau wurde termingemäß und in Ehren entlassen. Drei Wochen später bekam die Frau des Oleus einen Brief vom Fernsehfunk. Sie solle sich an dem und dem Tag, 10.00 Uhr, im Büro des Vorsitzenden des Komitees melden und dort ihre Gedichte vorsprechen. Man wolle dies in einer repräsentativen literarischen Fernsehstunde senden. Eine erstaunlich hohe Honorarsumme war vermerkt und ein literarischer Hauptdienstleiter mit einer sehr schwungvollen Unterschrift. Sie möge für diesen Termin einen passenden, recht großen Strohhut mitbringen, nach Möglichkeit mit Netzstrümpfen angetan und mit kräftig grüner oder fliederfarbener Bluse bekleidet sein, denn man sei auf die Möglichkeiten des Farbfernsehens bedacht.

Der angegebene Termin war unterrichtsfrei. Der Oleu hatte sich sehr gewundert, aber die Frau des Oleus hatte seinen kurzen Sätzen ebenso kurze entgegengestellt. Es ergab sich einfach so. Sie war um vier Uhr morgens aufgestanden. Die empfohlene Kleidung hatte sie sich zu besorgen gewusst. Dabei kamen ihr ihre Gedichte plötzlich tönern vor, falsch, ausgedacht. Doch sie fuhr zum Termin, sie fuhr. Sie hatte ein Klopfen im Hals und einen seltsamen Geschmack auf der Zunge und die Augen von Calauer im Hinterkopf. Sie fühlte sich grässlich, doch sie sagte sich, dass sie nicht feige sein dürfe. Der Zug warf sie hin und her; die Gleise wurden zu stark frequentiert.

Calau, Beleuchtungsassistent in Produktionsgruppe VII, saß in seiner Kantinen-Stammecke und erzählte Armeehistörchen. Man habe ihn psychisch fertigmachen wollen mit ständigem Toilettendienst. Es gebe dort Schweine, sagte er. Dabei müsse man dem einfach etwas entgegensetzen. Entgegenstellen. So einfach sei das. Und dann erzählte er eine saukomische Sache. Alles brüllte vor Lachen. So verdammt einfach und komisch war das alles.

1989

Über dieses Jahr ist alles erzählt worden, nur noch nicht von allen. Es beendete das 1914 begonnene kurze 20. Jahrhundert. Mein Pass für Recherchen in einem Westberliner Archiv, der zum Abholen im Schriftstellerverbandsbüro in der Friedrichstraße bereitlag, war verschwunden: Aber Sie haben den doch schon abgeholt?! Sie haben das sogar quittiert ... ich hatte nicht. Später war er wieder da. Wer mag mit meinem Pass im Frühling 89 durch Westberlin gewandert sein?

Der Erzählungsband „Die Abenteuer der andern" war genehmigt worden, da es ab dem ersten Januar schon keine offizielle Buchzensur mehr gab. Doch er war noch längst nicht da, sein Schicksal wird später erzählt werden.

Meine Lesungen hatten Resonanz, geheim und öffentlich. Vor den Mai-Wahlen zur Volkskammer las ich gern den bislang ungedruckten Text: „Wie produziere ich keine Nein-Stimme?". Er steht, wie es sich heute bei jeder Neuerscheinung auf dem Unterhaltungssektor gehört, als Bonusmaterial am Ende dieses Buches. Noch vor dem Epilog.

Über eine Veranstaltung mit unter anderem diesem Text am 5. April in Karl-Marx-Stadt berichtete „Katja", dass „das Gespräch mit dem Publikum in beabsichtigte Hetze ausartete", während „gez. IM" meine „unheimlich schnelle Vortragsform" kritisierte, aber: „Beim Publikum wurden seine Äußerungen sehr enthusiastisch aufgenommen". Die „Sächsischen Neuesten Nachrichten" schrieben ganz offiziell von „ironischer Mehrdeutigkeit" und „zeitgemäßen Betrachtungen zu den Wahlen" und dass meine Bücher „am Schluss sogar käuflich zu erweben waren." Offenbar ein seltenes Ereignis.

Mein Freund Landolf Scherzer wollte einen Band mit unge-

schönter Publizistik herausgeben. Ich traf mich mit dem Pfarrer Walter Schilling, vor und nach den Wahlen, in Berlin und in seinem Pfarr-Ort Braunsdorf; er sprach von monatlichen Wahlprotesten. Mein Text war im Oktober fertig, als die Welt anderes interessierte.

Mit dem Freund und Kollegen Wolfgang Eckert schrieb ich für die „Leipziger Pfeffermühle" ein Kabarettprogramm „Die Bürger nahen". Bei der ersten Lese-Vorstellung gab es Kopfwackeln ob des großen Mutes der Autoren. Als das Programm in die Proben gehen sollte, waren die Bürger gerade in Leipzig der Macht schon zu nahe gekommen.

Im Greifenverlag zu Rudolstadt erschienen seit 1985 „Geschichtenkalender", für die ich brav lieferte. Im Jahr 1989 gab ich einen Text mit autobiografischem und medizinisch real existierendem Hintergrund ab. Leider wurde er wegen „sich überstürzender Ereignisse" (Originalton aller demokratischen Korrespondenten) nicht mehr gedruckt.

DER VESTIBULARNERV

Es war alles bestens in der Ordnung. Der Straßenverkehr floss; es gab Pilzberatungsstellen; die Sonnenflecken wurden regelmäßig erforscht; Preise hielt man stabil; Kaderfragen wurden langfristig geregelt; das Fernsehen strahlte und strahlte; ein Kilo Butter wog noch immer tausend Gramm und in aller Offenheit und Öffentlichkeit wurde Wohlbefinden verkündet.

Da nun musste das mir passieren. Es blieb mir gar nichts anderes übrig als mein jetziges Verhalten, gerade weil Straßenverkehr, Pilzberatung und Fernsehausstrahlung so völlig in Ordnung, also vollkommen waren.

Die Menschen befanden sich doch wohl und aßen gute Butter zum guten Brot zu stabilen Preisen.

Ich aber kam einfach aus dem Gleichgewicht. Mein Vestibularnerv spielte plötzlich nicht mehr mit.

Dem Laien in Vestibularnervenfragen muss ich Folgendes erklären: Hinter dem Innenohr sitzt das Gleichgewichtsorgan. Genauer: Hinter beiden Innenohren hat man zwei viel kleinere als faustdicke Gleichgewichtsorgane. Von dort entspringen die Vestibularnerven. Man kann sich das vorstellen wie ein Kupferkabel mit Seele und Mantel. Hiesige Eigenheimbauer werden aufschreien: Wo gibt's Kupferkabel! Nun, man soll es sich ja bloß vorstellen.

Anschlussstelle ist jedenfalls das Kleinhirn, von wo auch das Magenverhalten gesteuert wird.

Es ist alles bestens eingerichtet im menschlichen Organismus. Keiner würde auf die Idee kommen, daran herumreformieren zu wollen.

Bei mir aber war der Vestibularnerv, rechtsseitig, ausgefallen. Das darf eigentlich überhaupt nicht passieren. Schließlich gibt es Qualitätsparameter. Doch ein gewisser einzelner Vestibularnerv, der ausgerechnet hinter meinem rechten Ohr begann, spielte nicht mehr mit. Er begann zu meckern.

Er übertrug zu viele oder gar keine Signale. Ich begann, grundlos, zu schwanken. Es zog mich auf Seiten, auf die ich nicht gezogen werden wollte.

Alles um mich herum drehte sich. Zwar ist es richtig, dass sich alles um den einzelnen Bürger dreht, aber dauernd will man ja nicht den Eindruck haben, man sei auf einem gewaltigen Rummel. Eine Luftschaukel kann man nicht mit der gesellschaftlichen Entwicklung vergleichen, weil sie nicht nur aufwärts schwingt, zudem ein Gefühl der Magenwandverklappung erzeugt. Auch ein Kettenkarussell ist ein schlechtes Beispiel für Sein und

Bewusstsein hiesiger Menschen. Unfrei schwebend, an Ketten hängend. Der hier gewachsene Bürger aber braucht festen Boden unter den Füßen – was er natürlich auch hat. Denn die Verhältnisse sind so.

Ganz plötzlich begann ich zudem zu schwitzen. Mir wurde heiß, als ob etwas nicht stimmte. An diesem Punkt wusste ich, dass etwas nicht stimmte.

Der Vestibularnerv regelt leider auch gewisse Magenprozesse. Er ist in Luftschaukeln für das Magenwandverklappungsgefühl zuständig. Mir wurde ganz ordinär schlecht. Wen aber sollte es plötzlich hier grundlos ankotzen? Mir allein passierte das, und noch während der negative Speisungsvorgang anhielt, war mir mein Fehlverhalten bewusst. Mir kam alles hoch, aber alles war doch, wie jeder wusste oder notfalls gesagt bekam, gut?

In den Hirnwindungen und -wendungen über und zwischen meinen Gleichgewichtsorganen war mir alles klar. Es dachte völlig richtig dort. Die Ordnung war bestens. Ich wusste doch: Straßenverkehrsfluss, Pilzberatungsstellen, Sonnenfleckenforschung, Preisstabilität, Kaderfragen, Fernsehausstrahlung, Butter, Offenheit und Wohlbefinden.

Kurz: Ich legte mich lang. Das war, wie ich jetzt weiß, ein Fehler.

Gleichmäßig umgab mich Bettwärme. Meinen Kopf hatte ich stets brav und geradewegs zu halten, damit mein Vestibularnerv, rechtsseitig, sich ausruhen konnte.

Dabei empfand ich noch während des Hinlegens die himmelschreiende Ungerechtigkeit. Dieses dämliche Stück von Nervenvestibül, das den Dienst schlampig und unzuverlässig versah, einfach herumbummelte und dann losstreikte, meine ganze, wichtige Welt der Organe von der Pupille bis zur Magenschleimhaut in Unordnung brachte, bekam zur Belohnung Bettruhe; quasi der

Große Ruheorden am Bettdeckenband. Und ich, der ich dies gar nicht wollte, musste einfach mitmachen.

Ein einzelnes, ungehorsames, renitentes, aufsässiges Vestibularnervchen. Ein individuelles Miststückchen von Nerv. Und all die vielen arbeitswilligen Nervenbündel, Muskelstränge, Speichereinheiten und Geschmackswarzen hatten ihm zu folgen. Dieser kaputte Typ von Nerv wollte Ruhe. Und alles hatte abzuruhen. Der Nerv spielte verrückt. Und ich durfte an unserem Gesellschaftsaufbau nicht mehr teilnehmen.

Man muss sich fragen, Freunde: Ist das richtig? Muss man sich solches gefallen lassen? Ich gab Antwort: eine prinzipielle!

Ich ließ mir nichts mehr gefallen. Ich griff eisern durch. Rücksichten darf man nicht nehmen; man muss sie fallenlassen.

Ich verließ mein Lager, meine Bettwärme, meine Medizinkapseln, die ich bloß wegen dieses einen Nervenungetüms dauernd in mich reinschlucken sollte. Ich riss mich los, brach auf und stieg einfach aus, aus meinem Bettruhekasten.

Nun schwanke ich durch die Gegend und werde überall misstrauisch beäugt. Ich schlage mich auf jede Seite, auf die mich mein kaputter Nerv hinschlagen lässt. Mir wird übel in aller Öffentlichkeit, auch angesichts von Erfolgen, die wir doch alle gutheißen und mitverantworten und loben können und dürfen.

Wenn der Straßenverkehr zehnmal versucht zu fließen; ich blockiere ihn durch mein richtungsloses Herumschwanken auf der Fahrbahn. In die Pilzberatungsstellen traut sich niemand mehr hinein, seit ich öffentlich davor ausspeie. Die stabilen Preise beginnen, meine dauernden Kurswechsel mitzumachen. Die Sonnenflecken werden von meinen aufsteigenden Schweißwolken verdunkelt. Langfristige Kaderfragenregeln gelten nichts mehr, seit ich dauernd die Seiten vertausche. Das strahlende Fernsehen wird durch meine unberechenbaren Schlingerbewegungen empfindlich gestört und wo ich lang hinschlage, wiegt kein Kilo Butter mehr tausend Gramm.

Ich glaube, ich verkünde derzeit nicht sehr deutlich mein Wohlbefinden.

Man mag mich kritisieren für mein Verhalten. Man mag es nicht nur, man macht es: knallhart. Die Kritiker schubsen mich von einer Seite auf die andere. Alles dreht sich nur noch um mein Verhalten.

Doch man entscheide selbst: Darf man sich wegen eines einzigen, winzigen Vestibularnervenmiststücks, das aus heiterem Himmel nicht mehr mitspielen will, plötzlich alles kaputtmachen lassen?

Oder soll man einem solch impertinenten Vestibulardingsda, das einem auf die Nerven geht, nicht mit allen Mitteln und Methoden, mit allen Kräften und Ressourcen, mit allem, was da dreht und kriecht – soll man so was nicht einfach ignorieren?

1990

Im Januar wurde im Schriftstellerverband des Bezirkes Gera ein neuer Vorsitzender gewählt. Ich war neben dem alten Antifaschisten Curt Letsche das einzige Nicht-SED-Mitglied im Bäckerdutzend professioneller Autoren: „Matthias, dann kannst Du das doch machen."

Ich machte, fuhr im Frühling zum Verbandskongress, fand mich danach im Gesamtvorstand. Dabei waren wir nur ein Abwicklungsverein bis zum 3. Oktober, der als Feiertagsersatz für den bislang geltenden 7. Oktober bestimmt wurde.

Am Tag der Währungsunion, dem 1. Juni, fuhr ich von Frankfurt/Oder nach Schwerin. Da war ich bei den Chansontagen gewesen, dort hatte ich wohl Lesung. Ich musste Westgeld für die Bahnfahrt ausgeben!

Ich hatte das Privileg, mich nicht vor Bankschaltern anstellen zu müssen; in jenem Jahr publizierte ich so viel in Zeitungen und Zeitschriften, wie nie vorher und kaum danach. Es gab noch alle alten DDR-Blätter, so meine publizistische Heimat „Weltbühne" (bis 1993) und den „Eulenspiegel", der erst 1991 von der Wochenzeitung zum Monatsjournal wurde. Es gab noch „ndl", „Sonntag", Jugendmagazin „neues leben" – und es gab neue Blätter, die von Zensurfesseln, vom Eise befreit nun im Strom der Meinungsmacher mitschwimmen wollten. Viele hatten von mir gelesen, viele wollten Texte. Ein bis drei Jahre später gab es sie alle nicht mehr. War auch ich dran schuld?

In diesem Jahr öffneten sich mir West-Möglichkeiten, von der „Süddeutschen" bis zu DKP-Überbleibseln wie „Unsere Zeit." Alle zahlten. Westgeld.

Sohn Johannes ging aufs Gymnasium; wir hatten schon überlegt, wie man ihm mehr geistiges Futter geben könne; er war zu klug und unglücklich. Im September 89 hatte er verkündet, nicht der FDJ beizutreten. Was wären wir für liberale Eltern gewesen, ihm dreinzureden? Er hatte lediglich Militär-Spielzeug-Verbot. Das aber war schnöde umgangen worden, denn seine Burger Oma schenkte ihm – heimlich – einen Spielzeugpanzer, mit dem er – heimlich – bei ihr spielen durfte.

Es kam ein Anruf aus Berlin, vom Schriftstellerverband: „Kannst du gut Englisch? Es geht um eine Auslandsreise ..." Natürlich beherrschte ich sofort die Sprache des einstigen Klassenfeindes. Von der Matsuhida Co., in Europa als Panasonic bekannt, war eine Einladung ergangen. Man wünschte eine repräsentative Gruppe von Bürgern aus der DDR, die Japan kennenlernen sollten, nach Berufen und Regionen verteilt, möglichst nicht alle aus Berlin. Rainer Kirsch, damals Vorsitzender des Verbandes, meinte: „Der Biskupek kommt doch aus der Provinz, fragt den doch mal."

Auf ähnliche Weise war mein späterer Freund, der bildende Künstler Nehmzow, zu einem Reiseplatz gekommen. Weil wir von den korrekten sonstigen Reiseteilnehmern abstachen, wurden wir überkorrekten japanischen Offiziellen stets so vorgestellt: Artist and poet, the bohemians.

So kam es, dass ich an meinem vierzigsten Geburtstag im Flugzeug nach Osaka saß und einen dicken Reiseführer studierte.

JAPANISCHE LEGENDE

Es begab sich aber zu der Zeit, da Dr. Helmut Kohl Landpfleger im germanischen Orient wurde und alles schöner und anders werden sollte. Davon hatte man auch im Land der aufgehenden Morgenröte gehört und nun wollte man helfen und lehren und zeigen.

So wurde aus jeder Landschaft des deutschen Orients genau um ein menschliches Exemplar gebeten und aus jedem Beruf ebenfalls genau ein gut qualifiziertes Wesen. Und siehe da, es waren zwölfe. Und diese Zwölf brachte man auf ein großes Luftschiff, das hieß Boeing. Das trug sie durch die Lüfte und nach kaum vierzehn Stunden verkündete der Fluglotse: Landeplatz in Sicht!

Dieser Platz aber war gesäumt von Kirschblüten und Geishas, welche alle gar zierlich aufgemalt waren auf großen Papieren, und gleich daneben stand ein Hightech-Betrieb, der mit großer Freundschaft und grünem Tee empfing.

Die Zwölf aus dem germanischen Orient, die bislang kaum aus ihrem engen, zwischen Deutschland und Polen gelegenen Gebiet herausgekommen waren, verrenkten sich erst Augen und Ohren und dann Mund und Nas, denn es gab zur Begrüßung einheimische Delikatessen.

Die Zwölf aber waren auch deshalb nach Japan verbracht worden, weil man endlich echte Revolutionäre sehen wollte und weil man Delegationen gern hat – wenn sie immer schön beisammen bleiben – und weil man höflich ist und sich ständig verbeugt und mit Stäbchen isst und alles mit Hightech fotografiert und weil dort eben Japan ist, das sich auf einer großen Grundlage auftürmt, welche Klischee heißt.

Dies ist eine Legende und deshalb muss man jetzt nicht nachfragen, sondern einfach Vertrauen haben in die Erzählweise. Ist das klar!? Gab es denn früher so ein verfassungsschützlerisches Misstrauen?!

Die Zwölf also standen wacker in dem Hightech-Betrieb herum und guckten exakt definierte Löcher in die nahezu keim- und abgasfreie Produktionsluft und positionierten sich.

Die po-si-ti-o-nier-ten sich. – Ich erzähl nicht weiter, wenn bei jedem wichtigen Hightech-Wort mit den Achseln Berlin-Tokio gezuckt wird!

Also: Die Japaner zeigten, dass bei ihnen im Betrieb alles wie am Schnürchen, grad wie auf dem Montageband, läuft, und dass jeder seinen persönlichen Qualitätspass hat. Dass mit viel Lob und ganz wenig Tadel gearbeitet wird, dass die aktuelle Jahreslosung überall gut sichtbar ist, dass im Qualitätssicherungssystem der zu stark in Geld ausgedrückte Leistungsanreiz die Betriebsharmonie stören würde und dass die Vorgesetzten schlecht gearbeitet hätten, wenn die Nachgesetzten sich zurückgesetzt fühlten.

Die Zwölf hatten sehr gut verstanden, weil ihnen das alles noch aus ihrer Gegend zwischen Deutschland und Polen, die mal ein Dreibuchstabenstaat war, bestens vertraut war. Und nun, wie gesagt, positionierten sie sich.

Das erste brave Mitglied der Zwölf war ganz Bewunderung und strahlte, dass das, wofür es jahrelang auf Meisterberatungen und Qualitätssicherungskonferenzen gekämpft hatte, hier nun siegreich vollstreckt wurde. Das zweite Zwölferlein machte große europäische Augen vor den Ausschussquoten, weil in Japan alles so klein, so klein ist. Das dritte sprach: „Diese Philosophie geh ich mit." Das vierte war müde, das fünfte bis siebte sogar sehr, denn alle knabberten ein wenig am Jetlag. Das achte guckte den Frauen auf den Hintern, was man in Japan bekanntlich nicht macht, denn dort gilt die Nackenlinie als erotischer Leckerbissen. Das neunte Glied der Zwölferbande war entsetzt über die kurze Urlaubszeit, das zehnte sprach von einem hochtechnisierten Feudalismus mit sublim verschleierter Leibeigenschaft. Nummer Elf knurrte, der grüne Tee schmecke nach Fisch und die Zwölf meinte im Brustton, jetzt schlüge es dreizehn.

Und siehe, diese Reaktionen verrieten vieles: Nummer Eins und Zwei waren Industriemanager, also frühere sozialistische Leitungskader. Drei war Ex-und-hoppla-jetzt-komm-ich-Funktionär. Nummer Neun war weiblich, Nummer Acht männlich, Nummer Zehn Philosoph oder Pfarrer, Nummer Elf geschmäcklerisch und Nummer Zwölf ein auf Fortsetzung drängender Formalist, und die übrigen waren allesamt Schlafmützen.

„Schlafmützen!", habe ich gesagt und jetzt kommt die Nutzanwendung, denn Legenden sind aus Nützlichkeitsgründen erfunden worden. Was wollen uns die japanischen Onkels damit sagen?

Wenn wir Bürger aus verschiedenen sozialen Schichten, mit unterschiedlicher Berufserfahrung und differenziert geschulten Denkweisen, aber immerhin alle aus demselben sozialen Experimentalmief stammend, vor einen funktionierenden Betrieb setzen, dann reagieren dieselben immer nur schichtweis, berufserfahren und schulstracks.

„Schulstracks!", habe ich gesagt! Genau das meine ich. Kaum fällt mal ein Wort aus der üblichen Ordnung, geht das übliche alte Genöle los.

Also, was lehrt diese japanische Legende nun wirklich? Japan liegt außerhalb der Reichweite des Grundgesetzes. Wer aus dem Osten kommt, riecht zeitlebens nach Osten, und wenn im Süden nicht so viel gestorben würde, hätten wir nordischen Europariesen nicht so viel zum Fettleben.

1991

Es war das Jahr, in dem manches, das mich betraf, gegründet oder neu eröffnet wurde, zum Beispiel der Mitteldeutsche Rundfunk, auch wenn er offiziell erst am 1.1.1992 „on air" ging, wie wir alten Hasen sagen. Ein gewisser Rudolf Mühlfenzl war Rundfunk-, sprich: Abwicklungsbeauftrager für DDR-Medien und mühlfenzlte; also schmiss raus: Leute, Programme, Formate.

In Berlin gab es DS Kultur, aus zwei DDR-Programmen hervorgegangen. Von dem bekam ich gelegentlich Honorare überwiesen. Er hatte noch bis Ende 1993 Galgenfrist. Beim Bayerischen Rundfunk, Bayern2Wort, gab es Interesse an länderübergreifenden Dialektsendungen; mein Sächsisch war gefragt. Ich produzierte dort auch ein Hörspiel, später beschränkte ich mich bei allen drei Sendern auf Glossen und längere „Features", wie im Deutschen Originaltonhörspiele heißen.

Seit dem Vorjahr hatte sich ein zunächst vorsichtiger, dann immer rüder werdender Polit-Tonfall eingestellt. Alle sprachen überall über alles mit, vielleicht eine Folge der langen Sprachlosigkeit im deutschen Orient. Bei neuen Zeitschriften, die das Jahr 1990 überstanden hatten, mischte ich mich nach wie vor ein, so bei „CONstructiv", beim sehr kurzlebigen „Der Verriss/ Berliner Gemeine" mit ganzen sechs Monatsheften im Jahr 1991 und vor allem beim SONDEUR. Die Zeitschrift, von Asteris Kutulas herausgegeben, war eine Fort-

setzung der DDR-Samisdat-Produkte mit nunmehr legalen Mitteln.
Im SONDEUR Heft 1, Redaktionsschluss 11.3.1990, stand als Auf-
takttext diese „Mürrische Rede":

MÜRRISCHE REDE.
UNLUST. SCHNAUZE VOLL

Bin sauer. Sauer. Sauer. Nichts passt, alles nervt; es gibt überhaupt nirgendwo etwas, was mir nicht aufs Haupt drückt.

Sogar diese doppeldämliche Verneinung ödet mich an.

Wahrscheinlich habe ich längst schräge Schultern, damit alles
abgleiten kann. Alles runter. Alles zu Boden. Weg. Aus. Schluss.

Man sollte sich in die Ecke setzen und schmollen.

Früher kam in solchen Fällen in meine Schmoll-Ecke irgendeiner der vielen leiblichen Anverwandten oder der unleidlichen Be-
rufsbeaufsichtiger getrampelt und teilte mit, dass man mir das He-
rumgezicke schon austreiben werde. Ich hätte gar keinen Grund.
Ich würde allzeit gut genährt und gut frisiert und gepäppelt. Ich
möge gefälligst die Mundwinkel wieder hochnehmen, Lächeln
aufsetzen, mich in Trab fallen lassen, am Sandkastenburgenbau
mittun, meine Rotznase putzen, mich zusammenreißen, mich des
steten Vorwärtsganges erfreuen und gefälligst auch mal das Meine
tun, auf dass der Fünfjahrplan erfüllt würde und die Bonner Ultras
in die Schranken gewiesen würden.

Nun denn, also schloss ich mich ans Vaterland, das teure, an.
Ich band das Pioniertuch, tilgte Rechtschreibfehler, vereinzelte
Schulgartenradieschen, nahm das Mathematikolympiadeteilnah-
meurkundeblattwerk demütig, aber mit stolzgeschwellten Ohren
aus der Hand des ordensschmucken Direktors und quälifizierte

mich und quälifizierte mich und quälifizierte mich und quälifizierte mich und könnte das hier noch achtundzwanzig Mal aufzählen und würde dennoch nicht annähernd das Geistlos-Ermüdende dieses Zustandes wiedergeben können.

Also: Meine Jugend war schrecklich. Doch darin ähneln wir uns alle. Das Leben war bislang ein großer, grauzäher Sauhaufen, durch den wir uns mürrisch durchwurstelten.

Oder würstelten. Ist im Wortsinn scheißegal.

Nun aber.

Nun aber.

Nun aber.

Mir bleibt jedes Mal die Luft weg, wenn einer unserer neuen teuren Demoplapperer nach dem *Nun aber* – das Rednermaul aufsperrt und für einen Moment wie ein Fisch aussieht.

Nun aber. – O – Fischmaul.

Und was sie mir dann alles mitzuteilen wissen. Wie sie jetzt alle ranklotzen. Die Welt aus den Angeln zerren. Den Saustall des Genossen Augias ausmisten. Und wie glücklich und schwer sie es dabei haben. Denn größtes Glück auf Erden ist das Rednerglück.

Drum wollen sie mich auch allesamt so gern bereden.

Ich bin die Warze.

Sie müssen mich besprechen.

Wenn ich also nicht beim Verein des Redners sogleich mitmachte, hätte ich weder die Zeitzeichen noch die Alarmsignale noch das Sirenengeheul der Zukunft verstanden.

Wenn ich nicht – na dann.

Dann ist immer gleich alles verloren.

Wer jetzt nicht kurz und ganzdeutsch sagt: Alle janz für Deutschland. Alle voll für Deutschland. Heilige Allianzmutter Gottes, dein Reichtum komme.

Wer jetzt nicht für die sozialökologischhumanemarktstraßen-
plätzewirtschaftwahrendnetzsicherfreiheitlichfreiheitlichfreiheit-
lichdemologischgrundordnendmenschenwürdigwertig – na ja.

Der.

Nun schließ dich schon an ans Vaterland, ans teure, das hatten
wir schon. Alle machen mit zur Volkswahl zum Kampf gegen zum
Kampf für. Schließ dich an, sonst lauern der Anschiss und dann
der Ausschluss und der Rausschmiss, der Rinntritt und der Abtritt
und der Zackzackaaaberdalli.

Mit dem Anschluss, das ist übrigens wirklich nicht immer
nur staatlich gemeint, sondern vor allem parteipolitisch. Nun sauf
schon aus unsrer Parteipulle. Ich habe mich endlich einer Partei zu
ergeben, am besten der wirklichdemokratischwirklichsozialwirk-
lichunabhängigwirklichchristlichwirklichorientiertwirklichrechts-
staatlichwirklichsicherndwirklichwirklichen.

Herr Schnurstracks heißt der Chef oder Herr Blümlig oder
Herr Häuslichmann und Frau Herrenmann oder Herr Gruner &
Jaja oder Herr Becker oder Firma Mmmmmüller, nee Firma nicht,
das war die Stasi, und die gibt's nicht in einer freizeitlichdemos-
kopischen Grandhandordnung.

Da gibt's nur die Schutz- und Pflege- und Politurvereine.
Und außerdem gibt's Ruhnung und Ordre und Süscherheit und
Vorfassung und Schönfarb & Clausthaler & Haltetstilleschnauze-
pfotenweck. Fasst gefälligst mit an, ihr notorischen Ausschließer
und Querlatscher und Rumdruckser und Dummtuer und – wirds-
bald! –Selberweitermachenwasgesagtist und wehe einer tanzt. Aus
der Reihe.

Und in dieser großen Zeit, da wir uns alle entscheiden müssen
und in die richtige Richtung treten sollten – da bin ich einfach zu
mürrisch zum Gleichschreiten.

Weil ich das nie richtig konnte. Wahrscheinlich bin ich ein

hoffnungsloser Linksbeiner. Oder ein Rechtsfüßler, wenn alles Liiinnnggggszwoouuuhdraaaaiiiij schreit.

Ein Nebenhertraber.

Jetzt, wenn alles nach Demokratie bitte ganz gleich schreit, dürfte ich doch nicht mehr so negativ sein. Jetzt ist doch die Zeit, da wir alles in die Sauberkeit zerren müssten.

Wer jetzt nicht mitsingt:

Deutschland, Deutschland, sauerberes Vaterland, sauhauhau-hauberes Vahaterland. Der.

Der.

Also gut.

Guuuut.

Ich finde es einfach großartig, wie alle mit großen druckigeh-farbechten Lettern zum Schutz der Natur aufrufen, und das auf Parteiglanzpapier und Parteiglanzfolie und Parteiglanzabzug tun und ganz bitterfeldlich dabei weinen, um die vielen schönen Sterbebäume, die für uns aufgebaut sind, so hoch da droben.

Ich bin begeistert von unseren Frauen, wie sie nun alle endlich wieder in die Familie einkehren und heimkehren und alles schön sauber kehren, was wir lange nicht hatten, und ihre Schößchen und Hündchen verzieren und sich versorgen lassen vom Männchen, das ins böse Lebchen hinauszieht und dann wieder heimkehren und giekeln darf im Schößchen, wenn er Geldchen aufs Brüstelchen klickerkleckert.

Deswegen ist es auch ganz toll, wie die unabhängigen Frauen sich immer verunabhängigeren und das Böse im Vermännerten herausbürstborsten und wissen, wo der Feind steht, nämlich da, wo er immer steht und steht oder hängt und baumelt, was alles nur Chauvi-Genüsse sind.

Und dass die deutsche Stammtischsitzordnung sich wieder so schön wie im neunzehnten Jahrhundert durchsetzt mit Links und

Rechts und zur Mitte zur Titte zum Sack zack, zack. Wie sie Platz nimmt am Platzdeckchen mit christlichen Reinheitsbrauwertvorstellungen, obwohl hierzulande die Leute nur noch an den Weihnachtsmann glauben, aber nicht an jenes Höhere Wesen, das wir alle uns schon immer abschminkten.

Und es stärkt Herz und Gemüt auch so sehr, wenn so ein Mittelrechtsliberalfreiheitlicher Toleranzling über seinen vielen Kinnen den redlichen Satz ausstößt: „Das einfache Blockparteimitglied – das war ja im Grunde immer ein Oppositioneller!" Da platze ich fast vor Mitgefühl und Güte und Zerknirschung. Blockhaus. Blockwart. Blockpartei – fast strömt ein Kinderreim herbei.

Am allerallererhebendsten aber ist es, dass unsere Dichtschriftsteller jetzt nur noch aus ihren so verbooteten Texten lesen und die Maler ihre so verbooteten Bilder zeigen, von den so verbooteten Pfuiliedern wollen wir jetzt gleich gar nicht singen und sagen. Und überhaupt sehen alle so verbooten aus, dass gar kein Verboot mehr von irgendeinem unserer neuen Kaiser Augüstüsse ausgehen wollte.

Ja, und aus dem Westen kommt das Licht. Oder zumindest demnächst der Strom.

Und am wunderallerfeinsten ist es, dass ich hier sabbern kann, was ich will, und niemand liest überhaupt bis hierher, weil es viel feinere Druckwerke mit Glanz, das hatten wir schon, und mit Schöller Eiskrem und heißen Höschen und Dreiwortsätzen und Bildheddleins und Butterbergsteigern und Schlagzu-Wörtern gibt und die literarische Bertelsentmannung, hei, auf der Bastei, sowieso im Gange ist. Und deswegen geht mir die deutsche Restsprache auf den Keks, also auf den Cake, weil sie so kackig ist, was man an meiner undeutschlichen Rede hoffentlich gemerkt hat.

Aber darüber müsste man sich ganz anders ausspeien. Jedenfalls habe ich nun erst mal die Schnauze gestrichen leer.

1992

Am Theater Rudolstadt, meinem einstigen Arbeitsplatz, wurde „200 Jahre Aufregung" gefeiert. Ich schrieb für ein Jubiläums-Kompendium den Essay „Der verwunschene Berg"; man darf noch mal ins Jahr 1979 zurück- und ins Jahr 2007 vorblättern.

Im Frühling fuhr ich erneut zum Literaturfestival nach Solothurn. Dort las auch Viivi Luik, eine estnische Autorin, die ich aus Tallinn kannte. Ein aus dem Mustopp kommender Westjournalist fragte, ob denn in Estland, wie in der DDR, die Schriftsteller alle gefördert wurden, gut lebten und vom Volk abgekapselt waren. Luik antwortete, sehr zögernd, dass wohl nur die schlechten gefördert wurden.

Als ich während meiner Estland-Reisen in den Achtzigern einen estnischen Verbandsfunktionär nach besonders Geförderten fragte, nannte er mir Jaan Kross, Arvo Valton, Jüri Tuulik – und Viivi Luik. Der Funktionär von einst war inzwischen estnischer Politiker – und schon lange Ehemann von Viivi Luik …

Im Herbst wurde ich auf Vermittlung von Daniela Dahn nach Baltimore eingeladen, zu einem Symposium über das neue Europa und durfte zwei Erfurter Kabarettisten mitnehmen. Ich lernte Bärbel Bohley und Elke Erb kennen und die Meinung eines Hamburger Politikwissenschaftlers: Die christlich-konservative Weltsicht, vom Antikommunismus gespeist, sei wahr, weil nunmehr siegreich. Später lief ich mit meinem Rucksack durch New York und Washington, und als mich einer ganz selbstverständlich auf Russisch ansprach und nach dem Weg fragte und ich ihm russisch antwortete, wusste ich, dass ich in der Zukunft und der Multikultur gelandet war.

Von der Adenauer-Stiftung wurde ich zu Gesprächen nach Weimar eingeladen und saß beim Essen neben Bernhard Vogel. Der war damals Ministerpräsident in Thüringen. Mit einem chinesischen

Schriftsteller, bei mir Kaffee-Gast, unterhielt ich mich über Wandzeitungen, Brigaden und Stellungnahmen. Wir sprachen englisch miteinander und zwei anwesenden westdeutschen Kollegen kam unser Reden Spanisch vor.

ROSE SCHWARTZ UND DIE FOLGEN

Eine Pädagogikstudentin aus Gera, jener Stadt, die wegen ihrer rigoros hauptstadtfreundlichen Politik einst „Zentralkomitee Süd" hieß, wurde im Jahr 1972 von zwei Männern der Kreisdienststelle des Ministeriums für Staatssicherheit aufgesucht. Im Verlauf der Unterredung machte man der Studentin klar, dass ihre Mitarbeit dringend erforderlich sei, weshalb sie ein vorbereitetes Papier mit fremdem Namen als „Rose Schwartz" unterschreiben musste.

Kurze Zeit später erschienen wiederum beide Mitarbeiter, befragten die Studentin über Kollegen jener Schule, in der sie ihr Praktikum ableistete. Die Studentin konnte leider, wie sie sagte, überhaupt nicht helfen, wusste nur Kleinigkeiten von den Kollegen, vereinbarte aber, um Hilfsbereitschaft bemüht, Vertraulichkeit des Gespräches.

Als ein halbes Jahr später die Mitarbeiter erneut an einem Vormittag bei ihr klingelten – die Studentin war inzwischen Diplomlehrerin, Mutter, Ehefrau und Mieterin einer Zweiraumwohnung geworden und zeitweilig freigestellt zur Betreuung des Kindes – lehnte sie das Ansinnen, sich künftig regelmäßig in einer fremden Wohnung zu treffen, mit Freundlichkeit ab. Sie habe nichts zu berichten und müsse sich um ihr Kind, ihren Beruf und ihren Mann kümmern. Die Mitarbeiter sahen dies ein, rieten ihr aber dringend, nichts von diesem Gespräch anderen gegenüber verlauten zu lassen.

Im Jahre 1992 fand man „Rose Schwartz" als inoffizielle MfS-Mitarbeiterin mit Klarnamen auf einer Liste, die von einem Bürgerbüro ausgelegt worden war, denn in besagter Stadt Gera war man um besonders rigorose Aufarbeitung der roten Vergangenheit bemüht. Die Lehrerin wurde daraufhin vorläufig aus dem Schuldienst entlassen. Man hatte aufgrund einer unverzüglich angestrengten behördlichen Überprüfung die Unterschrift „Rose Schwartz" unter einem Bericht von 1972 gefunden, der von einem damaligen Mitarbeiter ausgefertigt worden war und Namen und nebenberufliche Tätigkeiten, im Bericht „Hobbys" geheißen, von damaligen Lehrern der damaligen Praktikumschule, nannte.

Das Kind der ehemaligen Lehrerin war inzwischen in die örtliche Politik eingestiegen und als GeschäftsführerIn für eine sozialdemokratische Jugendorganisation vorgesehen. Diese Tätigkeit erschien als nicht mehr opportun.

Der mittlerweile geschiedene Ehemann der ehemaligen Lehrerin wurde angehalten, seine Tätigkeit im öffentlichen Dienst (Parkanlagenpflege) aufgrund schwieriger personalpolitischer Sachlagen niederzulegen.

Der Imbisskiosk, den die ehemalige Lehrerin zur Überbrückung und Erwirtschaftung ihres Unterhalts gemietet hatte, wurde mit farbigen Runen, die man als „Stasisau" deuten konnte, besprüht.

Der Partner des Kindes der ehemaligen Lehrerin wurde vor einer Diskothek, die vom örtlichen Polizeiposten gemieden wurde, mit Eisenketten zusammengeschlagen.

Die neue Ehefrau des geschiedenen Ehemannes der ehemaligen Lehrerin wurde von ihrer Stelle bei einer Arbeitsbeschaffungsmaßnahme wegen Umstrukturierung entfernt und kam in psychiatrische Behandlung.

Der Imbisskiosk, für den die ehemalige Lehrerin, deren Verfahren schwebte, Miete und Reinigungskosten nicht weiter bezahlen mochte, wurde abgeschrieben und der Verwertung eines Schrottplatzbetreibers zugeführt.

Die Mutter des Partners des Kindes der ehemaligen Lehrerin; diese Mutter, der von ihrer Arbeitsstelle, einer Regionalzeitung, eine Bedarfskündigung ausgesprochen worden war, sprang aus dem Fenster des Redaktionsgebäudes, weshalb der Begriff „Springerpresse" eine Zeit lang im Orte umging.

Der Sohn aus erster Ehe der neuen Ehefrau des geschiedenen Ehemanns der ehemaligen Lehrerin, ein Kanuslalomspezialist, der im Leistungszentrum Augsburg trainierte, wurde nicht in den Olympiakader übernommen.

Die gut gepolsterte Tür des Imbisskioskes, für den die ehemalige Lehrerin keine Kosten mehr bezahlt hatte und der verschrottet worden war, wurde von einem Nichtsesshaften regelmäßig als Unterlage für seinen Schlafsack benutzt.

Der Lebensgefährte der verunglückten Mutter des Partners des Kindes der ehemaligen Lehrerin, deren Prozess in die zweite Instanz gegangen war, verzog nach Oberschleißheim.

Der leibliche Vater des Sohnes aus erster Ehe der neuen Ehefrau des geschiedenen Ehemannes der ehemaligen Lehrerin verfiel seinem latenten Alkoholismus und verlor aufgrund von Mietrückständen seine Wohnung.

Der Schlafsack des Nichtsesshaften, der die ausgediente Tür des verschrotteten Imbisskioskes der vormaligen Kioskbetreiberin und ehemaligen Lehrerin, die gute Aussicht hatte, ihren Prozess mit einem Vergleich zu beenden, eine Zeit lang regelmäßig geziert hatte, wurde zerrissen und leider gänzlich unbrauchbar am Ufer des jahreszeitgemäß Hochwasser führenden Flüsschens Weiße Elster aufgefunden.

1993

Die seit 1989 neu entstandene Presselandschaft verarmte. „Die Weltbühne" wurde im Juni eingestellt, der „Eulenspiegel" blieb. Noch gab
es in meiner Provinz neben dem Parteiorgan-Nachfolger „Ostthüringer Zeitung" die „Neue Saale-Zeitung" Ich begann, wöchentliche
Kolumnen als „Der vertrauliche Brief" zu schreiben. Die „Thüringer
Allgemeine" Erfurt druckte zu Anlässen immer gern meine Glossen,
Essays oder Theaterrezensionen; eine ersprießliche Zusammenarbeit
über viele Jahre, die erst 2012 endete, als ein neuer, in Mehrheits-
deutschland geborener Chefredakteur sich durchsetzte. Die „Thüringische Landeszeitung" Weimar hatte schon vor 1989 – sehr vorsichtig – das eine oder andere von mir gedruckt. Bei Gustav Kiepenheuer
Leipzig erschien endlich meine lange vorher recherchierte und ge-
schriebene Bildbiografie „Karl Valentin". Eine Weißwurst-Buchpre-
miere und zahlreiche Bayern-Touren waren die Folge.
Im Vorjahr hatte ich mich für ein Stipendium als „Kreisschreiber in
Neunkirchen/Saar" beworben – und war eingeladen worden. Man
hatte sich wohl durch meine Satirensammlung „Das Fremdgehver-
kehrsamt", 1992 beim Verlag Weisser Stein in Greiz erschienen, blen-
den lassen, denn dem Fremdenverkehrsamt in Ottweiler mit Vroni
Leist, einer lustigen Saarländerin, oblag die Auswahl.
So wohnte ich im Spätsommer und Herbst 1993, nach einem Slo-
wenien-Italien-Urlaub, ein paar Wochen in lauschigen Pensionen in
verschiedenen Orten des Landkreises, radelte fast täglich am Hone-
cker-Haus in Wiebelskirchen vorbei, tourte auch mit dem Oberbür-
germeister Neunkirchens hinüber nach Frankreich, nutzte überhaupt
die Nähe zum Nachbarn, um tageweise in Paris zu kampieren. Ich
schrieb für die „Saarbrücker Zeitung" Kolumnen, die später als Büch-

*lein erschienen. Zum festlichen Abschluss bekam ich mein Dienst-
fahrrad geschenkt, blauweiß umgespritzt, als „Kreisschreiberrad" mit
meinem Namen versehen. Es wurde später in Berlin geklaut.*

*Mit Anfang vierzig hatte ich Anschluss an die internationale Welt
gewonnen, schrieb darüber für die Anthologie „Guten Rutsch oder
Was fange ich Silvester an?"*

ANSTOSSEN MIT ALLER WELT

Die Welt in ihrer Vielfalt ist uns in Fleisch und Blut überge-
gangen. Und das nicht erst in den letzten, so wechselvollen Zeit-
räumen. Doch war es nicht ein weiter Weg dahin? Als Schlüsseler-
lebnis entpuppte sich für uns ein Fest zum Jahreswechsel. Seither
kennen wir keine dritte Welt mehr, keine zweite und die erste Welt
sowieso nicht. *EineWelt* nur soll es sein, in eins nun die Hände,
Brüder unterm Sternenzelt – bzw. BrüderInnen – denn mit uns
zieht die neue Zeit. Die neue Zeit ist nicht mehr fest definiert. Sie
ist flexibel und gemahnt uns stets ans internationale Leid in der
Non-ligth-Version.

Wir feierten in jenem uns bis heute aufwühlenden Jahr in der
„Pension Tatjana", die im kühlen Norden Deutschlands, da, wo
man nah am Wasser gebaut hat, russische Speisen und russische
Trinksprüche bereithielt. Moskowskaja auf Sakuska. Die Balalaika schluchzte, die Kremlglocken tönten – da war es erst zehn Uhr
abends, zwei Stunden vor Mitternacht. Doch wir waren ja bei Tatjana. In Moskau schlug es jetzt zwölfe und solidarisch feierten wir
den Anbruch des neuen Moskauer Jahres mit Na sdarowje und
russischem Krimsekt. Der Sekt bildete Bläschen und wir dachten
politisch korrekt: Die urrussische Krim war jetzt doch ukrainisch?
Oder was war da? Wir waren mit unserem Nachdenken fast fer-

tig, als wieder Glocken tönten. Es waren die von Minsk und Kiew, denn dort war es jetzt um zwölf, der Krimsekt perlte politisch korrekt, während uns die mitteleuropäische elfte Stunde schlug. „Da sdrawstwujet", riefen wir, erinnernd an große, vergangene schlimmfinstere Zeiten. Zum Glück fiel uns ein: Das Herz der Russen und ihrer slawischen Brüder ist groß – und doch ist es nicht das ganze Herz der ganzen Welt. Schlägt nicht um elf auch in Helsinki die Uhr für ein neues Jahr? Gleich neben Helsinki sagt man Skol, und wir prosteten einander zu, doch was viel wichtiger und gerade jetzt unvergessen sein muss: Auch Tel Aviv feiert um diese Stunde und wie unkorrekt wäre es, vergäßen gerade wir, die wir manchmal so gedankenlos Alkohol trinken, die jüdischen Gebräuche zu deren mitternächtlicher Stunde. Ob der Wodka koscher war, wussten wir nicht, drum tranken wir mit alkoholfreiem Alkohol auf die Palästinenser, denn nur gemeinsam werden alle Völker unsere Signale hören. Wir schmetterten dieselben und unsere Uhr schmetterte zwölf. –

Jetzt hieß es: Denkt an Tunesien mal genauso feste wie an Titisee-Neustadt, denkt an Luanda und Lagos und den Limpopo, den ganzen schwarzen Kontinent, der mit unserer Zeit in eine bessere Welt ziehen will.

Wir trinkten und spruchten und über uns brach die Zeit Westeuropas herein. Gibt es nicht in Nordirland die IRA? Die IRA den Iranern! Was ist mit Ouagadougou, welches wir niemals in Obervolta oder Elfenbeinküste vermuten, denn das sind alte *konoli-, konoli- -- impralistische* Verirrungen. Ouagadougou ist die Hptstdt. jener Zeit, die eigentlich Grünitsch-Zeit heißen könnte. *Grünitsch* ist die Hoffnung und die Zärtlichkeit der Völker, wenn nicht die zweite und dritte Stunde des neuen Jahres für uns verronnen wären. Verronnen die Nacht und der Morgen erwacht, rote Flotte – nein, wir hatten das alte Moskowiter System hinter uns gelassen.

Vor Stunden. Für Island und Grönland, die so lange unter dänisch-norwegischem Joch schmachten mussten, begann ein neues Jahr, ein neues Glück. Dann war es endlich soweit und wir tranken Samba die ganze Nacht, tranken Samba mit uns, weil Brasilien uns glücklich macht. Brasilien, Brasalien, die pflanzt' ich auf mein Grab, sangen wir und riefen: „Macht ein Video von uns, hinauf auf den Berg, ein Monte-Video, jetzt stößt der Guru aus Guruguay auf und an." Schön flössen, nein – schon flossen – *Schröme von Rummm*. Wir sagten Rummsvalera! Cuba, si! Kuba den Kubasinen! Abfeiern bis früh um fünfe kleine Maus.

Menschen mit weniger *plitischem Vrstnd* hätten jetzt aufgehört, aber das ging nicht. Never und nimmer, oh no Sir. We dont *forgettigitt nix*. Nein, wir waren keine Antiamerikaner, denn der *Antiamismus issi* Grundtorheit der Epoche. Stoßt an auf New York, aber nicht zu feste, sonst fällt da was um. Sie sind ein großes, ein freiheitsdrstgs Volk. Kampf dem Durst! Cheers! riefen wir. Cheers, *Tschiesus*, denn gehören nicht auch die Christen aller Länder zur Einheit? – Einheit, Einheit ist das Einzige, was zählt. *Wann world*. Winner world. Ohgott. Bogotá feiert und in Lima gips jetzte Limetten im Schannapps und dann hielten wir es nur noch bis Chicago durch, der Pazifik musste warten, unser Pappifick sowieso.

Wir strömten hinaus ins neue Jahr, die *Glllocken* der schönsten Mädchen schwangen und klunkerten und wenn wir rechts abirrten, stießen wir an und links standen die Mauern sprachlos und saukalt wie an jedem Neujahrstag. Wir donnerten mal hier und mal da dagegen, aber *schönn schönn, schönn* war die Zeit. Sie zog mit uns und wir hangelten uns an ihr lang, immer an der Windkraftwand lang. Time is on my website, die Welt feuert rund um die Uhr und wir gaben alles. Wir gaben alles von uns, aber tief drinnen in uns blieb die Welt, unsere Welt, *EineWelt* von Wodka bis Whisky, von Kascha bis koscher, von Hick bis Uups. Whouw – Aua!

1994

Mein Lesungskalender schwoll an: Bad Lasphe und Marburg, Bochum und Freiburg im Breisgau: Dort gab es eine Tagung zur Zensur mit dem rumänischen Autor Mircea Dinescu, eine weitere in einem bayerischen Kloster. In Angermünde traf ich bei einem Kolloquium Gerhard Zwerenz, sächsischer Landsmann aus Crimmitschau. Noch später traf ich Erich Loest, siehe das Jahr 1957, und Zwerenz bei einträchtiger Plauderei. Auf Hiddensee fanden Bertelsmann-Gespräche statt, die Ost- und West-Autoren zusammenbringen sollten – ich lernte endlich mir liebe Kollegen persönlich kennen, meist aus Ost, wie Christoph Dieckmann. Bis Mitternacht gab es an der Bar kostenfrei Getränke, danach musste man bezahlen – plötzlich waren nur noch wir Ostler unter uns, von Joochen Laabs über Werner Liersch bis Bernd Schirmer.

Ich flog im März nach Denver und las in Boulder, machte im Sommer in Liverpool, Wales und Schottland Urlaub, nachdem ich im Jahr zuvor schon mal nach Manchester eingeladen worden war, um an der Uni über „Satire After Unification" zu referieren. Ich recherchierte im Spätsommer drei Wochen lang vor und hinter den Karpaten, schrieb darüber „So ist er, unser Rumäne!" für die TLZ, die Chemnitzer „Freie Presse" und den Berliner „Freitag". Wann und wo schlief ich eigentlich?

Das Jahr begann mit einem Schriftstellerkongress in Aachen, wo Loest zum Großen Vorsitzenden gewählt wurde, und in Thüringen übernahm dieses Amt Freund Landolf. Ich war's los, aber überall Mit-Vorständler.

Schon im Vorjahr war ich zum Kirchentag nach München eingeladen worden. In einer lauschigen Vorstadt-Kirche sollte ich erzählen und lesen. Ich schrieb dafür diesen Text:

DIE ABENTEUER DES BUCHES

Ich hatte einem Verlag viele Jahre redlich gedient. Vier Bücher von mir waren dort schon erschienen. In glänzenden Pappbänden. Zum alsbaldigen Verbrauch bestimmt. „Weißt du", sprach daraufhin der Verlagsleiter, „jetzt ist es soweit. Jetzt kannst du ein richtiges Buch bekommen, in echtes Ganzgewebe gebunden. Mit wirklich weißem Papier und Schutzumschlag und Dichterfoto."

Solcherart waren die Auszeichnungen, die man im Staate DDR bekam, wenn man zwar frech unter dem Tisch vorguckte, aber eben nicht zu frech.

Ei, freute ich mich, ein Buch wie ein richtiger deutscher Romancier. Ich will es „Die Abenteuer der andern" heißen und drin sollen freundliche Geschichten stehen, über Sehnsüchte, die wir haben, und tiefschwarze Stellen, die ich, wie andere Menschen auch, in mir versteckt halte. Das Buch war also satirisch.

Und kaum hatte ich das Manuskript abgegeben und kaum waren zwei Jahre vergangen, da hatte man das Buch schon genehmigt. Denn im fernen Staate DDR mussten Bücher noch bis zum 1. Januar 1989 genehmigt werden. Darüber murrten wir natürlich allzeit. Natürlich allzeit ganz brav.

Und kaum war ein weiteres Jahr ins Land gegangen, war das Buch schon gedruckt, auf – na ja – fast weißes Papier, wohlgesetzt und gebunden in Ganzgewebe. Ich schloss mein Belegexemplar verzückt in die Arme. Es war der späte Frühling des Jahres 1990. Und ein paar Tage weiter, im frühen Sommer, wurde unser Spielgeld in Echtgeld getauscht. Siehe, dieses aber heißet man Währungsunion.

In den Auslagen tummelte sich heiße West-Ware, in den Buchläden ebenso. Meine Abenteuer hatten dort nichts verloren;

darein hatte man nämlich noch einen DDR-Preis gedruckt: Sechs Mark und fünfzig. Sechs Mark und fünfzig aber sind unlauterer Wettbewerb in einem Land, in dem damals die Erstauflagen von Hardcover-Büchern 29, 39, oder 49 Mark kosteten, so wie sie heute 19,90 Euro usw. kosten.

So wurde mir gesagt. Doch wo meine fertigen Buch-Abenteuer sein könnten, wusste niemand in dem ganzen und großen Verlag.

Bis eines schönen Tages ein schöner Brief aus dem schönen Katlenburg bei mir eintraf. Zweitausend Exemplare gerade dieses Buches waren gefunden worden. Dort, wo man viel früher Braunkohle gefunden hatte. Und von dort hatte man sie zutage gefördert und nach Niedersachsen exportiert. So lagen meine Lese-Abenteuer jetzt wohlverwahrt im Bücherspeicher der Katlenburger Kirchgemeinde des Pastors Weskott.

Und weil das eine fröhliche Geschichte sein soll, die zu Ehren eines fröhlichen Kirchentages im fröhlichen Bayern geschrieben wurde, will ich kein Ossi-Wehgeschrei, wie schlimm man doch mit uns und unseren Geistesprodukten umginge, anstimmen, sondern erleichtert aufseufzen. Es hat sich doch noch zum Guten gewendet, diese seltsame Wende.

Und weil der Buchretter Pastor ist, will ich ein bisschen seinem Chef, dem Lieben Gott danken. Und mit ein bisschen biblischer Anspielung will ich schließen: Der Herrgott freut sich mehr über einen verlorenen Sohn, der zu ihm zurückkehrt, als über immer und ewig Rechtschaffne. Und so finde ich dieses Buch der anderen Abenteuer auf einmal wichtiger als andere meiner Bücher. Denn ich hatte es schon abgeschrieben – nun aber weiß ich, dass dieser neudeutsch-kaufmännische Ausdruck Ab-Schreibung kein Ausdruck für immer und für die Ewigkeit ist.

Ich verkneife mir das Amen an dieser Stelle.

1995

Noch immer hatte ich (zu) viele Lesungen. Für den Abi-Ball von Sohn Johannes musste ich mir ein Jackett kaufen lassen; seither unterlasse ich derlei Maskeraden. In diesem Jahr bekam ich einen Literaturpreis, keinen richtigen, sondern für einen anonym eingesandten Text zum Thema „Geschichten zur deutschen Geschichte" Das waren immerhin 6 000 DM.

Man muss sich entscheiden: Wird man Juror oder Preis-Abwurfstelle? Mir wurde die Entscheidung abgenommen, ich gehörte künftig zu diversen Jurorenrunden.

Das „Weite Feld" von Günter Grass erregte und polarisierte die Literatur-Welt; ich bastelte eine Parodie auf die Erregung.

Hochsommer: Schweden-Urlaub mit vielen Textreflexionen; ich begann, am Roman „Der Quotensachse" zu schreiben. In Gotha veranstaltete man eine „Polistirade", bei der es ebenfalls Literaturpreise gab. Ich war wiederum Preisvergabe-Berater. Im Oktober wurde ich mit dem Freund und bibliophilen Buch-Macher Andreas Berner aus Wurzbach gemeinsam in mehrere Goethe-Institute Finnlands eingeladen. Ich schrieb dafür diese

Schuldfragenantwort:

Der war nicht. / Dabei wars der. / Der wars nicht. / Sie ist dabei gewesen. / Es ist alles gewesen. / Es ist alles nur ein Gewese. / Man wars nicht, doppelt nicht. / Mehr oder weniger warens alle. / Es kann nur ums Dabeisein gehen. / Das Nichtdabeisein sagt: alles nichts. // Dabei war überhaupt keiner dabei. Es ist nämlich überhaupt nichts dabei. Es war alles lange vorbei gewesen, als einer mal dabei gewesen sein soll. Etwas gewesen sein, heißt doch noch lange nicht, dass man dabei gewesen ist. // Wenn was gewesen sein soll, muss das dann passiert sein, als man nicht dabei gewesen ist. Dabei gewesen sind ja alle, und nichts kann doch dabei sein, dass keiner dabei gewesen sein will. Niemand konnte bei keinem dabei gewesen sein, obwohl jetzt alle und immer und sowieso überall dabei gewesen sein müssen.

Im Übrigen bewegte mich das, was Mittvierziger allgemein bewegt:

DIE BÜRGERBERATERIN

Ich hatte mich allzeit so verhalten, wie es sich gehörte. Die anale Sauberkeit war rechtzeitig gelungen durch das landesweit verordnete Topfen. In der Schule hatte ich verbundene Schreibschrift gelernt und viele Fleiß-Bienchen bekommen. Ich hatte einen volkswirtschaftlich wichtigen Beruf erlernt und mir von der in unserem Dorf dafür Zuständigen die Jünglingsschaft rauben lassen. Zu meiner Hochzeit hörte ich eine staatsbürgerliche Rede und Mendelssohn-Bartholdy und zeugte schließlich die statistisch landesweit üblichen 1,7 Kinder, wobei 0,7 Kind von einem befreundeten Ehepaar die Ohren gesäumt und von ihm aufgezogen wurde. Ich war Aktivist der zweiten Stunde, schaute hinter den allzeit sauberen Gardinen zu, wie auf der Straße ein kleines Grüppchen von Handlangern und Provokateuren „Wir sind das Volk!" rief und fiel einmütig in den Chor ein, als von der führenden christdemokratischen Partei die Losung ausgegeben wurde: „Wir sind ein Volk!"
Ich verwirklichte mich in den neuen demokratischen Strukturen und erlernte das Mobbing, das Voten und das Einfädeln auf der Autobahn. Doch es war nun an der Zeit, eine nächste Etappe zu meistern.

Ich begab mich ins neben der Rentenstelle gelegene Bürgerbüro, in dem man alles Nötige zur Durchführung der nunmehr anstehenden Midlife-Crisis erfuhr.

Meine Bürgerberaterin empfahl mir, zunächst den Beruf zu wechseln. Man müsse sich einer neuen Herausforderung stellen, man solle die eigene Flexibilität kennenlernen, unkonventionelle Wege gehen, um überraschend ans neue Ziel zu gelangen.

Ich war von meiner Firma aus betrieblichen Gründen bereits freigesetzt worden und erprobte die Flexibilität im Arbeitsamt. Das Amt war wenig flexibel und empfahl mir die Selbstständigkeit. Ich setzte mein Erspartes ein und gelangte über die Stationen eines mehrmonatigen Minuswachstums meines Kontos zum überraschenden Ziel einer Privatinsolvenz.

Meine Bürgerberaterin meinte, ich sei nun reif, auch intime und diffizile Formen der Midlife-Crisis zu erleben. Zunächst nahm ich an einem Dreiecksverhältnis teil. Meine Frau hatte neuerdings einen sehr netten Geliebten, mit dem ich gelegentlich Bier trinken ging. Dabei sprachen wir über das Leben, über uns und über unsere Frauen.

Weil meine Frau etwas eifersüchtig auf mein gutes Verhältnis zu ihrem Geliebten war, gedachte ich, meine stürmisch aufkeimende Jugend bei einer sehr jungen Frau zu finden. Vor allem aber fand ich dabei ihre überaus jungen Freunde, die mir mein altmodisches Biertrinken und Zigarettenrauchen abgewöhnen wollten und mich zum Kiffen, Chillen und Abhängen nötigten.

Ich hing ab.

Meiner sehr jungen Freundin gefiel das gar nicht, denn sie meinte, einen solchen Schlappschwanz wie mich fände sie auch unter ihresgleichen. Ihresgleichen hingegen rieten mir zu Mittelchen. Und zu cooler Kleidung. Die coole Kleidung und die Mittelchen bedurften einiger Mittel – die ich schon lange nicht mehr hatte.

Ich begab mich wiederum zu meiner Bürgerberaterin. Meine Bürgerberaterin ersah aus meinen Akten, dass ich mittlerweile geschieden worden war. Ein solches Schicksal hatte auch meine Bürgerberaterin. Also verknüpfte sie diese Schicksale amtlich miteinander.

Meine Bürgerberaterin und nunmehr Privatinsolvenzverwalterin hatte beste Verbindungen zur gleich nebenan gelegenen Rentenstelle. Es war jene Zeit, als man ganz unterschiedliche Modelle zur Frühverrentung, zur Ruhephase der Teilzeitarbeit und zum Altersübergangsgeld mit eingesparter Selbstbeteiligung hatte.

Rentenstelle und Privatinsolvenzverwalterin stellten fest, dass ich offiziell noch etwa fünfzehn Jahre und sieben Monate bis zur Rente arbeiten müsse, ein Zeitraum, der auf zunächst acht Jahre und vier Monate verkürzt wurde und bei ganz exakter Berechnung genau zwei Jahre betragen würde. Dies aber sei präzise die Zeit, die ich mit einer Qualifizierung überbrücken konnte.

Die Qualifizierungsmaßnahme hieß „Durchführung einer zeitnahen Schulung zur Aufarbeitung von verordnetem Topfen, politisch-ideologischer Bevormundung und des schmerzfreien Übergangs in die marktkonforme Demokratie".

Als Arbeitstitel prägten wir für diese Maßnahme: „Rentnerlehrling".

1996

Ein langer Winter, an dessen Ende ich auf dem noch von Eisbergen umgebenen Rügen mit meinem Schreibcomputer umherreiste. In mehreren Pensionen klapperte er und fertigte automatisch das Endmanuskript „Der Quotensachse – Vom unaufhaltsamen Aufstieg eines Staatsbürgers sächsischer Nationalität". Meine Lektorin Birgit

Peter (geb. in Langenstriegis) und die Praktikantin Cornelia Funke (geb. in Leipzig) machten sich um exakte sächsische Lautung verdient. Ich bastelte eine Sendung über Schloss Wachwitz in Dresden für das damalige Deutschlandradio Berlin, schrieb für Andreas Berners Hinterwält-Presse „Das Hinterwäldliche Liederhandbuch", trat, wie schon oft, mit dem Jazzer und Mittweida-Landsmann Helmut Joe Sachse im Chemnitzer Kabarett auf, und unsere Familie bezog im Juli die merkenswerte Rudolstädter Adresse „An der Pörze" über einem rauschenden Bach und einem florierenden Frisiersalon.

Im Frühherbst zigeunerte ich – dienstlich – drei Wochen in Ungarn und begann die Zusammenarbeit mit den Uckermärkischen Bühnen Schwedt für ein Musical.

Nach der Buchpremiere vom „Quotensachsen" in Chemnitz wurde der Roman von September bis November in der „Freien Presse" in Fortsetzungen gedruckt. Nur die Stadt Mittweida, als „Ainitzsch an der Zschopau" Hauptheld meines Romans, nahm keinerlei Notiz. Der Mittweidaer Buchhändler sprach: „Davon habbsch schon ieber hundort verkooft, ne Läsung bringt ooch ni mehr!"

Immer mehr Notizen aber wurden ruchbar, die geheime Einrichtungen bis 1989 verfertigt hatten. Schon 1994 hatte ich dazu in einer Tageszeitung eine Heraus-Rede veröffentlicht, in diesem Jahr aber rumpelten und pumpelten ganz neue Erkenntnisse wie Wackerstein im Bauche aller Stasiforscher.

WIE HABEN WIR DICHTER GESUNGEN?
Eine freie Heraus-Rede

Nichts mehr darüber, wie wir Schriftsteller der Macht ins Ohr gesungen haben? No Stasi-Storys? Kann man sie wirklich nicht mehr hören? – Wär doch gar zu langweilig, ohne monatliche IM-Hofberichterstattung. Zumal Berufssaubermänner gern drohen: Ostgeborne Autoren, die sich öffentlich-kritisch in die Angelegenheiten dieses Deutschlands einmischen, werden von uns so lange durchsucht, bis sich Karteikarten mit Kürzeln finden.

Wollen wir jenen Denunzianten, denen jeder Systemwechsel eine Badekur ist, nicht doch Futter geben?

Aktengläubigkeit, die Wiedergabe von Gedächtnisprotokollen durch Dritte, Vermutungen und persönliche Animositäten bewirken nämlich kostbare Sprachschönheiten. Wollen wir darauf verzichten? So auf den Leserbrief einer deutschen Autorin?

Ich hatte sie ihres schlechten Deutschs wegen im satirischen Blättchen „Eulenspiegel" sanft getadelt. Nun tadele sie – mit Fußnoten, ganz Geheimdienstnotat – zurück: „Der Verfasser Biskupek* steht dafür mit seinem Namen. Der Grund, warum er sich hier exemplarisch umfassend gegen Gabriele Stötzer** äußert, mag in der harten öffentlichen Konfrontation 1995 um die Zeitschrift „Palmbaum" liegen … Deshalb fordere ich von der Redaktion des Eulenspiegel eine öffentliche Richtigstellung und Entschuldigung des Herrn Biskupek, der mit einer falschen Schilderung in einem virulenten Text eine Konstruktion der persönlichen Beleidigung meiner Person präsentiert. *Gabriele Stötzer*

Nein, ich entschuldige mich nicht. Ich weiß gar nicht, wie man virulent eine persönliche Beleidigung als Konstruktion präsentiert. Auch weiß ich nicht, wie ich mich öffentlich richtigstellen soll. Pikant sind hingegen die Fußnoten, suggerieren sie doch, dass

* *Matthias Biskupek, inoff. Mitarbeiter der Stasi mit Decknamen IMS „Kurt", Reg. Nr. X/1012/81*
** *Die im Text als Gabriele Stötzer aufgeführte Lyrikerin saß 1977 ein Jahr im Strafvollzug der DDR wegen Staatsverleumdung.*

fiese Kunstbeschmutzer Frau Stötzer zu DDR-Zeiten in den Knast brachten und bis heute wagen zu spotten.

Darf ich beichten? Meine IM-Karriere fand überwiegend 1981 statt, als zwei Herren zunächst zu mir nach Hause, dann ins Kabarett kamen, um mich zu warnen, dass der CIA mich werben wolle. Als niemand warb, erklärten sie, dass sie mit mir dann eben über meine „lustigen Artikel" sprechen wollten. Sie hätten ja auch Leserbriefe schreiben können, aber sie kamen persönlich … Dass ich nicht rief: Hinfort! Otterngezücht!, sondern genauso zuvorkommend wie auf Leserbriefe reagierte, war mein Fehler. Auch als ich gegen Ende der DDR nach München fuhr, wies ich einem mich ausfragenden oberfränkischen Grenzschutzbeamten nicht die Zugabteiltür, sondern erklärte bereitwillig, dass ich zum Piper-Verlag in Sachen Karl Valentin wolle. Der Beamte schrieb damals „Bieber-Verlag" auf, weshalb ich nun wahrscheinlich als IM „Bieber" durch oberfränkische Verfassungsschutzakten geistere – zum Glück vorerst unenttarnt.

Fehler über Fehler muss ich gemacht haben in meinem geheimdienstlichen Leben. So teilte ich nach Stasi-Aktenlage damals, 1981, mit, ich besäße ein Buch, das im Westen erschienen sei und „Mit dem Schönsten wurde schon gerechnet" heiße. Ich besitze wirklich ein Buch, freundlich gewidmet, das allerdings „Mit dem Schlimmsten wurde schon gerechnet" heißt und von Lutz Rathenow gedichtet wurde. Habe ich die Stasi nun nasgeführt oder hat sie sich selber vergackeiert? Auf jeden Fall will ich für meine lutz- und titelverachtende Spitzeltätigkeit gern Buße tun und auf alle mir angetragenen Adenauer-Preise verzichten.

Leider war ich nie richtig informiert. Erst seit 1991 weiß ich – und habe es interessierten Medien beflissen und schuldbewusst mitgeteilt – dass die Stasi mich 1980 als IM in ihren Unterlagen führte. Meine Führungsoffiziere waren wohl vor allem Führungsunterlagenführer. Böse macht mich bis heute deren Einschätzung, man habe wegen „Unzuverlässigkeit" von weiterer Zusammenarbeit abgesehen. Wer mich kennt, weiß, dass ich oberflächlich, großschnäuzig und versöhnlerisch sein mag, keinesfalls aber unzuverlässig. Auch für die Stasi wäre ich als Mitarbeiter zuverlässig gewesen. Ich hörte mir damals die von den Offizieren verkündeten Einschätzungen meiner „unklar ausgedrückten Eulenspiegeleien" interessiert an. Die Eitelkeit des unverstandenen Poeten. Das Ansinnen, zu berichten, lehnte ich freundlich (meine Schuld, ich weiß, meine Freundlichkeit, doch bin ich in dieser Rede anders?) ab. Aber ich habe gesprochen. Hugh. Mit der Stasi. Hugh.

Somit denke ich von mir als einem Täter. Täter passt in mein Bild von mir. Leider aber erforschte die Stasi, 1974 beginnend, am 4. November 1989 endend, mich umfassend in operativen Vorgängen, operativen Personenkontrollen und operativen Ausgangsmaterialien. Jahrelang wurden Telefon und Post überwacht. Da hieß ich „Touristik" und „Radio" und „Schreiber". Aktenkundig wurde festgestellt – entgegen meinen Erinnerungen, in welchen ich mich bis heute als positiv-freundlichen, der Zukunft und meiner Heimat zugewandten Schriftsteller verkläre – aktenkundig wurde festgestellt, dass ich negativ-feindlich sei. Die Stasi wusste sogar, dass ich freundschaftlichen Umgang mit Wolf Biermann pflege. Komisch, ich kenne ihn bis heute nicht Aug in Aug.

Den Akten zufolge war ich Opfer, könnte heute Opferverbänden vorsitzen, eine Opferbibliothek leiten oder aufopfernd meine Opferbiografie schreiben. Nie aber werde ich vor mir selber zugeben, Opfer gewesen zu sein. Dazu habe ich viel zu gern und viel zu gut gelebt, im verdrucksten Ländchen. Am wenigstens aber will ich als täterndes Opfer, als Täpfer, dastehen. Ich wollte immer bis aufs I-Tüpfelchen zu verantworten wünschen, was ich geschrieben habe. Mit allen orthografischen Fehlern seit 1957.

Wie also komme ich und alle um Aufklärung bemühten Kollegen aus dem Geruch, in der DDR vorwiegend Spitzelprosa geliefert zu haben, heraus? Indem wir uns zu allem, was wir je geheim oder öffentlich aufschrieben, bekennen. Was wir selber aufschrieben. Ja, das haben wir verbrochen: diesen lyrischen Liebesseufzer und diese Unterschrift im Pionierausweis. Was aber andere über unser vermeintliches Denken notierten, die staatssichernden Protokollanten, ist so misstrauisch zu betrachten wie Literaturkritik.

Was wollte der Dichter uns damit sagen? Darüber dürfen beamtete Forscher spekulieren, in ihren Amtsstuben.

Was haben die Dichter selbst geschrieben? Das sollte ein ehrlich interessiertes Publikum auch selber lesen dürfen. Vieles davon ist in guten Bibliotheken bis heute zugänglich.

1997

Meine alte Theaterleidenschaft flammte auf. In Schwedt wollte man das erwünschte Musical wirklich produzieren. In der Thüringer Knauer-Mühle traf sich das Inszenierungskollektiv, das jetzt Team hieß, zum Spinnen. Das Gespinst hieß „Allemann-Center", wurde erfolgreich aufgeführt, in der Presse gelobt und verrissen – und nie nachgespielt.

Ich war erneut in eine Jury berufen worden. Leute im Poetenseminar-Alter – 16–25 Jahre – aus Hessen und Thüringen waren zu lobpreisen. Alljährlich las ich massenhaft Erzählungen und Gedichte, diskutierte in Nachtsitzungen darüber und hielt gelegentlich die Laudatio für die Ausgezeichneten. In Wiesbaden oder Erfurt.

Bonn war kein finsterer Ort des Kalten Krieges mehr, sondern eine gewesene Hauptstadt, die zu Lesungen einlud, Guernsey war wirklich eine Insel mit Linksverkehr und das PEN-Zentrum – damals noch in Ost und West getrennt – wählte mich als Mitglied hinzu. Im folgenden Jahr gab es in Berlin zunächst einen Polterabend und im November in Dresden den Vereinigungsparteitag zum gesamtdeutschen PEN. Christoph Hein wurde Präsident und ein paar mir liebe Kollegen saßen im Präsidium.

Es waren wohl auch liebe Kollegen, die für mich beim Kulturfonds, eine im Westen angekommene Ost-Organisation, ein gutes Wort einlegten und mir rieten: Bewirb Dich im Künstlerhaus Wiepersdorf, dem Bettina-von-Arnim-Ort, für ein Aufenthaltsstipendium.

So rückte ich im August in diesen Hort ein, den ich schon zehn Jahre zuvor für eine Anthologie bedichtet hatte:

Bettinaliebe // Ein Wenzelmenschinggedicht // Dann haben wir Bettina aufgedeckt. / Sie lag rum. Unter einer Klassenschicht versteckt. / Die Schicht war kalt. / Schnee war gefallt. // Weil all dies in Wiepersdorf statthatte / Fegten wir los. Das Weiß machte Flocke / Wir uns die Platte. Bettina wälzte sich / Wollüstig im Grab. Wir popelten an ihren Goldbuchstaben. / Bettina fühlte sich gut / An Geboren Mannomann / Brentano Gestorben Ach Achim // Als wir all das herausgelesen hatten / Mit den Fingern drinne in Tinas Antiqualettern / Und wir uns besannen / Nahmen wir die Betty mal so richtig lieber Vater / Rechts und links und dann gings / Ins Tejater.

Vom Zauber des Ortes befeuert begann ich einen Roman „Schloss Zockendorf – Eine Mordsgeschichte". Doch in tiefer Vergangenheit harrten andere Künstlerhäuser ihrer Entzauberung.

DREI PAPPELN

Die Karriere der Villa begann am Ufer eines märkischen Sees. Pflöcke wurden in den Sand gerammt, drei Pappeln gepflanzt, ein Bootssteg errichtet und Stein auf Stein, Fliese an Fliese gelegt. Ein

Salon mit Seeblick war projektiert worden und allerlei Zimmer in den beiden oberen Geschossen eingebaut, auf dass man viele Besucher empfangen konnte.

Die kamen auch bald, denn ein Filmproduzent der legendären UFA der legendären zwanziger Jahre war Bauherr und Besitzer. Marlene Dietrich oder Marika Rökk kamen so oft zu Besuch, dass es später hieß, die Villa habe diesen Filmgrößen gehört.

Die Villa überstand den Krieg leidlich, Bomben fielen nur aufs benachbarte Potsdam. Dann bezog die Rote Armee Quartier, man machte Zielübungen auf die drei Pappeln, angelte im See und nutzte den Großen Salon für Lagebesprechungen. Später kamen jene Leute, die man Umsiedler nannte, bezogen jeweils familienweise eines der großen Gästezimmer, die immerhin fließendes Wasser hatten. Bald schon aber wurden diese Leute wiederum umgesiedelt, sie bekamen als Neubauern märkisches Sandland zum Bewirtschaften und die Villa „wurde einer neuen Bedeutung zugeführt", wie zeitgenössische Dokumente verraten.

Es gab im Lande bereits ein großes Schloss, hundert Kilometer südlich gelegen, das als zeitweilige Heimstätte Künstlern dienen sollte, weil dort einst die Dichterin Bettina von Arnim gewohnt hatte und adlige Besitzer alsbald enteignet wurden. Nun meldete sich der Deutsche Schriftstellerverband, eine Vereinigung im kleinen Deutschlandteil, der straff geführt werden sollte und seinen Mitgliedern ebenfalls eine Stätte für Arbeit und Erholung bieten wollte. Denn alle Großbetriebe, die im Lande erblühten, also rauchten, bauten sich Wald-Heime, nutzten Schlösser, eröffneten Campingplätze und manchmal nur kleine Bungalows, um ihren Werktätigen Ferienplätze zu sichern. Der Deutsche Schriftstellerverband mit ein paar hundert Mitgliedern wollte solches auch für sich und seine Leute – und siehe, ihm wurde jene Marika-Marlene-Villa zugesprochen.

Die hieß nun „Schriftstellerheim F. Wolf"*. Ein Ehepaar, Eltern einer alsbald bekannt werdenden Schriftstellerin, wurde als Hausmeister eingesetzt. Die drei Pappeln blieben unangetastet, die Zimmer wurden aufgemöbelt, der Salon in alter Pracht restauriert, im Keller ein Fernsehraum eingebaut, Nebenräume zum Speisesaal umgenutzt, und ein frohes Schriftstellerleben begann.

In den Schulferien reisten ältere Herren mit ihren jüngeren Frauen und den noch jüngeren Kindern an, viel öfter aber kamen erfolgversprechende Dichterinnen und erfolgsuchende Prosaisten, um hier große, tiefe Werke zu schaffen. Ihre Verlage und manchmal auch der Verband bezahlten den Aufenthalt für Wochen, gar Monate.

Sie arbeiteten, indem sie sich auf der Terrasse versammelten, Kaffee tranken, ruderten, rauchten, schwammen, einander Komplimente machten oder sich beschimpften, Sekt schlürften oder Wodka soffen, einander auf den kleineren Zimmern besuchten und gelegentlich in knarrenden Betten gemeinsam übernachteten. Es gab großartige Szenen, Ehen krachten und Lieben schmolzen, Intrigen wurden gesponnen, im Keller wurden fleißig die Fernsehsender des feindlichen Deutschlands gesehen. Es kamen junge Autoren und lauschten den Erzählchens kampferprobter Mitglieder des einstigen Bundes proletarisch-revolutionärer Schriftsteller. Eine Anekdote besagte, dass der Oberschlesier Hans Marchwitza in diesem Heim mittags mit einer frisch angebrochenen Flasche Korn dem Bett entstieg und auf seinen Kollegen Johannes R. Becher traf, der ihm triumphierend zurief: Ich habe bereits drei Sonette gedichtet!

* *Es handelt sich bei dieser Geschichte um eine freie Erfindung ohne Ähnlichkeiten mit realen Baulichkeiten und Personen. Das zufällig ähnlich benannte einstige Schriftstellerheim „Friedrich Wolf" befand sich von 1955 bis 1990 in Petzow/Werder.*

Andere verbürgte Geschichten erzählen vom Kennen- und Liebenlernen der Brigitte Reimann und des Siegfried Pitschmann, von Messerattacken Liebestoller und schweren ideologischen Ringkämpfen.

Von A bis Z und k. u. k., also von Bruno Apitz bis Gerhard Zwerenz von Sarah Kirsch bis Rainer Kirsch waren alle Autoren des kleinen Landes dort irgendwann zu Gast, auch wenn die einen sich als Staats-Dichter verstanden und die anderen schnell den anderen deutschen Staat aufsuchten, um nicht im kleinen deutschen Staat in sehr engen Räumen auf dessen Ende warten zu müssen.

Alle aber aßen gern den hausgebackenen Kuchen, nutzten die Paddelboote, besahen die drei Pappeln und schrieben so viel über dieses Heim, dass man Sammelbände hätte damit füllen können, die „In diesem besseren Land" heißen könnten oder „Mein Dörfchen, das heißt DDR" oder aber „Nichts wie weg!".

Als aber alles anders wurde und jener deutsche Schriftstellerverband sich überaus zuvorkommend auflöste, war die Villa herrenlos geworden. Das aber blieb sie im Staat der Grundstücksspekulationen nicht lange. Es meldeten sich Altbesitzer, Vorbesitzer, jüdische Besitzer und rechtmäßige Erstbesitzer. Treuhändlerisch wurden Rückgaben und Entschädigungen verfügt, so lange, bis das Haus viele Jahre leer stand und ein überzeugendes Bild des sterbenden Kapitalismus bot.

Da aber kam ein rettender Engel aus dem südlichen Deutschland. Er schlug mit den Flügeln, herab fiel ein symbolischer Geldbetrag und der Engel landete sanft neben den drei Pappeln und sprach: „Ich bin die große deutsche Schriftstellerin Sybilla von Sorgenfrey; meinem Gatten gehört ein bedeutender Aufsichtsrat. Mein Gatte meint, ich möge mir eine Beschäftigung suchen. Die nun habe ich, ich han min Lehen", sprach Sybilla, denn sie war in der mittelhochdeutschen Literatur bestens bewandert.

Und so stellte sie fleißige, handwerklich geschickte Leute ein, denn die gab es zuhauf unter den Eingeborenen. Und die rupften mit Stumpf und Stiel alle Altlasten aus, ließen aber die drei Pappeln unangetastet und den herrlichen Seeblick. Den herrschaftlichen Salon machten sie zur Kemenate, also zum heizbaren Frauenzimmer. Im Keller fanden sie armdicke Kabel, die sogleich als Stasi-Erbschaft entlarvt wurden, denn alles im Hause war verwanzt und voller sozialistischer Flöhe.

Auf diesen Sozialismusresten aber ließ sich Engel Sybilla ein hübsches Eigenheim erbauen mit originellen Leuchtern und originalen Marmorbecken und ganz neuer Küchenzeile und vor allem einem Gartenparadies ringsum. Das zog als eine smaragdene Fläche sich sanft zum Hause hin, wo Baumriesen von Ramblerrosen umgarnt wurden und kreative Schattenmuster auf den Rasen zeichneten. Die einst zerzausten Ulmenhecken standen wieder sprachlos und straff wie Mauern, die Apfelbäumchen waren von Lavendel und Aspirinrosen umhaucht, wippende Tellerhortensien hatten aus einer einst öden Sozialismuswüste ein kämpferisch gegürtetes Stück Freiheitsrasen gemacht.

Dabei aber beließ es Frau von Sorgenfrey nicht, denn in ihr wohnte deutsches Geschichtsbewusstsein. Einen Teil ihrer Villa stellte sie einem gemeinen, nützlichen Verein zur Verfügung, welcher so, wie man einst alte Gewänder mit Nadel und Faden aufarbeitete, nun die Vergangenheit aufarbeitete.

Der Verein dokumentierte in einem zellenartigen Anbau anschaulich die Verfolgung freiheitsliebender Schriftsteller wie Thomas Mann und Bertolt Brecht, von kommunistischen Bütteln zensiert, ausgegrenzt, verfolgt und gemartert. Man zeigte an jenem noch von Geschichte qualmenden Ort (Copyrigth: Erich Loest) aber auch die Hinterlassenschaften dieser Villa: armdicke Stasikabel. Anwesenheitslisten systemnaher Schriftsteller. Speisepläne.

Zensurakten. Abhörprotokolle. Dokumentiert wurde auch „Das Lob des Kommunismus", perfides Elaborat eines besonders schlimmen Staatsdichterfingers.

Und wenn Studiengruppen, Schulklassen oder gut beleumundete Journalisten sich rechtzeitig angemeldet hatten und Frau von Sorgenfrey ihren Nachmittagsschlaf unter Apfelbäumchen neben Aspirinrosen beendet hatte, gewährte sie gern einen Blick hinunter zum See, wo die drei Pappeln von alten Zeiten kündeten, oder, wie die neue freiheitliche Dichtung besagte: Hell aus dem dunklen Vergangenen / leuchtet die Zukunft empor!

1998

Das Jahr, in dem die ewige Herrschaft Helmut Kohls endete und ich mein drittes Buch beim Verlag Gustav Kiepenheuer zu Leipzig herausbrachte. Jenes „Schloss Zockendorf" sollte Krimi und Satire sein; die Buchpremiere fand im September in Rheinsberg statt, ich las aus „Zockendorf" in diesem Jahr noch in einem Dutzend Städten, so in Gera, Dessau, Mainz, Waren, Schwerin, Güstrow, Bad Doberan und Ronneburg.

Zu meinem Geburtstag war ich im Goethe-Institut in Krakau, den Malerfreund Nehmzow besuchte ich in Worpswede und fuhr mit ihm nach Luxemburg. Das Städtchen Ranis bei Pößneck mauserte sich mit seinem in die Lande grüßenden Schloss zur Literaturburg. Ein Bertelsmann-Betrieb und der Thüringer Schriftstellerverband bündelten Kräfte, wie man sagte; der „Lese-Zeichen e. V." wurde gegründet. Alljährlich gab es nun Autorentage da oben, auch als Auto-Renntage verunglimpft.

Im Juli ein langer Sommerurlaub an Estlands Ostseeküste im Kapitänshaus, ein Schriftstellerheim, wie das aus der vorigen Geschich-

te – zumindest diese Literaturgeschichte wurde fast bruchlos aus Sowjetzeiten umgerubelt in die Eesti kroon, später auch dort vom Euro abgelöst.

Mit Reinhold Andert wollte ich ein Songstück machen. Das zerschlug sich. Stattdessen wanderte ich in seiner Jugendheimat an der Unstrut. Ich wanderte auch mit einem Dutzend Schriftstellern zwischen Frankenhain/Thüringer Wald und Erfurt auf den Spuren des Jakob van Hoddis anlässlich dessen 111. Geburtstages. Ein Ergebnis-Büchlein hieß „Wandern über dem Abgrund", ein Titel, den Freund Martin Straub gefunden hatte. Mein Beitrag war eher krude, vielleicht humoristisch.

IM KRÄHWINKEL
oder
DIE GRAMMATIK ZIEHT
EINEN STRICH DURCH DIE KARTE

Ach dem Denker wird es übel,
Der das Heut bedenken soll.
Steckt ihn in den Wasserkübel.
Er ist toll.
(Jakob van Hoddis. Aus „Die Himmelsschlange")

Wir waren gerüstet und gespornt und lagen, wie der Landser sagt, an den Hängen des Thüringer Waldes in einem jener Dörfer, die nur Messtischblätter exakt verorten. Im Herzen bewegte uns der Auftrag, in einer Tagesetappe eine Gaststätte am waldreichen Rande der Landeshauptstadt zu erreichen. Im Kopfe schwirrten die Verse eines unglückseligen Poeten, der just diesen Weg eingeschlagen hatte, als im nahegelegenen Gotha ein Arbeiter- und

Soldatenrat disputierte, ob man die Macht vielleicht doch an sich reißen sollte.

An unseren Füßen stak festes Schuhwerk, denn es galt, die Strecke fürbass zu bewältigen. In den Händen trugen wir Kartenmaterial in den schönsten Farben, die ein Kopiergerät auszudrucken vermochte. Der Weg galt uns alles, das Ziel lag weit hinterm unreifen Korn. Der Erste Weltkrieg war vor knapp achtzig Jahren durch Kapitulation der kaiserlichen Armeen beendet worden. Im Dorf herrschte jener tiefe arbeitslose Friede, der nach der deutschen Wiedervereinigung vor acht Jahren ins Land eingezogen war.

Wir waren ausgezogen, das allmähliche Verfertigen der Gedanken beim Wandern zu erlernen. Über dem Verfertigen hatten wir das nächste Dorf namens Gossel in Marschrichtung erreicht. „Gossel" hieß es auf dem farbigen Kartenmaterial. „Gossel" breitete sich vor uns aus. Wir: die Vorhut. Der Spähtrupp. Pioniere. Hauptfeld und fußkranke Marketenderinnen blieben verschwunden. Geschwindmärsche fordern auch in Friedenszeiten Opfer. Wir waren auf dem Felde des Wanderns unbesiegt und folgten dem Doppelwort des Reinhold Messner: Niemals zurück!

Mit dem vorzüglichen Messtischmaterial in den Händen fragten wir dennoch einen jener putzigen Einheimischen, die stumpf und ziellos an den Straßenrändern herumlungerten, wo denn das sagenumwobene Jonastal, unser nächstes markantes Kartenziel, läge. Doch der Geselle wusste nur in eine ungefähre Richtung zu deuten und hinzuzufügen: *„Ech binnich vunn Crawinkel!"* Merkwürdige Gegend, schoss es durch unsere Hinterköpfe, wo Menschen in Gossel nach dem Jonastal befragt, herausplatzen, dass sie „nich vunn Crawinkel" seien. Doch sind nicht all diese Orte wahre Krähwinkel, ob sie nun Gossel oder Jonastal heißen?

Wir schritten in die angegebene Richtung und näherten uns einer Straße von links, wo wir uns ihr von rechts hätten nähern müssen. Ein Dorf lag am Horizont, das an einer ganz anderen gedachten Linie hätte liegen müssen; gelegen hätte sein müssen. Die Grammatik zog uns einen Strich durch die Karte. Baumgruppen ragten als markante Punkte auf, wo sie nie und nimmer hätten aufragen dürfen. Ein Bächlein rann in einen Grund hinab, wo es nach der Karte bergauf fließen sollte. Denn lief das Wasser nach dem Dichter Brecht nicht immer bergauf? Der Himmel war exakt an der falschen Seite der Erde befestigt, und per Wegweiser wurden wir stracks in einen Ort gewiesen, der ebenfalls „Gossel" heißen sollte, wo wir doch aus dem Flecken Gossel herkamen. War es nicht merkwürdig, dass zwei Dörfer gleichen Namens so dicht beieinander lagen? War nicht vielleicht diese ganze vorwäldlerische Landschaft ein Schreibfehler des Hersfelder Güterverzeichnisses? Waren wir Wandersleute, die den Spuren eines schizophrenen Dichtersmenschen nachgingen, nicht alle Krähwinkelbürger, wo allein echte Krähwinkler stolz ausrufen durften: „Ech binnich vunn Crawinkel!" Wähnten wir uns nicht alle hüben, wo wir doch nach drüben hätten gehen müssen? War das *Spaltirresein* nicht der echte, deutsche, nun wieder zu Ehren kommende Ausdruck für die welsche Schizophrenie? Der Weltkrieg war zwar verloren worden, doch im Sprachgetümmel sollten wir uns behaupten können.

Ich mag diese Wanderung, diesen Fußmarsch, diesen Vorstoß ins weite, feindliche Heimatland nicht zum guten Ende bringen. Nicht auf dem Papier. Es genügt, wenn am Ende die Wirklichkeit gut aussieht.

Denn alles war geklärt, als wir unsere Stimmen im Radio hören konnten, Tage später. Als Originalton, als Windstimmen und als Stellungnahmen zu den Fragen unserer Zeit, realistisch schnaufend. Was wir zu sagen hatten, war schon am Abend vor der Wanderung ins Mikrophon gesprochen worden. Denn die aktuelle Zeit namens Echtzeit kann man nur überlisten, wenn man die berechnete Zeit einprogrammiert.

Während unsere weisen oder wegweisenden Worte durch den Äther flogen, knirschte aus allen Lautsprechern der Boden unter unseren Füßen, der Wanderboden über dem Abgrund, hinzugemischt von findigen Technikern. Diese hatten den deutschen Schicksalsberg, den Brocken und dessen Schneefelder, als Geräuschkulisse passend zu Stellungnahmen und Windstimmen gemacht. Die Orte und die Zeiten waren verrückt worden. Wir aber bestanden fest und unverrückbar auf unserer Erfahrung, auf dem deutschen Spaltirresein, das nach dem Ersten Weltkrieg zur Schizophrenie verflachte. Wir standen über dem Abgrund auf unserer Erfahrung. Gespeist aus der Lektüre eines verrückten Dichters: Ach, dem Denker wird es übel, der das Heut bedenken soll. Steckt ihn in den Wasserkübel. Er ist toll.

1999

In Bremen gab es eine PEN-Tagung und in Wiesbaden hielt ich eine Laudatio auf junge Dichter. Freund und Kollege Lothar Kusche feierte seinen 70., und ich fuhr im Mai wiederholt zu Lesungen in die Schweiz, nach Solothurn und Zürich. Meine Berliner Wohnung in der Choriner Straße war einem Baulöwen zugefallen, wurde also entkernt, neu zugeschnitten und einem veränderten Mietspiegel unterworfen. Mir gestattete man, eine Unterkunft mit Nasszelle, Küche und drei hohen Fenstern zum Hinterhof in der Straßburger, ein paar hundert Meter entfernt, zu beziehen. In dieser Nebenwohnung blieb ich nicht lange; das wäre eine andere Geschichte.

Für das Leipziger Kabarett „Sanftwut" schrieb ich mit an einem Programm. Ich radelte im sehr heißen Sommer fast das ganze Maintal entlang; im September erschien, von Wulf Kirsten herausgegeben, mein tiefblaues Bändchen „Die geborene Heimat – Spöttische Lobreden", sehr schnell vergriffen und nie wieder aufgelegt.

Durch Olaf Nehmzow hatte ich Beziehungen nach Japan, sein Galerist kam gelegentlich nach Berlin. Nun hatte Nehmzow in Tokio eine Personalausstellung. Fliegt man deswegen vierzehn Stunden nach Japan? Deutschlandradio Kultur finanzierte mir zwar weder Flug noch Unterkunft, ließ sich aber zu einem langen Radiofeature überreden, zwecks Kostendämpfung der drei Japanwochen. Das Stück „Das japanische Dach überm Kopf – eine Nachtlagersinfonie" wurde 2000 gesendet.

Am 3. Juli 1999 flog ich von Tegel nach Japan. Nach dem Einchecken rief ich zu Hause an, von einer Telefonzelle. Handys waren noch unüblich.

Mein Vater war in der Nacht gestorben. – Die Urnenbeisetzung im Familienkreis auf dem Mittweidaer Friedhof erfolgte drei Wochen später, nach meiner Rückkehr.

DREI VARIATIONEN ÜBER MEINEN VATER

1 Wie mein Vater Musik machte

Höhere Töchter, wie meine Mutter, erlernten das Klavierspiel. Mein Vater, der niedere Sohn, lernte Geige. Sein Vater Wilhelm, schon erwähnt, war vor allem Straßenbahnfahrer, deutschnational, lange arbeitslos und krebskrank. Er starb 1934, und mein Vater musste als Vierzehnjähriger schon Familienoberhaupt sein. Offenbar meisterte er das mit Bravour, denn seine Mutter, meine Großmutter Berta, vertraute ihrem klugen, begabten Kind, das eine Freistelle auf der Oberrealschule bis zu seinem 17. Lebensjahr nutzen durfte.

Mein Vater hatte eine zwei Jahre ältere Schwester und eine verschwiegene Halbschwester, von der er erst sehr spät erfuhr: In Schlesien herrschte, wie in weiten Teilen Deutschlands, im 20. Jahrhundert noch das 19. Jahrhundert. Sachsen war, wie meine Mutter nicht müde wurde zu betonen, damals viel fortschrittlicher, denn Sachsen sind helle. Was sexuelle Unordnung anlangte, ging es in der sächsischen Familie meiner Mutter wohl noch prüder zu.

Die Quellen, wie lange mein Vater das Geigenspiel erlernte, widersprechen einander. Er meinte zwei, drei Jahre. Geigenunterricht kostete Geld, das sich mein Vater unter anderem in der Anwaltskanzlei Schimmelpfeng durch Botendienste erarbeitete. Am 23. Dezember fiedelte er unablässig „Morgen Kinder, wird's was geben, morgen werden wir uns freun", bis seine geduldige Mutter sagte: „Nun reichts aber, Junge!"

Die Mutter, also Oma Berta, bei uns nur die Tauchsche Oma genannt, weil sie nach dem Krieg in Taucha bei Leipzig sesshaft wurde, war Reinemachefrau. Sie sang bei der Arbeit, unablässig, wie Quellen mitteilten.

Die Geige meines Vaters, vier Jahre jünger als mein Vater, ein Stück vom Meister Fritz Heberlein aus Markneukirchen, ging über Kriegsjahre und Umzüge hinweg nie zu Bruch oder gar verschütt. Sie wird heute gelegentlich von meinem Sohn familienintern genutzt, der sie aber nie zum öffentlichen Vergnügen spielt, obwohl er, da sind die Quellen eindeutig, zehn Jahre lang das Geigespiel erlernte.

Mein Vater traktierte die Violine vor allem öffentlich. Nach dem Krieg, als er verschiedene Studien und Berufe probiert hatte, entdeckte er, dass Geigespiel Geld einbringen kann. Auf dem Mittweidaer Friedhof war bei Beerdigungen Streichermusik gefragt. Zum Tanze hatte er schon vorher gelegentlich gefiedelt; ein Lehrergehalt war für unsere damals fünfköpfige Familie nicht üppig. Wenn er Luigi Boccherinis „Minuetto" übte, sang er gelegentlich dazu „Anneliese komm, wir wolln ins Kino gehn." Die damals weithin übliche Unterteilung in U- und E-Musik durchbrach er, wenn er „Weißer Holunder blüht wieder im Garten" fiedelte.

Da mein Vater wohl das war, was man hochmusikalisch nannte, brachte er sich selbst Gitarre, Flöte, Balalaika, Okarina und Mundharmonika bei; auf dem Klavier klimperte er allerdings nur, um den rechten Ton zu finden, das war allein das Gebiet meiner Mutter, der Höheren Tochter, die untrüglich herausfand, welcher Brahms und welcher Beethoven gerade im Radio gespielt wurde.

Mit Landsknechts- und Wanderliedern großgeworden, unter kräftiger Mitwirkung der Hitlerjugend, sang mein Vater bei Geburtstags- oder Nachbarschaftsfeiern in unserem Garten in der Talsperrenstraße immer laut und deutlich zur Gitarre. Da gab es das schöne Lied „Tsching tschang gulligulli watcha, tsching tschang tschi, tsching tschang tscho – Mundo, atta mundo, atta mäu o Kakadu – Tschallewei, Tschallewei Tschallewei tscha." Wir Kleinkinder ermunterten ihn: „Schangulli singen!"

Viel später las ich von Franz Fühmann, Generations- und Schicksalsgefährte meines Vaters, die Geschichte „Indianergesang". Das Tschallewei meiner Kindheit klang herauf. Dort hatte es Schalawei zu heißen und der kindliche Erzähler, der meinte Tschallawei klinge viel schöner, wurde vom Herrn Kaplan für diese Ungehörigkeit so schmerzhaft an Nase, Ohr und Haar gestraft, das ihm Hören und Denken verging.

Heutige Recherchen ergeben, dass das Lied bei Treffen der Bündischen Jugend gesungen wurde, um 1920, englisch anmutend: Ging gang goolie goolie goolie goolie watcha / Ging gang goo, ging gang goo.

Das inkriminierte Tschallawei lautet dort: shally wally, shally wally, shally wally, shally wally / Oompah, oompah, oompah, oompah …

Solcherlei Erkenntnisse halten mich ab, nach den Ursprüngen zweier weiterer Lieder zu forschen, mit denen mein Vater sich, unsere Familie und eine verzückt lauschende Nachbarschaft erfreute. So sang er gern:

Einst sprach zum Sohn der Vater / Heut gehen wir ins Theater / Die Karten hab ich schon / Und du kommst mit mein Sohn – Ich setz mich auf den meinigen und du dich auf den deinigen, ein jeder auf den seinigen (lange Pause) Sitzplatz im Parkett.

Entsprechend ging es weiter: Ich wisch mir dann den meinigen und du wischst dir den deinigen, ein jeder wischt den seinigen (lange Pause) Schweiß vom Angesicht.

Wir Kinder wurden, wenn's am schönsten war, wie damals üblich, ins Bett geschickt. Anderntags erzählte uns die Mutter mit leicht anklagendem, leicht bewunderndem Ton: „Euer Vater hat wieder zu viel getrunken! Bis in die Nacht! Und dann musste er auch noch den Herrn Knurz singen. Und alle Nachbarn hörten mit und haben euerm Vater zugejubelt."

Dieses Lied war eher ein gitarrentechnischer Spaß. Der Herr Knurz, der auch einen Sohn, eine Frau und weitere Verwandte hatte, allesamt vom Stamme Knurz, wurde in einer Art Sprechgesang jeweils aufgerufen, die Verwandten folgten. Denn zunächst produzierte der Herr Knurz das, was als Reimwort wunderbar passt – das Wort war aber immer nur ein ansteigend-jubelnder Gitarrenton. Kam der Sohn hinzu, wurde zweistimmig gejubelt, bis schließlich die gesamte Verwandtschaft vielstimmig knurzte.

2 Wie mein Vater vom Krieg erzählte

Wir beiden größeren Kinder haben ihn genervt: „Hast du im Krieg jemanden totgeschossen?" Natürlich wich mein Vater aus:

„Es war Krieg!" Vom Kriegsende erzählte er, dass er als Leutnant mit ein paar verbliebenen Männern irgendwo in der Lüneburger Heide einen Brückenkopf bildete, gegen „den Engländer". Meine Mutter war entsetzt: „Da gab es wohl noch Tote?" Mein Vater meinte, er sei dann „vom Engländer" mit seinen Leuten in einer Scheune eingesperrt worden, schlecht bewacht, also machten sich alle davon. Mein Vater besorgte sich bei Bauern eine Arbeitskombi mit „P" für Pole auf der Brust. Inzwischen hatte Deutschland bedingungslos kapituliert. Mein Vater hatte auch immer eine Hacke bei sich, mit deren Hilfe er in brenzligen Situationen seitab der Straße den arbeitenden Landmann mimte. So schlug er sich nach Süden durch, zu seiner Frau, meiner Mutter. Mit der war er seit Mai 1944 verheiratet. Auf dem Hochzeitsbild trägt er eine „schmucke" (Originalton der Generation 1920 plus) Leutnantsuniform. Die hatte er irgendwo im norddeutschen Tiefland vergraben. Nun war er bis Schkeuditz gekommen, war in die noch oder schon wieder intakte Straßenbahn eingestiegen und bis zur Märchenwiese gefahren. So stand er kaum eine Woche nach Kriegsende mit Schiebermütze und Arbeitskluft vor der Tür vom Nixenweg 10. Briefe, die sie sich in den und aus dem Krieg schrieben, hatten meine Eltern bereits bei seinem letzten Leipzig-Aufenthalt im März 1945 gemeinsam verbrannt. Es stand zu viel Siegeszuversicht drinnen.

Begonnen hatte meines Vaters Kriegerlaufbahn 1937. Der Rektor seines Breslauer Realgymnasiums nahm ihn beiseite: „Biskupek, Sie sind begabt, aber wir werden die Freistelle nicht mehr halten können für Sie. Ich schlage Ihnen was vor. Sie wollen doch studieren?" – „Ja", sagte mein Vater, „Philosophie!"

„Dazu brauchen Sie Abitur. Und Geld. Es gibt das Langemarck-Stipendium für Leute wie Sie. Jetzt machen Sie erst mal die mittlere Reife, dann Reichsarbeitsdienst und Wehrpflicht, dann wird für Sie weiter gedacht."

Während seiner Rekrutenzeit bestellte wiederum ein Wohlmeinender meinen Vater zu sich: „Sie wissen doch, auf der Halbinsel Rügen ist Krieg!" – „Rügen, Herr Major, ist eine Insel!" – „Ich sagte Halbinsel, und Krieg!" Mein Vater ahnte: „Legion Condor", und bat sich Bedenkzeit aus. Der Major: „Sind Sie ein deutscher Mann? Ihre Papiere sind bereits in Berlin!"

So kam mein Vater zu Beginn des Jahres 1939 nach Spanien, der Spanienkämpfer fiel ihm, wie schon erzählt, später auf die Füße. In Spanien habe er sich gewundert, wenn bei Hitze die Bauern – die nach Erzählungen meines Vaters alle für Franco waren – riefen: „Caldo, caldo." Wenn es aber wirklich kühler wurde, schlugen sie die Arme um den Körper: „Mucho frio, häh!"

Wir Kinder staunten: „Häh?", begriffen aber, dass kalt und warm auf Spanisch irgendwie verkehrt klangen.

Mit Schule und Studium wurde es nichts. Mein Vater sagte gern, er hätte ja nie Abitur gemacht. Statt Abitur Weltkrieg Zwo. Da war mein Vater, wie er sagte, beim Polenfeldzug, beim Frankreichfeldzug und natürlich beim Russlandfeldzug dabei. Und stieg vom Gefreiten zum Unteroffizier auf – mein Vater sagte schlesischgeschwind stets Unnoffßier.

In Gnadenburg am Terek, Nord-Ossetien, war er kurzzeitig Ortskommandant; die Bäuerlein seien alle für die Deutschen gewesen. Sagte er. Von dort stammten auch seine Russischkenntnisse: „Kapusta kislij kwass", das sei die russische Entsprechung für „Gut Ding will Weile haben": Kraut braucht Zeit zum Säuern. Oder spielte rudimentäres Oberschlesisch mit?

Wir fragten selten nach. Es gab kein Wikipedia zum Überprüfen. Wir hörten gebannt zu. Wir hörten von der Kriegsschule Rerik im Jahre 1944, und wenn wir in unserem neuen deutschdemokratischen Verständnis dann doch fragten, wie das mit dem Befehlsnotstand gewesen sei, ein Konjunkturwort in der ehemaligen

Bundesrepublik, meinte er: „In der Armee gehorcht man. Wenn ich Zugführer war, hatten die anderen mir zu gehorchen. Und wenn ein anderer den Posten hatte, gehorchte ich. Gern. Man muss gehorchen und befehlen können."

Vielleicht waren seine Erzählungen doch nicht so befehlshaberisch. Seine drei Söhne sind bis heute Militär-Verächter, bei unterschiedlichem Politik-Verständnis. Der erste kam wegen nötiger Maßschuhe nicht zur Fahne, der zweite, ich, erlebte nur eine verkürzte Reservistenzeit und der dritte muss in seinen anderthalb Jahren durch besondere Schlampigkeit aufgefallen sein, so dass er nicht mal den Rang eines Gefreiten erreichte.

Die dritte Variation über meinen Vater …

Jetzt fielen die zuhörenden Jahre ein: Reicht! Pause! Soll doch das nächste Jahr weitererzählen!

Das murrte heftig: Und gerade bei mir passierte so vieles …

Es nützte nichts. Pause.

2000

Silvester in Berlin. Brandenburger Tor und Tierpark, wo mitternächtlicher Raketenrauch ein Schlachtfeld imaginierte. Das große Lichtspektakel von Gert Hof mit Mike Oldfield an der Siegessäule versank im Nebel. Hof hatte ich in tiefer DDR in Leipzig kennengelernt, als er mit Harald Pfeifer Brechts „Kleines Mahagonny" inszenieren wollte.

Wiederum hatten mir gute Freunde geraten: Bewirb Dich für ein Stipendium an der Casa baldi in Olevano Romano. Die Villa Massimo in Rom, das deutsche Künstlerdomizil seit der Kaiserzeit, wurde umgebaut, aber die Casa baldi, Sommerfrische der Massimo-

Stipendiaten, nahm alternde Ost-Künstler auf. Es war das Jahr meines Fünfzigsten. Der Beckett des Vogtlandes, Klaus Rohleder, Jahrgang 1935, war im Vorjahr dort gewesen und gab mir Tipps.

Weil keiner im Ort Fremdsprachen beherrschte, sollte ich möglichst Italienisch lernen. Mit Hilfe von Kassetten sprach ich Sätze von Professore Baldi nach: „E una macchina japonese!"

Ich fuhr mit meinem nagelneuen, kleinen, knallroten Peugeot (una macchina francese) Ende März über Solothurn gen Italien. In Solothurn wohnte meine Freundin aus Eulenspiegel-Zeiten, Gudrun Piotrowski, mit der ich 1992 eine Schweizer Kabarett-Textanthologie herausgegeben hatte: „Es sind alle so nett."

Auch in Italien waren alle so nett. Eine poetische Frucht meines Aufenthaltes war folglich ein Fluch:

Des Dichters Fluch // Eine Ansicht von Süden // Die Bundesrepublik Deutschland zahlt einen Frühling lang / Und einen römischen Sommer mit Wohnhaus zahlt sie / Zahlt eine italienische Putzfrau mit Lappen und Eimern / Zahlt Taschengeld zu reifem Gesange mir // Ich zahle dies heim, der Bundesrepublik Deutschland // Mit einem Vers über das miese Wetter der Bunzreplik Täuschland / Mit einem Vers über die Vetternwirtschaft der Bunzeltick Muffland // Mit einem Vers über die Niesfischstruktur Puffboutique Pfuschsand // Mit einem PerVers Rübenschwein Bumskultur Furzclique Kusch! Mann! // Mit einem schlaffen Reim auf Schwein und Nein! und Stefan Rotwein //

Im Oktober wurde ich von der Germanistin Jill Ellen Twark zu Seminaren und Tagungen in die USA eingeladen, nach Madison/Wisconsin und Houston/Texas. Kollege Bernd Schirmer und mein Sohn Johannes fuhren mit; in Chicago gingen wir in den Jazzkeller, am karibischen Strand besahen wir das später vom Hurrikan zerstörte Galveston.

Ich veröffentlichte, ging auf Lesereise, erholte mich an dänischen Stränden; neue Freundschaften entstanden und alte bröckelten, ur-

alte oder gar aktuelle Liebschaften werden nimmer erzählt: Das Jahr
war vielleicht der Höhepunkt meiner Schriftstellerkarriere.

3 Wie mein Vater sich die Karriere versaute

Mein Vater war liebenswürdig und starrköpfig. Schon mit seinen Vorgesetzten bei der Wehrmacht hatte er Probleme. Meinte meine Mutter.

Was er als Neulehrer, als stellvertretender Schuldirektor, als kurzzeitiges SED-Mitglied alles falsch machte, wurde für 1951 und 1952 erzählt. Nachdem er 1954 wieder im Kreis Hainichen, zu dem Mittweida zählte, arbeiten durfte, ging er zur Hilfsschule am Schwanenteich als Lehrer. Und kniete sich heftig in die Arbeit, baute eine Imbezillen-Gruppe auf. Heute hieße imbezill „mittelgradige Intelligenzminderung", Schüler, die man einigermaßen zum selbstständigen Leben bringen konnte. Er bestand alle Lehrerprüfungen nebenbei mit Bravour und rechnete sich Chancen auf den Posten des Schulleiters aus. Den bekam ein SED-Mitglied, was er sich hätte ausrechnen können.

Mein Vater kündigte – und ging ans Kinderheim Neusorge vor den Toren Mittweidas, ein in den Zwanzigern von Elsa Brändström für Waisenkinder genutztes Gutschloss in Zschöppichen. Es war nun Heim für „Schwererziehbare und schwachsinnige Kinder", wie es im Stil der Zeit hieß. Der Schriftsteller Günter Saalmann, Mittweidaer und Musikerkollege vom Jazzer Joe Sachse, nutzte just dieses Heim als Folie für seinen Roman „Umberto", Meilenstein der DDR-Kinderliteratur.

Mein Vater wurde in Neusorge alsbald Schulleiter. Er mochte Kinder und die mochten ihn, sie waren auf ihn, „wie gepinselt" – Originalton meine Mutter. Die „Schwachsinnigkeit" mancher Kinder rührte oft aus ihren häuslichen Verhältnissen, die Schwererziehbarkeit ohnehin. Da hatten Eltern ihre Kinder zurückgelassen beim Gang gen Westen. Dort hatten staats-, aber nicht familien-bewusste Eltern ihre Kinder vernachlässigt – und es gab Kinder, die schon Autos oder Scheunen mutwillig abgefackelt hatten. Zu Weihnachten hatten wir oft Jungen aus Neusorge unter unserm Weihnachtsbaum zu Gast. Kinder ohne Familienbindung.

Mein Vater war auch ehrgeizig und beschloss zu promovieren. Seinen Forschungsgegenstand erlebte er täglich. Da war er schon Mitte vierzig; die Promotion zog sich hin, er war außerplanmä-ßiger Aspirant. Sein Thema war der Zusammenhang von Schwer-erziehbarkeit und Schwachsinn. Dazu musste er statistische Me-thoden, Wahrscheinlichkeitsrechnung erlernen. Die obligatorische Russischprüfung wurde ihm erlassen, Marxismus-Leninismus na-türlich nicht.

An der Humboldt-Uni wurde er 1970 zum Dr. paed. promo-viert, als ich bereits studierte. Er ließ sich Briefumschläge mit Titel drucken. Der Sohn eines schlesischen Arbeitslosen und einer Rei-nemachefrau hatte es zu etwas gebracht. Das wollte er zeigen.

Ich bin folglich familiär von Doktoren umgeben: Mein Vater, meine Frau, mein Sohn, der 2004 ein Physik-Doktor wurde. Mei-ne Schwester sagte in ihrer sarkastischen Art: „Unser Vater musste noch selbst promovieren, wir Kinder haben eine höhere Stufe er-reicht: Wir lassen das durch unsere Ehepartner besorgen."

Mein Vater konnte sehr schöne Reden halten, man nannte ihn in und um Mittweida den „Jugendweihebischof". Bei der URANIA, der „Gesellschaft zur Verbreitung wissenschaftlicher Kenntnisse", sprach er über Psychologie und „sozialistische Menschenführung", wie es hieß. Am Technikum Mittweida, damals Ingenieurhoch-schule, wurde man aufmerksam: Man brauchte Dozenten seiner Art, die Psychologie und Pädagogik spannend darbieten konnten. Mein Vater wurde als Oberassistent eingestellt und hielt Vorle-sungen, die noch Jahrzehnte später in guter Erinnerung waren.

Mehrmals werde ich bis heute bei Lesungen gefragt, ob mein Vater Dr. Biskupek war, jener faszinierende Hochschullehrer. Einer erzählte mir erst jetzt vom Bergfest seines Matrikels, für das man Dr. Biskupek als Redner gewonnen hatte. Er muss packend gesprochen und den Mut einiger Studenten gelobt, sich für drei Exmatrikulierte eingesetzt und gleich eine Vorlesung über Solidarität daraus gemacht haben: Wohl ein Stolperstein in seiner Karriere.

Aufgrund seiner Beliebtheit machte mein Vater seine Rechnung, wie nicht selten, ohne seine Chefs. Eine Umstrukturierung an der Hochschule hätte sein Arbeitsfeld beschnitten. Man stellte ihn vor eine Entscheidung; Oberassistent Dr. Biskupek drohte mit Kündigung. Er glaubte, man wolle ihn unbedingt halten. Man wollte nicht. Er stand Anfang der Siebziger mit über fünfzig auf der Straße. Zurück in irgendeine Schule?

Mein Vater war seit vielen Jahren nun in der NDPD, dem Salonwagen der SED, wie er ironisch sagte. Ehemalige Wehrmachtsoffiziere, Handwerker und Selbstständige versammelte diese Partei, mit heutigen Nazis unvergleichbar. Mein Vater hatte gelegentlich ehrenamtliche Funktionen inne, von der Ortsgruppe bis zum Kreistagsmitglied. Nun ging er zu dieser Partei – könnt ihr mir helfen?

Man brauchte einen Redakteur im Karl-Marx-Städter Lokalableger der „Sächsischen Neuesten Nachrichten", der NDPD-Parteizeitung für die sächsischen Bezirke. Redaktionen schmücken und schmückten sich gern mit Titeln ihrer Redakteure. Mein Vater arbeitete sich wie immer schnell ein, zog die Arbeit zu sich heran, spürte die guten Seiten heraus, ging im Beruf auf. Mit meinem älteren Bruder, der gleichzeitig Journalismus in Leipzig studierte, stritt er: „Wie wird eine Seite richtig eingespiegelt? Was hilft ein Zeilenlineal, ordnungsgemäß Petit-Maß benannt? Wie werden die Bilder berechnet?"

Volkskorrespondenten, Freizeitrezensenten, Künstler und natürlich NDPD-Lokalpolitiker gingen in seinem Redaktionskabuff ein und aus, mit seiner Sekretärin verstand er sich gut, zu gut; er wechselte wieder an eine Schule, an die Berufshilfsschule Hilbersdorf – noch immer war der Name Förderschule unüblich, von Inklusion wusste man überhaupt nichts – um schließlich den Rest seines Lehrerdaseins dann wieder in Mittweida zu fristen, der Herr Doktor, der die Rente herbeisehnte.

Sein großes Herz, sein Sportlerherz, machte ihm zu schaffen und das langjährige Rauchen; die Sauerstoffversorgung funktionierte nicht richtig, er musste sich immer öfter an einen Schnauf-Apparat, wie er sagte, anschließen lassen. Doch auch aus dem Krankenhaus brachte er interessante Beobachtungen, Geschichten mit. Sein Leben aufzuschreiben gelang ihm nur in allerdings spannenden Bruchstücken.

Als er ein Vierteljahr nach seinem 79. Geburtstag starb, hatte er es endgültig satt, wieder und wieder in Kliniken einzurücken. „Ich bin doch sowieso überfällig. Mich hätte es schon im Krieg treffen können. Aus meinem Jahrgang bin ich der einzige Überlebende."

Solches hatte er schon früher gelegentlich gesagt, es klang auch jetzt nicht larmoyant. Es hörte sich eher glücklich an: Mit mir hat der Liebe Gott – an den er nicht glaubte – es gut gemeint.

Als er seinen wahrlich letzten Schnaufer an einem sehr frühen Morgen, friedlich im Bett, tat, sagte er, nach Aussage meiner Mutter: „Ach ist das schön, ist das schön…"

2001

Das Jahr des elften September. Ich schrieb eine freundliche Geschichte über einen mit vielen Qu-Lauten sprechenden Wellensittich, quasi ein Quellenwerk der Quirligkeit. Der Verlag Gustav Kiepenheuer wollte ein nettes Frühlingsbüchlein; in den Vorjahren gab es dort hübsch Illustriertes zu Hund und Katze. Mein Wellensittich fand keine Gnade; zu intellektuell, meinte die Lektorin. Das Manuskript blieb liegen. Drei Jahre später war „Die grauenhafte, aber erbauliche Geschichte vom Zusammenleben eines intelligenten Vogels mit einem von der Gesellschaft permanent überforderten Schriftsteller. Mit tierisch einfühlsamen Bildern des Ornithologen Ioan Cozacu, Gattungsname Nel" dann genau richtig beim kleinen Verlag von Ines Jerratsch in Schöneiche bei Berlin.

Bei Gustav Kiepenheuer lagen bunte Wetterbilder vom Hühnerzeichner Peter Gaymann aus Köln. Kannste nicht dazu…? Ich wollte und konnte; das Buch „Wetterbericht" erschien im folgenden Jahr. Manche der damals entstandenen Geschichten lese ich bis heute mit routinierter Betonung vor, wenn man bittet: Unn nuh was mit Humor!

Meine Frau verteidigte ihre Doktorarbeit an der Uni Gießen und ich verteidigte den Zusammenschluss vieler Gewerkschaften samt Schriftstellerverband zur Dienstleistungsgewerkschaft ver.di. Diese „Erfurter Rede" hätte ich lieber bleiben lassen.

Eine Italien-Nachwehe vom Vorjahr war eine Reise auf den Spuren des Franz von Assisi. Eine andere Nachwehe war mein erneuter Wohnungswechsel in Berlin. Während meiner mehrmonatigen Abwesenheit hatte ich Freund, Theater- und Radiokollege Hans-Otto den Schlüssel zu meiner Bude gegeben, Blumengießen, Post. Da er eine Ehekrise durchlebte, blieb er häufig samt Computer da. Das hatten wachsame Nachbarn den neuen, blutjungen und bayerischen Hausbesitzern gepetzt, die eine „illegale Untervermietung" sahen. Das einst mit Senatsmitteln rekonstruierte, dann überschuldete Haus war nämlich versteigert worden, die Jungbajuwaren hatten ihr Schnäppchen gemacht und wollten schleunigst die alten Mietverträge ändern.

*Als ich den Fall durch eine befreundete Journalistin öffentlich mach-
te, kamen die Hausbesitzer reuig an: „Wir wussten ja nicht, wer Sie
sind"… Ich bekam eine einigermaßen preiswerte Bude in der Kolma-
rer, wieder nur einen Steinwurf entfernt.*
*Ich war in Berlin endgültig angekommen, wie Tausende und Aber-
tausende Zuzügler aus entferntesten Weltregionen, aus Sibirien und
Schwaben.*

DIE SPEKULANTENTASCHE

Berlin ist die Stadt, wo man hipp, hopp, high und hypercool
ist. Die Neunziger brachten alles auf hundertachtzig. Das können
wir sehr einfach beweisen.

In einer ganz normalen Straßenbahn sehen wir eine offene,
helle, mutig gekleidete, fremdenfreundliche Person, die das Leben
zu meistern weiß, tolerant ist, sich als Berlinerin fühlt, grün wählt
und alle Dinge ausdiskutieren kann.

Zum anderen sehen wir in dieser ganz normalen Straßenbahn aber auch eine mit Kopftuch verhüllte, krumme, verschlagen
dreinblickende Person, die ein zum Slawieschen hiin gebrrrooches-
nes Deutsch spricht und eine gewaltige Tasche – rot-weiß gestreift,
im sowjetrussischen Volksmund als Spekulantentasche bekannt –
mit sich führt.

Die Grüne sitzt auf ihrem öffentlichen Verkehrsmittelplatz
und verspeist ein biologisches Nahrungsmittel, das in einer Folie
verpackt ist. Nach Beendigung der Mahlzeit klebt die Folie an den
Fingern. Die Grüne versucht, dieselbe von denselben zu lösen.
Das ist nicht einfach. Es dauert, aber sie hat die Folie schließlich
als zusammengeknülltes Kügelchen zwischen den Fingern. Nun

blickt sie sich nach einem Entsorgungsbehältnis um. Sie sieht es, erhebt sich leicht von ihrem Sitz und versenkt das Kügelchen im Behältnis.

Diesen Moment nutzt die bisher gleichmütig dastehende Kopftücherne, um sich blitzschnell auf den für einen Sekundenbruchteil freigewordenen Platz zu setzen und neben sich die Spekulantentasche zu platzieren. So, jetzt ist alles schön & braiijt bäsäzzt.

Die Grüne murmelt: „Entschuldigen Sie" – und winkt ab, bleibt stehen.

Die Kopftücherne wird aufmerksam: „Was guuckssu? Darrf ich nich sitzä auf Plaatz in Mättrro?"

Die Grüne, versöhnlerisch: „Nein, nein, bleiben Sie sitzen. Sie haben es sicherlich noch weit. Aber vielleicht könnten Sie Ihre Tasche …"

„Ist sich Tasche meiniges! Du Pfotten wäck!"

Die Grüne entschuldigt sich: „Ich hab das nicht so gemeint."

„Aha! Du das nie so meinen. Alles nur grroße Irrtum: Wenn ich als gutte Dejtsche werrde verpriegelt von richtik Dejtsche. Alles nur Irrtum. Platz nur fier richtik Dejtsche."

Die Grüne will überhaupt keinen Streit: „Sie haben sicherlich schlechte Erfahrungen gemacht, bei ihrer Asylbewerberherkunft. Das weiß ich zu respektieren. Aber wenn Sie Ihre Tasche unter den Sitz räumen würden, wäre noch ein Sitzplatz frei…"

„Ich habbe Freijheit. Wer zuerst kommt, müllert zuerst. Dejtsches Sprichwort. Haben wir gesagt in Karaganda. Erster Müller immer besetzt. Zweiter Müller muss – nuh – warrten."

Die Grüne lacht verständnisvoll: „Ja, wenn Sie das dort so gesagt haben. In Karaganda. Das ist das Wolfsgesetz des Kapitalismus. Aber wenn wir ein bisschen Toleranz aufbringen, finden alle Platz."

Die Kopftücherne kommt langsam auf hundertachtzig: „Tolleranz – immer nur fier die ohne Platz. Die wolle Tolleranz. Nein! Därr Boottt ist voll!"

Die Grüne lacht noch ein bisschen gequält: „Aber wenn alle so dächten, wären Sie nie hierher gekommen. Dann säßen Sie immer noch in Karaganda. Mit ihrer Tasche."

Nun geht es also gegen das ureigne, das autochthone und angestammte Kulturgut rotweiß gestreifte Tasche: „Was du gegen meine Tasche? Tasche hat mich gääfolgt von Karaganda nach Moskau. Von Moskau nach Riga. Von Riga nach Auffangungslager. Von Auffangungslager nach Berlin. Iisch bien eine Berliner. So!"

Die Grüne versucht hilflos zu berlinern: „Na, dette is ja scheen. Ick bin ooch Balinarin."

Doch einer Zugezogenen kann man nicht mit angelernter Folklore kommen: „Nix verscheißern. Du dejtsch reden mich. Nix mit Ausländer. Ausländer – Rausländer! Sagt schon das dejtsche Reim! Dejtsches Reim – dejtsches Recht!"

Die Grüne ist in den grünen Grundfesten erschüttert: „So können Sie ja nun nicht reden. Wir kämpfen für ein selbstbestimmtes Wohnrecht."

„Ich kann redden, wie will. Ja chatschu, kak ja magu. Ich Freiheit. Du wollen mir Freiheit nehmen? Da sdrawswdujet sosdanui bolje narodow! Du Sowjetbürokrat. Du Faschist."

Solches hören Antifaschisten, also Grüne, überhaupt nie gern. Also bleiben sie ganz ruhig: „Ich bleib hier ganz ruhig. Aber wir diskutieren hier und brüllen uns nicht an. Und Faschist", brüllt die Grüne, „sagt schon mal niemand zu mir."

Die Kopftücherne weiß jetzt, was sie sagen muss: „Faschist!"

Die Grüne bettelt bei den brav herumsitzenden Fahrgästen um Solidarität: „Haben Sie das gehört!?"

Doch nur die Kopftücherne hat was gehört: „Ich nix gehört! Ich sehen nur – Faschistka!"

Nun will die Grüne einen letzten Befriedungs- und Rückzugsversuch machen: „Mit Ihnen kann man ja nicht reden!"

Da kommt sie bei der Kopftüchernen gerade recht: „Ich dir nicht fejn genug. Kapitalistka! Du mit mir nicht reden. Hoche Nase. Aber ich auch dejtsch. Ich vielleicht besseres dejtsch als du. Ich habe Stolz. In Karaganda alle Stolz. Aber hier – Faschistka!"

Es folgt eine kurze Sandkastenszene in der Straßenbahn: Man betitelt sich mit Faschist! Selber Faschist! Blöde Faschistin! Verfickter Faschist!! Weil die Beschimpfungskultur damit eine neue Qualität erreicht hat, flüchtet sich die Grüne schließlich in den sonst von ihr belächelten Rechtsstaat und verkündet:

„Hören Sie! Ich zeig Sie an. Wegen Verleumdung. Das gibt einen ganz kurzen Prozess. Ganz kurzer Prozess! Dann können Sie ihr Aufenthaltsrecht aber so was von in den Wind schreiben!"

Natürlich müsste die Grüne wissen, dass Spätaussiedler deutsche Staatsbürger sind. Sie brauchen kein Asylrecht, keine Duldung, kein dauerndes Aufenthaltsrecht. Sie sind einfach da und angekommen. Das aber können sie laut zeigen:

„Du – Mich – Anzeigen?! Du bei GPU? Stasi! Faschistka!!"

Nun sehen die erstaunten Fahrgäste in einer ganz normalen Straßenbahn dieses: Die Grüne schmeißt die Spekulantentasche von der Bank, drängelt sich auf den Platz, rückt sich zurecht. Und brüllt ungeniert: „So! Wir können auch anders!! Du Scheißerin!!!"

Das ist das Signal für die Kopftücherne, nun ihrerseits sich als angekommen in unserem neuen Deutschland zu beweisen:

„Na also, na bittscheen, na also. Dejtschland doch nicht so schlächt. Dejtschland auch – klejnes Karaganda."

2002

In Ingolstadt durfte ich eine gutbezahlte Rede zur deutschen Einheit halten. In den Jahren zuvor waren Lutz Rathenow, Rainer Eppelmann und Freya Klier dran, nach mir sprachen unter anderen Daniela Dahn, Friedrich Schorlemmer und Thomas Brussig.

Im Frühsommer gab es in Rudolstadt einen Wohnungswechsel. Sohn Johannes hatte in Jena Physik studiert, ging nach der Promotion gen Ulm; wir suchten Passendes. Und fanden es in der Schillerstraße, in jenem Haus, in dem einst der Greifenverlag in seinen produktivsten Jahren residiert hatte, von 1921 bis 1926. Verleger Karl Dietz geriet damals mit dem Vermieter, einem gewissen Schweder, Mann des deutschnationalen Wortes, in kleinstadttypischen Streit. Darf man vermietereigenes Wasser zum privaten Händewaschen nutzen? „Die Hyäne der Wandervogelbewegung" nannte Schweder jenen prominenten Mieter, der nach 1945 seinen Namen hergab, damit der von der führenden Partei beanspruchte Dietz-Verlag in der DDR bleiben konnte. All das wären eigene Geschichten wert, ideologische Kämpfe des zwanzigsten Jahrhunderts bebildernd.

Unsere neue Mietwohnung entsprach dem 21. Jahrhundert, ein Neubau am Altbau, Maisonette, zwei Etagen mit Wendeltreppe, eine Attika lief ringsum, Haus auf dem Haus. Die Süßkirschen wuchsen bis zum Balkon. Der Hain grüßte von vorn und von hinten der Turm der Heidecksburg. Es war wohl die große Glasfront, die mir eine weitere Steuerprüfung einbrachte; der muss sich doch dumm und dämlich verdienen! Steht dauernd in der Zeitung! Wohnt in einem Glaspalast …

Man hatte schon mal mein Arbeitszimmer peinlich genau vermessen, nun war die Mehrwertsteuer dran: 7 Prozent oder 19 Prozent? Eine dreitägige Anwesenheit des Prüfers erbrachte, dass ich wohl 16 DM

zu wenig gezahlt hatte, die inzwischen zu 8,17 Euro geworden waren.
Denn am 1. Januar 2002 hatte das Europa-Zeitalter begonnen.
Wir alle gingen märchenhaften Zeiten entgegen.

ZWEI VÖLKERMÄRCHEN

Das erste Märchen

Vor vielen vielen Jahren lebten die Völker in winzigen Staaten – vielleicht waren es gar nur Stäätchen – und aßen im Schweiße ihres Angesichts Brot oder Fladen oder Hirsebrei. Sie zahlten mit Gulden oder Dinaren oder Talern oder gar Tscherwonzen. Und weil sie arg viel Schweiß vergießen mussten, um genug Fladen und Taler zu bekommen, meckerten die Völker. Sie sprachen Pirunnje oder Teifi oder auch Gottverdammich. Das hörten die Völkerführer und verkündigten: So geht's nimmer weiter. Wir müssen einen großen und bunten Vielvölkerstaat bilden. In dem spielen alle gemeinsam Völkerball und wählen ihre Kommissare und Kommissionen. Denn es wird stets genug Fladenbrotbrei und güldne Silberlinge geben, wenn wir uns erst mal alle gemeinsam verwirtschaften. Und alle werden Gurken und Bananen von exakt gleichberechtigter Größe bekommen.

Und so geschah es. Fortan lebten die Menschen in einer großen immerwährenden Union und alle kochten an der gemeinsamen Suppe mit und eine gute Währungsschlange schaute mit ihren blauen Augen auf all das Glück, das unaufhaltsam seinen Fortschritt nahm.

Das zweite Märchen

Vor vielen vielen Jahren lebten alle Menschen in einer gewaltigen Union zusammen. Und im Schweiße ihres Angesichts aßen sie

Fladenbrotbrei und Bananen und Gurken von gleichberechtigter Größe und kratzten Silberlinge zusammen, doch es reichte weder im Vorderteil noch im Hinterland, und im tiefen Süden war Schmalhans Küchenmeister, nur an Schulden hatten sie immer übergenug, denn es fehlte an allen Ecken und an den Enden sowieso.

Und die Bürger riefen deshalb ständig: Bullshit und Fuck yourself, so laut und ungezogen, bis es die Vereinigte Kommissionsführung des Landes hörte. Und so fasste man den weisen Beschluss: Wir müssen uns entflechten. Denn, nicht wahr, rief die Führung wie aus einem Munde, wir sind ja viel zu verschieden, um uns zusammenpressen zu lassen? Und so entstand hier ein Staat und dort ein Staat, und daraus zellteilten sich wieder neue Staaten, bis man lauter hübsche Stäätchen beisammen, also nicht beisammen, sondern auseinanderdividiert hatte.

Und nun gab es eine so große helle Vielfalt, dass die einen merci sagten und die anderen Danke. Fladen und Brot und Hirsebrei, Bananen und Tscherwonzen und Gurken, Dinare und Taler wurden immer mehr und mehr und alle lebten begrenzt glücklich und sicher eingegrenzt in Freuden.

Und wenn sie nicht gestorben sind, dann erzählen sie sich bald wieder das schöne erste Märchen:

Vor vielen vielen Jahren lebten die Völker in winzigen Stäätchen und aßen im Schweiße ihres Angesichts.

2003

Ich tourte durch Ostdeutschland mit einem Buch „Urlaub, Klappfix, Ferienscheck – Reisen in der DDR". Ein Dutzend Jahre nach dem Ableben des Landes durfte es noch einmal aufleben, in Sömmerda und Bad Berka, in Schwerin und Wolfen, in Wünsdorf, Grünau und Günthersberge, in Suhl, Geithain, Dessau, Ludwigsfelde, Bernau, Uhlstädt ... von Arnstadt und Ahlbeck bis Zinnwald und Zwickau oder von Greifswald und Rügen bis Eisenach und Meiningen. Es gab für mich ein paar West-Ausreißer, Gießen zum Beispiel oder Worpswede, wo ich Walter Kempowski kennenlernte und gewiss in irgendeiner seiner Tagebuchnotizen landete.

In Rudolstadt existierte seit 291 Jahren das „Vogelschießen", über das bereits Schiller räsonierte, weil seine Gemahlin, eine Einheimische, ihn dorthin schleppte. Doch selbst zu Schillers Zeiten gab es nie ein Radiostück über das Volksfest; höchste Zeit, dass dem abgeholfen wurde. Ich lief zehn Tage am August-Ende mit Tonbandgerät – zu jener Zeit ein größerer Kasten, später nutzte ich eine Art Handy – von mittags bis nachts über das Fest, befragte Schausteller und Gäste. „Muss arbeiten", sagte ich, wenn ich mich auf dem Vogelschießen verlustierte. Alsbald hatte ich ein Töne-Archiv, das für lange Radionächte gereicht hätte. Zunächst bastelte ich daraus ein Stunden-Feature. Der Mitteldeutsche Rundfunk versank jedoch in einer Senderreform, die mir ganze 23 Minuten übrig ließ. Dafür bekam ich als Sprecher Martin Seifert, gebürtiger Jenenser mit autochthonem Thüringer Zungenschlag. Noch viel später konnte ich auch auf Deutschlandradio mit meinen Tönen prunken, mit Rummelmusiken, dem Quieken der Überschlag-Flieger, dem Rekommandeur der Zauberschau „Nurrr ajne uoptische Täuschunk, ajne Sinnestäuschunk!" und dem Losbuden-Anmacher „Gääääwinne! Gäwinne!! Gwinne!!!"

DIE REKOMMANDEURIN

„Papa hat gesagt: Wir nehmen ein Schaf. Nehmen wir jetzt ein schwarzes, scharfes Schaf oder ein weißes, braves Schaf!?"

Eine Rekommandeurin ist ein weiblicher Rekommandeur. Und der macht an, auf dem Rummel. Er kommandiert die Vorbeischlendernden zu sich und ruft ihnen zu:

„Hammse euch noch was übrig gelassen fürs Abendbrot? Da an dem Schild steht nämlich: Erst kommt Abendbrot, dann kommen die Spiele."

Sprüche von Monika Schleinitz, der Rekommandeurin, die mit ihrer großen Losbude, eher einem Los-Palast, dem „Glückskönig", jeden Rummel zum besonderen Rummel macht. Und deren Lebensgeschichte auch besonders ist:

„Ich bin in einer Schaustellerfamilie groß geworden, meine Eltern hatten Fahrgeschäfte, aber wie das so war in der DDR: Lern was Ordentliches, Kind! Wir haben alle was gelernt. Also hab ich angefangen mit dem Medizinstudium, hab mein Grundstudium abgeschlossen, mit gut. Und dann hatte ich einen schweren Autounfall. Schädelbasisbruch, war ein halbes Jahr raus – und entschied: Ende!

Ich habe auch ein Praktikum gemacht, in Dresden, in der Kinderklinik, war auf einer Frühgeburtenstation. Dafür war ich nicht hart genug, was damals in der DDR gelaufen ist ... Entscheidungen, die du als Arzt treffen musstest, um Menschenleben zu retten, wo es manchmal nur um Kleinigkeiten ging – das hat mich beeinflusst. Außerdem: Die Schaustellerei liegt doch im Blut. Kann jemand, der einen festen Job hat, nicht nachfühlen. Ich hingegen könnte mir nicht vorstellen, immer am angestammten Ort zu sein. Jeden Tag ins Büro? Das wär der Horror.

Später hab ich meinen Mann, den Stephan kennengelernt, also wir kannten uns schon, aber später richtig, so bin ich dann doch wieder auf die Reise gekommen. Wir haben uns selbstständig gemacht, das war dann hier in Rudolstadt, zum Vogelschießen."

„Was hast du denn für ein Mehrzweckviech, ein Rabe? Dein

Lieblingsrabe? Oder ein ganz, ganz, ganz tolles Känguruh! – Wer will so'n riesengroßes Herz? Sie kriegt ein kleines Herz, ist immer noch besser wie keines. "

Monika Schleinitz kann immer nur eines: Geruhsam über ihr Leben plaudern – oder rekommandieren, also Leute mit ihrer charakteristischen Stimme zum Losekaufen bewegen, wozu sie all die vielen Plüschtiere in ihrer Bude, nein, im Palast nützt. Sie spricht mit denen, plaudert mit dem Publikum oder lässt auch Plüschtier und Rummelbesucher miteinander ins Gespräch kommen. Eine Rekommandeurin ist Stimmungskanone, Ulknudel, Ansagerin und auch mal einfühlsame Kinder-Trösterin. Erst wenn die Tochter vorn weitermacht, hat sie hinten wieder Zeit für ein ruhigeres Schwätzchen:

„Das war übrigens 1977, als ich wieder auf die Reise ging. Waren unsere ersten Jahre in der Selbstständigkeit, also wir zwei, mein Mann und ich, hier in Rudolstadt. Mit einem ,Hoppla, Pingpong, Wünschdirwas, Sekt ist Trumpf'. Wurde gut angenommen von der Bevölkerung, Sekt war halt was. Wir mussten ja Sachen ranholen, die es sonst nicht gab.

Da hatte ich jetzt ein lustiges Erlebnis. Wir sind in Herne zur Cranger-Kirmes befragt worden: Was haben Sie denn in der DDR ausgespielt? Und da haben wir gesagt: Naja, was es halt gab, Sekt, Saure Gurken, Ananas – und die Leute amüsierten sich wie Bolle. Es kam jeder ans Geschäft und sagte: Ich will ein Glas saure Gurken!"

„'n Fahrrad willste hamm? 'n ganzes Fahrrad?? Nee, 's gibt nur 'n Taschentiecher. Weißte nich, was'n Taschentiecher ist? Keene Tüücher. Tiecher! Macht miau!"

Das fahrende Volk in der DDR hatte besondere Probleme. Der Staat war ortsfest gedacht. Man mochte ja nicht mal in den Ferien die Leute zu weit aus dem eigenen Bestimmungshorizont herauslassen. Bestenfalls, wie es vom Sachsen hieß: Bis nunter nach Bulgarchen, darf er die Welt beschnarchen!

Fahrendes Volk hingegen war im Land der Sesshaften, der Schichtarbeiter, der jahrzehntelangen Betriebszugehörigkeiten fast eine Provokation. Wovon die Rekommandeurin erzählen kann.

„Wir hatten dann Probleme mit der Staatssicherheit in Berlin. Direkt vom Weihnachtsmarkt sind wir abgeholt worden. Und wenn man dann einmal Probleme hat, ergibt sich das zwangsläufig: Man geht. Dorthin, wo wir Exoten von der Reise nicht ganz so exotisch sind. Die Schwiegereltern waren schon in Nürnberg, mein Mann ist runter nach Nürnberg. Ab zweiundachtzig waren wir dann beide in Nürnberg. Und da noch mal richtig anzufangen, das war eine tolle Erfahrung. Achtundachtzig haben wir uns den ‚Glückskönig‘ gekauft. Dadurch sind wir wieder reingekommen ins Fahrgeschäft.“

Losbuden gibt es immer mehrere auf einem Rummel; da muss man sich vom andern unterscheiden, das besondere Angebot macht es. In der zweiten Rummelstraße des Vogelschießens hat der Rekommandeur nicht nur ein anderes Angebot als der „Glückkönig“, sondern auch einen anderen Marken-Ruf: *„Gääääwinne! Gäwinne!! Gwinne!!! Gääääwinne! Gäwinne!! Gwinne!!! Gääääwinne! Gäwinne!! Gwinne!!!“*

Monika Schleinitz verkündet dazu ihre eigene Meinung: „Die Leute mögen keine Marktschreier mit diesem ‚Gewinnegewinne!‘, da schalten die ab. Laufen schnell weiter.

Wenn man sie in einem persönlichen Kontakt auch mal anschaut, ganz direkt, das ist dann der Erfolg. Das versuche ich meinen Leuten beizubringen, dass das freundliche Wort nichts kostet, dass wir für die Leute da sind. Dass wir deren Träume wenigstens ein bisschen erfüllen können. Und wenn man das dann noch mit Humor macht …“

„Das sind tausendfünfhundert Punkte, da gibt's ein Känguruh.
Ein fast lebendiges Känguru! Und Sie wollen noch eine Australien-
reise dazu? Hammer noch nich im Angebot, vielleicht beim nächsten
Mal. Wir bohren uns mal kurz durch die Erde, dann kommt Austra-
lien auch nach Rudolstadt."

2012 kam auf den Rheinwiesen in Düsseldorf die Katastrophe.
Anderntags sollte es dort mit dem Rummel losgehen, alles sollte
ausgespielt werden, was schon eingelagert war. Fünf Uhr morgens
loderte der „Glückskönig". Brandstiftung. Das fand die Polizei heraus, nicht aber den Täter, nur einen Verdächtigen.

Es ist ein Wort von alters her / wer Erfolge hat, hat auch Nei-
Der! So könnte man kalauern, selbst wenn weder der Rekommandeurin noch ihrem Mann, der im Wortsinn hinter den Kulissen
dafür sorgt, dass alles läuft, damals nach Kalauern war. Man bekam immerhin vom Kollegen ein Ersatzgeschäft, das „Hongkong",
weniger groß, weniger schön. Doch inzwischen ist auch dieses
Geschäft wieder gefüllt, mit den charakteristischen Plüsch-Vie-
chern, Kängurus und Pinguinen. Staunend kann der Rummel-
freund auf dem „Vogelschießen" sich wieder und wieder entscheiden:

„Wir nehmen ein Schaf. Nehmen wir jetzt ein schwarzes, scharfes
Schaf oder ein weißes, braves Schaf!?"

2004

Ich war Mitglied verschiedener Stammtische. In Weimar gab es den
Künstlerstammtisch, von Gisela Kraft und Wulf Kirsten ins Leben
gerufen. Beide wachten, dass nicht jeder hergelaufen kommen und
nicht jeder Ehepartner sich einschmuggeln konnte. Regelmäßig

kamen eine Opernsängerin, ein Komponist, ein Bildhauer und die Männer des Wortes: Ich war als Rudolstädter von weit her.

Über das TLQ, das Thüringer Literatur-Quintett, gibt es später eine eigene Geschichte.

In Berlin gab es einen Stammtisch auf dem „Klipper"; einem Restaurantschiff in der Spree. Hier trafen sich (Ost)Berliner PEN-Mitglieder. Meine Bude am Wasserturm machte mich zum (Ost)Berliner. Im Brecht-Haus traf sich ebenfalls eine treue Gemeinde zum „Dichterleben", eine von Richard Pietraß über Jahre hinweg moderierte Lyriker-Veranstaltung.

Ein Nierenabszess, von dem man auch im Krankenhaus lange nicht wusste, dass es ein Nierenabszess war, streckte mich nieder. Als ich wieder zu mir kam, hatte ich das, was man Zuckerkrankheit nannte und nennt. Wie ich meinen Arbeitsplänen entnehme, bastelte ich dennoch brav vom Krankenbett aus monatlich meine Buchkolumne für den „Eulenspiegel", hielt die Laudatio für junge Literaturpreisträger, schrieb überaus regelmäßig für die „Thüringer Allgemeine" und gelegentlich für die „Thüringische Landeszeitung". Meine Redakteure Sigurd Schwager und Frank Quilitzsch riefen nach wie vor treu und termingemäß an: Kannste nich mal schnell ... Bei der „Thüringer Allgemeinen" war ich viele Jahre für das besondere Datum zuständig: Silvester und Aschermittwoch, Frauentag und Tag der Republik, auch galt ich als Nekrologschreiber für die verstorbenen Frauen und Männer der Feder der dahingeschiedenen Arbeiter- und Bauernrepublik. Mal schrieb ich eine tägliche „Tor-Tour" zur Fußball-Bewegung, mal schenkte ich Politikern aus Lokal und Welt satirische Weihnachtslieder. In diesem Jahre aber bewegte uns alle die Rechtschreibreform. Goethe war weder Mitglied beim Weimarer noch beim Berliner Stammtisch, also schrieb ich ihm ein zeitgemäßes Geburtstagscompliment.

MAILTO:
JOHANNWOLFGANG@GOETHE.COM

Sehr geehrter und bewunderter Herr von Goethe,
Eure Mail-Adresse verriet mir das angelsächsische Portal www.
goethe.com (sprich: gooßidotkomm), allwo auch Euer heutiger
Geburtstag verzeichnet ist, zu dem ich mich anheischig mache,
Euch alles Guthe & Schööne auf dem dornigen und beschwerlichen Weg der deutschen Sprache zu wünschen.
Ihr müsset nämlich wissen, daß wir Euch bislang immer behutsam angeglichen haben. Quasi zum guthen und schöönen Zeitgenoß machten. Eure Ausgabe Letzter Hand haben wir bis dato
stets von einem allerletzten Händchen redigieren lassen, damit
den Normen der gültigen deutschen Rechtschreibung entsprochen wurde, denn ein Tor, aber kein Donnergott Thor ist, wer
heute Thür und Thor schreibt.
Nun hat allerdings einer jener Herren, die Ihr immer verabscheutet, die näuerdings abschäulich sein müßten, weil sie eine
sogenannte Stammschreibung praktizieren – und danach könnte abscheulich doch gewißlich nur von Abschaum kommen –
kurz und gut, es hat einer dieser Herren, ein Professor Gerhard Augst aus Siegen, welches näuerdings (genau! näuerdings
kommt bei Professores, wenn sie ganz lange nachdenken, von
genau) eine Universitaet besitzt, sich zum Vorsitzenden einer
Rechtschreibkommission (solche Wörter konntet Ihr getrost
boykottieren) berufen lassen und hat Grausames der deutschen
Sprache angethan, die wir am liebsten wieder „teutsch" nennen
sollten (Stammschreibung!) Auch will er die bösen Fremdlinge
in der german'schen Sprache ausrotten, denn was haben Spaghetti, die Euch in Italien so mundeten, in dieser Form hier zu

suchen? Mögen sie fürderhin Spacketti sein, was nach der deutschen Stammschreibung von „spack" kommt, denn arg dünne Gesellen sind sie nun mal, diese von Euch so geliebten Waaren aus weißem Mehl.

Ihr machtet Euch damals über solche Gelehrte lustig, denn wie schriebet Ihr im Bunde mit Schillern: „Was das entsetzlichste sei von allen entsetzlichen Dingen? / Ein Pedant, den es jückt, locker und lose zu sein." Damals war der Breslauer Professor Manso gemeint, heute also haust der sich jückende Gerhard in Siegen und ist am Verlieren. Ihr habt damals auch einfach hessisch drauflos gedichtet. Nun aber meinen Puristen, also durchs Sieb gefallene Gesellen, weshalb sie wieder Püristen heißen müßten, es sei lächerlich – vielleicht auch lecherlich – „Ach neiche" auf „Du Schmerzensreiche" zu reimen.

Doch zu Eurem Geburtstag muß ich Euch nicht vor diesen läppischen Ungereimtheiten warnen – viel wichtiger für Euch scheint mir eine andere That-Sache zu sein: Ihr führt ganz öffentlich Euern Titel „Geheimer Rath"? Den solltet Ihr tunlichst für ein paar Jahre im Geheimfach verschwinden lassen. Hört derzeit jemand von der Cottaschen Zeitung, die jetzt „Spiegel" heißt, „Geheimrat", so wird er Euch bezichtigen, daß Ihr bei der Geheimpolizey, die man Stasi heißet, Euch verdingen tatet. Das mag ich nun nicht näher erklären; das Wörtlein ist nicht mehr die Koseform von Stanislaus, wie auch „Ossi" kein kindlicher Oswald ist. Bei Stasi hören hierzuland (Professor August verdonnert alle Schreiber, „hier zu Lande" zu meinen) die Freundschaften auf.

Immerhin hat ein gewisser Giftzwerg aus dem Indianerland, der ungefähr so heißt wie ein tödlicher japanischer Kugelfisch – Fugu oder so – schon längst herausgefunden, daß Ihr ein ganz schlimmer Finger seid und für den sächsisch-weimarischen

Geheimpolizeydienst gearbeitet habt. Habt Todesurteile unterschrieben wie bundesdeutsche Ministerpräsidenten. Kann auch sein, er hat Euern Kollegen Brecht gemeint, dessen Freundinnen allesamt für Bettlagerlohn Liebesbrieflein schreiben mußten, während Ihr, nach Erkenntnissen eines Ettore Sowieso, Eure Petschaften über Eure inoffizielle Mitarbeiterin, die von Steinsche, an eine hochwohlgeborene Buhlerin weitergeleitet haben sollt. Ich beschwöre Euch also, verehrter Maestro, tauchet heute lieber nicht bei Euerer Geburtstagsfeier auf. Sie wird offiziell im Garten Eueres Wohnhauses stattfinden. Die munteren Gespräche über Euch würden sogleich verstummen und keiner will plötzlich etwas über Euch gesagt haben.

Das, mein verehrter Dichterfürst, kann aber doch nicht in Euerem Interesse sein, gelle?

Mit unterthäniger Hochachtung, als Freund, der es gut mit Euch meint:

Ein Wahlthüringer wie Ihr, direkt aus der fürstl. Domaine www. matthias-biskupek.de

2005

Der polnische Papst starb und Deutschland erlitt die Schlagzeile: „Wir sind Papst!" Schiller hatte seinen 200. Todestag und ich bekam den Auftrag, für eine Stadtführung den „Liebesbriefboten" zu schreiben, eine Figur auf den Spuren von Schiller und seinen Liebschaften. In Berlin feierte Freund Hans-Otto in einer ausgedienten Fahrzeughalle und im ausgedienten Jenaer Stadtbad Freundin Barbara jeweils ihr Halbjahrhundert. Für die „Frankfurter Rundschau" schrieb ich regelmäßig Monatskolumnen, ich war der Ossi im Quartett, wir hatten zudem eine Frau, einen Schwulen und einen Kabarettisten. Viermal Quote. Unser Weimarer Stammtisch lud den Thüringer Kulturminister ein, was nur ihm nützte, denn wir bezahlten sein Essen. Ich las im Marie-Seebach-Stift, einer Einrichtung für ausgediente Bühnenkünstler, wo mir meine Zukunft am Abendhimmel aufschien und bestritt in Chemnitz die Museumsnacht, wie so oft an der Seite vom Jazzer Joe Sachse. Ein Bändchen mit Kindergeschichten „Die Geschichtenbauer", entstand; wurde nie gedruckt, dient mir aber bis heute als Vorlage für Lesungen vor Grundschulkindern. Vom Schriftstellerverband wurde ich für zehn Tage, die keine Welt erschütterten, nach Estland delegiert.

Ich begann für ein „Kräuterbuch" zu recherchieren, Näheres später. Weil aber ein Jahrhundertereignis für Deutschland anstand, nämlich die Fußballweltmeisterschaft, begann ich, mir Kleinigkeiten für ein bibliophiles Buch auszudenken. Jene elf Texte erschienen zu Beginn des kommenden Jahres mit Siebdrucken von Thomas Matthäus Müller als edel-großformatiges Heft beim Leipziger Bibliophilenabend.

HALBZEITPAUSE, SICHERHEITSPARTNERSCHAFT, VÖLKERFREUNDSCHAFT

Und jetzt liebe Freunde an den Lautsprechern, gehen die Recken vorerst in die Kabinen, getrennt marschieren, vereint schlagen; da bekommt der Mittelstürmer von unserer Mordstruppe eins auf die Glocke, dass es tönt nach alter Weise und er mit einem Schmerzensschrei ins Knie bricht, und da bricht auch sein Aug, das blaue. Dahin, dahin, wenn ich mir diesen poetischen Erguss gestatten darf. Heinrich von der Verteidigungsreihe, die eingeweihte Fans Schutz-Staffel nennen, keilt zurück, er säbelt gleich zwei Gegnern die Beine weg, so dass diese leider in gestückelter Form die Pause aufsuchen müssen. Der Gang, durch den die Mannschaften das Spielfeld der Ehre verlassen, ist bekanntlich dunkel und lang, doch am Ende ist kein Licht, sondern die Abrechnung. Auf dass alles geschätzt würde, wie es das Regelbuch befiehlt, spricht der Herr Gottke, neuer Vertrauensarzt. Es fehlen, auf beide Mannschaften hochgerechnet, sieben Rippen, ein Steißbein, fünf Ohren, mehrere Ellen und Speichen und über zweiunddreißig blitzblanke Zähne. Die Spielerzahl ist bereits merklich geschrumpft und auch der Schwarze Mann wurde schon bei der ersten Linie gerichtet. Eben bekommt, wie ich sehe, der Torwart seine Abreibung; Schicht um Schicht schält sich sein harter Kern hervor. Bestechungssummen fließen in Strömen, der Betreuer zuckt noch einmal mit seinem letzten Scheckbuch, um dann den Weg in den ewigen Ruhm anzutreten, der Masseur holt hie und da einen runter, einen Kopf; die Sprengstoffgürtel werden aber bereits wieder angelegt und da kommen sie, liebe Freunde der Lautsprecherdurchsagen, die zweite Halbzeit beginnt mit einem Angriff auf ganzer blühender Lebenslinie …

**

Das Netz sah aus wie ein Netz. Die Linien waren schnurgerade. Die Torpfosten standen tief verankert in der Erden. Die beschlagnahmten Bierflaschen standen stramm in Reih und Glied. Der Schiedsrichter sah aus wie ein Richter. Die Zuschauertribünen sahen aus wie Tribunale. Die Lautsprecher dröhnten wie Lautsprecher. Die Choräle eroberten den Luftraum. Die Absperrung sah aus wie eine Absperrung. Der Stacheldraht war Oberste Klasse. Der Wassergraben war unüberwindlich. Die Eckfahne wehte wie eine stolze Fahne. Die Schlagstöcke sahen aus wie Schlagstöcke.

Die fremden Schlachtenbummler bummelten nicht und fackelten nicht lang, sondern ab. Die Heimmannschaft sah aus wie Blut und Bodenkampf. Die Gesänge waren brandneu. Die Fäuste waren geschlossen. Die Zugänge waren verschlossen. Die Beine sahen aus wie Säbel. Die Schuhe sahen aus wie Stiefel. Die Dolche in den Gewändern sah man nicht. Die Ellenbogen sahen aus wie Ellenbogen. Der Kopfverband saß fest wie ein Turban. Die Frisur trotzte den Wettern wie ein Wehrmachtshelm. Die Nase war krumm wie die eines Arabers. Die Nase war gebogen wie die eines Juden. Die Münder waren schwarze Löcher. Die Zähne waren weiß wie Kokain. Die Ohren verrieten: Feind hört mit! Die Köpfe waren zugedröhnt. Die Körper zerfetzten sich vor Lachen. Der Ball explodierte wie eine Bombe.

***

In der Uno war es wieder zum Eklat gekommen: Die letzte verbliebene Supermacht hatte einen Staat zwischen dem Horn von Afrika und dem indonesischen Archipel als „Schurkenstaat" bezeichnet. Deutschland, das gern einen ständigen Sitz im Weltsicherheitsrat eingenommen hätte, versuchte zu vermitteln und unterstützte ein sogenanntes Schurkenstaaten-Memorandum einer südamerikanischen Staatengruppe. Der zuständige deutsche Chefdiplomat hatte aber zu lange eine amerikanische Fernsehserie in seinem New Yorker Appartement genossen und so die eingehende Lektüre jenes südamerikanischen Vorschlags regelrecht verschlafen.

So kam es, dass wegen der deutschen Unterstützung der Vorschlag mit überwältigender Mehrheit angenommen wurde. Zum ersten Mal war auch das Vetorecht der letzten verbliebenen Supermacht ausgehebelt worden. Das Schurkenstaaten-Memorandum aber beinhaltete, dass fürderhin alle weltweiten Streitigkeiten nicht mehr mit üblicher Waffengewalt oder gar am grünen Tisch ausgetragen werden dürfen, sondern allein Fußballspiele entscheiden sollten. Die Supermacht trat zähneknirschend gegen den vermeintlichen Schurkenstaat an, da aber das im Lande der Supermacht gepflegte „american football" nicht den Regeln entsprach, wurde dem Schurkenstaat der Sieg zugesprochen. Die Supermacht zog sich vergnatzt aus der Uno zurück.

Finnland und Lettland regelten einen Streit um Fischereirechte ebenfalls auf dem grünen Rasen, und die Finnen hatten, wegen der von ihnen benutzten Schlittschuhe, große Mühe bei zielgenauer Chancenverwandlung, verloren haushoch und verschwanden kurz danach von der Landkarte. Kroatien wiederum landete einen Kantersieg gegen Lettland und bestand im Ergebnis darauf, den Euro europaweit in Kroatenkreuzer umzubenennen, was Deutschland zu einer undiplomatischen Note veranlasste. Das notwendig gewordene Fußballspiel fand in Ljubljana vor einer südslawischen Mehrheit statt. Durch Foulelfmeter, verhängt vom staatenlosen Schiedsrichter Hoyzer, gewann Kroatien, und künftig erstreckte sich Großkroatien vom Eismeer bis zur Adria.

In Südamerika hatten sich derweil die Dinge zum Besten gewendet. Brasilien rekrutierte immer neue Fußballtalente von Feuerland bis Texas. In der Uno aber beantwortete der ehemals deutsche, jetzt großkroatische Chefdiplomat eine Kleine Anfrage des brasilianischen Chefdiplomaten mit der in Großkroatien üblich gewordenen Kanakensprache: *„Du ssein großer Scheißer, isch ficki main Aishe alleine"*, was zu einem Fußballspiel führte. In dessen Ergebnis wurde das größte Kölner Volksfest umbenannt in Karneval in Nord-Rio. Wo sich einst die Siegessäule in Berlin erhob, wurde ein Standbild von Pelé errichtet.

Die nunmehr wirklich letzte Supermacht beschloss ohne

Gegenstimme in der Uno, die Abseitsregel für die eigene Mannschaft künftig als undemokratisch und stürmerfeindlich zu ächten. Es wurden neue Fußballleistungszentren gegründet, zunächst auf Venus und Mars.

2006

Das Thüringer Literaturquintett (TLQ), bestehend aus den Kollegen (alphabetisch) Matthias Biskupek, Hans-Jürgen Döring, Frank Quilitzsch, Landolf Scherzer und Martin Straub, gegründet 2004 im pfälzischen Hambach, war in diesem Jahr nach Tschechien gereist – es gab frühere offizielle Verbindungen zwischen Suhl und Budweis (České Budějovice). Jetzt kamen wir privat. Ob alle fünf dabei waren? – Auf jeden Fall tranken wir für mindestens zehne Bier, logierten am Budweiser Markt und besuchten den dortigen Schriftstellerverband, der heftig an Zusammenarbeit interessiert war; denn es sollte europäische Gelder geben, wenn man mit einem anderen EU-Land literarische Projekte stemmte. Mit Österreich war den Tschechen das gelungen – nun hatte man uns aus Deutschland.

Es gab Gegenbesuche in Jena und einen Plan: Wir TLQuisten, verstärkt durch weitere Thüringer Kollegen, sollten einen Geschichten-Kranz nach Art des Dekamerons schreiben, ganz ähnlich den 66 Geschichten in diesem Buch:

In einer tschechischen Grenzbaude erzählen sich, vom Sturm eingeschlossen, Deutsche und Tschechen Geschichten, die dann, jeweils übersetzt, in einer Anthologie erscheinen sollten.

Ich lieferte meine Geschichte pünktlich, mit Anmerkungen zum Übersetzen. Ein Reiz meiner Story bestand darin, dass deutsche und tschechische Orte, Familiennamen und Dialektbegriffe in der jeweiligen Verkehrung vorkamen. Auch mein Großvater, der, wie man schon hörte, vom „Böhmaken" sprach, sollte mal mitreden. *Das Verb „friemeln" musste man für den Übersetzer erläutern, auch was „Sächsisches Allerlei" bedeuten könnte und wie die Vokabel „pfuschen" in der DDR besetzt war, mit Neben- und Schwarzarbeit nämlich. Die Sprachbesonderheiten und das Verschränken von Tschechisch und Deutsch sollten durchaus übertragbar sein, ebenso die Wörter für Klettern, Knoten, Seil, Seilschaft, ausklinken, einklinken, aufsteigen – die als ursprünglich technische Wörter vielleicht auch im Tschechischen für Beziehungen von Menschen stehen könnten.*

Ich hatte im Frühjahr 2007 endgültig geliefert – und höre seither nichts, hoffe aber, dass inzwischen europäisches Geld an böhmische Kollegen geflossen ist.

UNAUFLÖSLICHER KNOTEN

Das Einzige, was ich Euch erzählen kann, ist eine Liebesgeschichte, die aber nicht mir widerfuhr, sondern meinem Freund, der sich in ein wunderbares tschechisches Mädchen verliebt hatte. Dabei war es, wenn ich es recht bedenke, vielleicht doch nicht so wunderbar. Ich habe es nie kennengelernt; ich weiß nur, wie mein Freund einst von ihm schwärmte; meist vergeblich schwärmte. Lange her. Sehr lange. Es war die Zeit, als mein Freund sich als Bergwanderer und Kletterer zuerst in die böhmischen Lande verliebt hatte und dann in jene Tschechin. Und jetzt müsste ich resümieren: Manche Liebesgeschichten gehen gut aus. Andere enden mit der Ehe.

Von meinem Freund erzähle ich Euch, weil ich selbst eigentlich kaum Erfahrungen mit Tschechien habe, der Tschechei, wie es früher in Deutschland hieß. Mein Großvater, der im Leipziger Nixenweg an der Märchenwiese lebte, war zum Beispiel nicht so gut auf die Tschechen zu sprechen. Ich weiß nicht, warum. Als meine Mutter das erste Mal mit meinem Vater ankam und der seinen Namen sagte, schnaubte Robert, mein Großvater, nur durch die Nase. Er zündete sich seine Verdauungszigarre an, bot aber meinem Vater keine an, weil der als damals blutjunger Mensch nicht mit dem Laster des Rauchens konfrontiert werden sollte, und sagte erst mal gar nichts. Paffte vor sich hin und sagte immer noch nichts. Erst hinterher, als mein Vater sich höflich verabschiedet hatte, grummelte er zu meiner Mutter, in seiner sächsischen Art: *„Ä Beemake! Musses denne ä Beemake sein?"*

Mein Vater hieß so, wie auch ich heiße. Biskupek. Und mein Großvater meinte, ein Mensch solchen Namens müsse aus Böhmen kommen, ä Beemake eben. Dabei stammt meines Vaters Familie vom nördlichen Hang der Westbeskiden, aus dem polnischen Schlesien oder dem oberschlesischen Polen, jenem gelegentlich sogar Wasserpolakei genannten Stück Land, das immer mal die Herrschaften wechselte: österreichisch und damit böhmisch, preußisch, nach dem ersten Weltkrieg durch Abstimmung polnisch, dann Generalgouvernement mit der Hauptstadt Kraków und heute die Woiwodschaft Matopolskie.

Jedenfalls blieben meine Vorfahren immer die Biskupeks, ohne wirkliche böhmische Wurzeln. Mit einem slawischen Namen aber wird man von der Slowakei bis Slowenien schnell überall vereinnahmt.

Als ich meinem Freund damals vom beemakischen Vorurteil meines Großvaters erzählte, meinte der: „Warum heiße ich nicht so? Da hätte ich womöglich mehr Chancen." Vielleicht hat die Familie von Jarmila – sie hieß Jarmila, das weiß ich noch, weil er den Namen gar so jammervoll aussprach – auch ein Vorurteil? Ein positives Vorurteil – ein Mensch mit beemakischem Namen muss einfach ein guter Mensch, folglich der Richtige für Jarmila sein.

Doch mein Freund hatte sich, wie er mir berichtete, in der Familie der Angebeteten als Gerd Knotterich vorgestellt, ein wahrlich nicht schöner Name. Der wirkt schon im Deutschen leicht lächerlich – wie mochte er in böhmischen Ohren klingen?

„Weißt du eigentlich", tröstete ich damals meinen Freund, „dass wir Sachsen nach 1945 alle Chancen hatten, der Tschechoslowakei zugeschlagen zu werden?" Einer der vielen Teilungspläne für das Deutsche Reich sah vor, deutsche Gebiete den jeweils umliegenden Staaten anzugliedern. Dänemark hätte sich bis Hamburg erstreckt und die Niederlande bis nach Hannover. Das Rheinland wäre französisch geworden, Brandenburg samt Berlin polnisch und ganz Sachsen war als Nordzipfel des tschechoslowakischen Staates gedacht. Mit einer Hauptstadt Prag hätte man doch leben können, oder? Und wenn ich bedenke, wie nahe die Deutschen und Tschechen beidseits des Erzgebirgskammes sich während des Sozialismus gekommen sind? Man fuhr gleichermaßen Autos der Marken „Trabant" oder „Skoda", ertrug geduldig Partei und Regierung, machte Witze und aß gern. Friemeln und Selbermachen war überall Trumpf. Noch heute, wo man sich sowohl in Sachsen als auch in Tschechien alles kaufen kann, basteln die ehemaligen sozialistischen Nachbarn lieber an ihren alten Gerätschaften herum, bevölkern in ausgebeulten Hosen und bequemen Latschen die Baumärkte beider Länder, um nur ja später zu Hause selber zusammenschrauben, zusammenleimen, zusammenpfuschen zu können.

„Sieh mal", sagte ich zu ihm, und das war alles als Trost gedacht: „Das einst deutsche Aussig an der Elbe heißt jetzt Ústi nad Labem. Brüx heißt Most. Da wäre Chemnitz ohne große Änderungen eben zu Chemnice geworden, Leipzig zu Lipzi und Dresden zu Dresdnij. All unsere slawisch klingenden Flüsse und Dörfer hätte man kaum ändern müssen: Würschnitz, Zwönitz oder Zschopau hätte man nur auf die alten Ursprünge zurückführen müssen: Wrsnica, Cwjnica oder Čopawa. Man hieße eben nicht Frau Meier, sondern Majerova. Und speziell wir Sachsen hätten alle wie der brave Soldat Schwejk in der deutschen Übersetzung gesprochen und die Tschechen würden noch ein bisschen besser deutsch sprechen, als sie es sowieso heute schon können, und die saxobohemianische Sprache wäre zu einer slawisch-germanischen Mischung von ganz besonderer Liebenswürdigkeit, Pünktlichkeit und Genauigkeit, voll klangreicher Zischlaute, gemischt aus böhmischen Knödeln und sächsischem Allerlei geworden ..."

Ich muss meinen Freund ziemlich verwirrt haben, mit diesem unhistorischen Sprachenexkurs. Mein Freund, müsst ihr wissen, kannte sich kaum mit Sprachen, ganz wenig mit Frauen, aber gut im alpinen Klettern aus. Fachbegriffe zum Verknüpfen von Seilen und Haken wie „Doppelter Spierenstich" oder „Palstek" oder „Stopperstek" waren ihm, im Unterschied zu mir, keine Rätsel. Er konnte dir im Schlaf sagen, dass sich beim Klettern der „Bulinknoten" bei ringförmiger Belastung lösen kann. War es da ein Wunder, was ihm bei meiner deutsch-tschechischen Sprachverwirrung in den Sinn kam?

Ihm fiel doch tatsächlich ein, dass die alpine Kletterkunde ja auch den „Prohaska" kennt. Beim „Prohaska", murmelte er vor sich hin, wird doch die in den Karabinerhaken eingehängte Schlinge zum Knoten gewickelt ...

Wenn die Liebe die Sinne verwirrt, ist es manchmal verwickelt und manchmal richtig schlimm. Mein Freund glaubte, sich in diese Familie seiner Jarmila nur richtig einklinken zu müssen, mit doppelter Seilschaft und immerwährenden Aufstiegschancen. Irgendwann würde die Schöne ihn nicht nur zeitweise erhören, was sie wohl gelegentlich ab und an tat, ihn quasi anfütterte, immer mal Seil gab, wie ich das nennen will, sondern vielleicht eine dauerhafte

Verbindung … versteht Ihr, was im Kopf eines hoffnungslos Verliebten vor sich geht? Ich verstehe es bis heute nicht, ich bin immer hoffnungsvoll verliebt.

Aus lauter Liebe muss mein Freund beschlossen haben, nicht mehr als Gerd Knotterich aufzutreten, sondern als Jiri Prohaska. Ich sage ja, er verstand nicht nur nichts von Frauen, sondern auch überhaupt nichts von der Welt. Er säuselte seiner Jarmila vor, dass er tiefe slawische Wurzeln in sich spüre, besonders, wenn sie ihn mit ihren Armen oder sonst welchen Körperteilen umschließe. Ich war nicht dabei, aber er plapperte vor mir immer mal wieder davon, dass er sich Prohaska nennen würde, das sei schließlich ein anerkannter Name drüben im Böhmischen und nicht so germanisch belastet wie Knotterich. Einem gut geknüpften Knoten aber könne man nichts anhaben, das wisse er vom Klettern, ein solcher Knoten zöge sich nur immer fester zu, belastete man ihn mit zwei Mentalitäten, zwei Herkünften, die da an beiden Seiten des Strickes ziehen könnten …

Merkt ihr was? Der war irre vor lauter Liebe und Kletterkunst. Der hat doch gedacht, wenn er sich zum Tschechen hin entwickelt, kann ihm Jarmila nicht mehr entrinnen. Aber wird man nicht gerade deswegen geliebt, weil man ein anderer ist? So was geht nun wieder mir oft im Kopfe herum.

Ich will ja nicht spekulieren, wie die Sache damals ausgegangen ist. Wie gesagt: manchmal wird es gut, manchmal zur Ehe. Die Großwetterlage, die Wende und die allgemeine wirtschaftliche rückläufige Vorwärtsentwicklung, wie ich mal sagen will, trieben uns in verschiedene Ecken des Lebens. Ich war irgendwann abgeschnitten von meinen früheren Verbindungen, fast fühlte ich mich damals so im ganzen Leben wie jetzt hier in der Baude.

Neulich aber dachte ich, am Computer sitzend, über meinen einstigen Freund nach. Und was macht man da? Beim rechnergestützten Nachdenken? Man gibt verschiedene Namen und Orte ein. Und wo landete ich? Es existiert tatsächlich ein Gerhard J. Knotterich, Geschäftsführer von „Prohaska & Söhne – Kletter- und Bergsportausrüstungen". Es gab nur eine elektronische Adresse und ein Postfach. Nun könnte ich anfragen, ob es sich um meinen alten Freund handelt und wo er jetzt lebt. Aber will ich wirklich wissen, wie seine Liebesgeschichte damals ausgegangen ist? Einfach gut oder vielleicht sogar richtig gut?

2007

Das Jahr der drei Bücher; von zweien wird später die Rede sein. Jens-Fietje Dwars gab eine Auswahl meiner Essays aus zehn Jahren heraus, edel schwarz gewandet, rotes Lesebändchen: „Lob des Kalauers".

Ich trat in die Fußstapfen meines Vaters und hielt in Dresden Jugendweihefestreden, tourte mit Landolf Scherzer durchs Märkische, hielt eine Ausstellungsrede für den Karikaturisten Harald Kretzschmar; die Buchpremiere meines Theaterromans fand im Berliner Kabarett SÜNDIKAT statt. Der Verein Lese-Zeichen und die Landeszentrale für politische Bildung organisierten eine Israel-Studien-Tour. Im Oktober reiste ein Dutzend Schriftsteller, Fotografen, Filmemacher, Maler und Grafiker durchs Gelobte Land, überwand Mauern nach Palästina, machte später aus den Erlebnissen eine DVD. So feierte ich wieder mal meinen Geburtstag fern der Heimat.

Seit Jahren ließ ich mich gern zu kulinarischen Lesungen überreden; zwischen den Gängen eines edlen Menüs las ich Passendes. Ob Marktschänke Sömmerda, Schlosshotel Gotha, das märkische Neuzelle oder der Landgasthof Schwarzbachtal von Barbara Siebert in

Lohsdorf – ich las gern auch zum zweiten und dritten Mal. Konto
(weniger) und Körpergewicht (mehr) nahmen zu.
In diesem Jahr aber entstand auch ein literarisches Dokument einer
solchen Gasterei. Aus dem Vorwort der Herausgeberin Ricarda D.
Herbrandt:
„Wie der Genuss von Kulinarien stets mit Lust verknüpft ist, so wer-
den auch Ideen aus Lust geboren. Insofern verdient das Festmahl,
das am 2. Juli 2007 (im Weimarer Restaurant ANNO 1900) serviert
wurde, gleichsam die Bezeichnung eines Lustmahls. Fünfzehn mit-
teldeutsche Autorinnen und Autoren wurden zu Tisch gebeten, und
jeder von ihnen war aufgefordert, einen der fünfzehn Gänge zu poe-
tisieren und auf diese Weise seine Rechnung zu begleichen."

SANFTE GESCHMACKSABIRRUNG
Zwiefältige Mitteilungen von einem Sommerabend

Liebe Lenka, Du hast mir neulich einen fiesen Stachel ins Herz
gesenkt. Ich meine Deine lässige Bemerkung, ich suchte bei passenden Begleitumständen überall mein kleines Abenteuer. Du
hast noch fallen lassen, eine Frau wie ich könne gar nicht anders. Woher nimmst Du solche Gewissheit? Weil ich gern auch
Männern vertrauensvoll in die Augen gucke? Weil ich zuerst
mal freundlich zu jedermann bin? – Feministisch gesehen auch
zu jederfrau!
Dann will ich Dir erzählen, wie ich vorgestern trotz, wie Du
es nennst, passender Begleitumstände, mich ganz gegen Deine
Klischees verhielt. Ich war eingeladen worden – Du kennst ihn
nicht, er wohnt bei uns in der Straße und quatscht mich immer
mal schleimig von der Seite an. Diesmal wollte er mich zu einem

Essen in großer Tischgesellschaft mitnehmen. Er sei dienstlich zugange, doch das solle ich bitte nicht verraten; er wolle mich als seine, wie er meinte, „kleine Freundin" ausgeben.

Es war ein lauer Sommerabend. *Warum soll Se nich mit ihm mal konditern gehn?* So singt doch der fraulich-schwellende Volksmund Deines Vorbildes Claire Waldoff, oder? Geh ich halt mit. Eine sanfte Geschmacksabirrung mehr ist manchmal weniger. Ganz unsympathisch war er mir ja nicht. Er hat silbergraue und wahrscheinlich nicht mal eingefärbte Haarspitzen. Na klar, Klischee! Gepflegter Typ. Läuft nie in Schlabberhemden rum, großer silberner Ring am kleinen Finger. Ich kann nicht mal sagen, dass ich sein Rasierwasser nicht mochte. Die Begleitumstände, wie Du merkst, waren einfach gut.

Knapp zwanzig Leute hatten sich versammelt, nach sexueller Orientierung gut durchmischt; eine straff frisierte Herrin für Dich wäre auch dabei gewesen. Zwei, drei unbedarfte Typen, die ich vom Sehen kannte, Hermine, die Dombaumeisterin, wie wir sie nennen, und unser Stadtteildichter Lutze, mit dem Du mal so grässlich aneinandergeraten bist, auch. Die meisten kannte ich flüchtig, wir sind halt Kleinstadt. Das ganze Treffen hatte auch einen Anlass. Es ging um Literatur und Heimat oder um stringente Auslandserfahrungen von Kunstkompatibilität – nagle mich jetzt nicht auf diesen Begriff fest, so richtig habe ich das nicht mitgekriegt – aber ich sollte ja auch nur die „kleine Freundin" geben. Dumm tun kann ich, wie Du weißt.

Begrüßung und Küsschen oder braves Handgeben, je nach persönlicher Beziehungsgeschichte – ich sag doch, wir sind eine überschaubare Community. Wir platzieren uns im Hinterzimmer, eigentlich Vorzimmer – ein wunderbarer Glaspavillon. Feinsinnige Graphik überall; sitzen fast wie auf dem Präsentierteller. Also Geschmack hat der Restaurantchef schon. Demnach müsste er eigentlich schwul sein. Wenn Du willst, führe ich Dich dorthin mal aus. Wenn er dann nur halb so gut kocht, wie an diesem Abend, dann könnte das für Dich schon ein gewaltiges Ereignis sein. – Nicht schmollen, liebe Lenka! Du bist auch manchmal widerwärtig. Ich sage nur: fieser Stachel in meinem Herz.

Wir sitzen an einer langen Tafel; mir gegenüber mein Einlader, Monsieur Silberspitze; rechts davon ein kleiner, jugendlicher Typ, ich glaube Schuldirektor; auf der anderen Seite eine vermutlich atemberaubende, überirdische Schönheit. Würde ich zwar nicht so sehen, aber der übliche Männergeschmack und Du ticken so. Auf meiner Seite sitzen Hermine, Lutze, zwei Häschen im Hausfrauendekor – am unteren Tischende, neben einer typischen Blautöpferin, hockt einer, so ein Mann, ja, ein Mann! liebe Lenka! mit verschlafenen, vielleicht auch lasziven Augen. Einmal öffnet er die Sehschlitze und schaut zu mir – es war dann aber doch nur das Blitzlicht eines Fotoapparats.

Ich schätze ihn jünger als mich, doch er schätzt mich hoffentlich viel jünger als sich.

Wein aus der Region, sauteuer. Aber ich war ja eingeladen. Die Gänge purzeln: Amuse gueule, Suppe, Vorspeisen – ich will Dir nicht erzählen, was es alles gab, schließlich kämpfst Du seit Jahren heftig gegen Dein Gewicht.

Zu Recht, meine liebe Lenka, kämpfst Du, zu Recht!

Als nach diversem Geflügel- und Rinder-Allerlei eine Zwischenspeise, eine „Spargel-Orangen-Variation" serviert wird, fängt Monsieur Silberspitze an zu scharmutzieren. Ach was, scharmutzieren ist zu freundlich ausgedrückt – fängt an, mich anzumachen! Aber wie! Hat ja auch lange gewartet. Für mich eine vorzeitige Wort-Ejakulation; wahrscheinlich zu viel Wein intus – da wird Silberschmalz mutig. Und plump. Findest Du nicht auch, tönt er, dass wir uns gerade ein recht beziehungsreiches Gericht einverleiben? Einverleiben spricht er so breit, dass es nur anzüglich sein kann. „Dieser Spargel", sagt er, „der sich vorn wunderbar aufspreizt, ist von leichter Strenge, herb zupackend, während die Orangensegmente das an Süße wettmachen, jedoch alles willig in sich aufnehmen." Wahrscheinlich redet er nur in meiner Erinnerung so – ich glaube, er plapperte plumper. Mandelhobel, meinte er, sind gut für das gewisse Etwas. Also wer, um das gewisse Etwas zu bezeichnen, gewisses Etwas sagt, ist bei mir unten durch. Der hat bei mir weder oben noch unten was zu suchen.

„Ich habe nix von Mandelhobel geschmeckt", sag ich. „Paar Krümelchen am Spargel spüre ich, gebe ich zu." Er darauf: „Marinaden müssen immer saftig und schmelzend zugleich sein." Saftig spricht er wieder so, dass es ihm zwischen sanierten Zahnreihen raustropft.

Ich sag: „Marinade wie Marina? War das nicht so eine pappige Ostmargarine?" Er starrt mich an wie ein verklemmter Westheini eine süße Ostmaus anstarrt – wenn ich auch mal mit Klischees arbeiten kann …

Ich fand sein Rasierwasser inzwischen ziemlich verbraucht, um nicht zu sagen stinkedoof. Am unteren Ende des Tisches wurde geraucht. Der Knabe mit den lasziven Augen rauchte, was ich eigentlich überhaupt nicht leiden kann. Aber die sanfte Wolke von dort fühlte sich in meiner Nase plötzlich gut an. Wir machten gerade Ess-Pause. Mampftyp Silberling war noch immer nicht fertig mit dämlichen Anzüglichkeiten. Er wollte bei mir jetzt Punkte machen, indem er am Essen rummäkelte: „Natürlich ist grüner Spargel für ein solches Gericht zu gewöhnlich", tönt er. „Weiße, glatte, feste Spitzen müssen es sein. Aufragend und doch biegsam. Und die Orangen, zumindest eine einzelne kleine, sollte man nur leicht aufspreizen, dort, wo man die Orange mit den Fingern öffnet."

Silberpopel trug übrigens einen protzigen Glänzering am kleinen Finger. Schrieb ich das schon? Und dann fragt er mich, ob ich vor den Süßspeisen mit ihm rauskäme, Luft schnappen. „Wieso denn", sag ich, „du rauchst doch nicht" – und verflüchtige mich aufs Klo, also Verzeihung, meine liebe Lenka, auf die Toilette.

Von dort gehe ich stracks nach draußen. Da steht er, der Knabe mit dem rauchigen Timbre. „Dich hab ich ja noch nie hier gesehen", quatsche ich ihn, ziemlich direkt, von der Seite an. Er scheint froh zu sein, dass jemand mit ihm redet. Er bläst wunderbar verlegen Rauchringe. Ich könnt mich kringeln, wie er dann vorsichtig zutraulich wird.

So einfach, liebe Lenka. Klaro? Es ging in lauer Sommernacht noch ganz hübsch weiter. Nicht wie du denkst. Dem Typ Silberspitze habe ich den Marsch geblasen! Allerdings auch nicht so, wie er es sich vorgestellt hatte, als er mir zuguckte, wie ich die Spargel lutschte und wie Du es Dir jetzt auch am liebsten auf Deine ordinäre Weise denken willst. Manchmal, liebe Lenka, bist Du nämlich eine Spur zu ordinär – diesen fiesen Stachel will ich jetzt gern in Deinem Herzen versenken. Man kann daneben sein, aber eben nur eine halbe Spur.

Mein Racker rauchzart, den ich nur für Dich so nenne, denkt das auch, und wenn Du es genau wissen willst: Meine Abenteuer sind nicht klein, sondern gewaltig. Und können immer noch wachsen. Doch ich bleibe Dir dennoch gewogen (und befinde

Dein Gewicht folglich nicht als zu leicht!) und verspreche, Dich nicht mehr zu ärgern. Aber Deine dummen Bemerkungen, so nebenbei, die lässte demnächst!

Das musste ich Dir mal unters Näschen reiben, meine liebe Lenka. So.

Deine C.

***

Informeller Bericht zum Marktforschungsvorgang (MfV) „Speisegangfolge"
Beobachtungsobjekt (BO): „Spargel-Orangen-Variation"
Inoffizieller Menübeobachter (IMB): „Silber"
Beobachtungszeitraum: Nullnullsieben, 17.00–23.30 Uhr

IMB „Silber" begab sich zum verabredeten Zeitpunkt in die Gaststätte (geschwärzt) in (geschwärzt). Der konspirative Raum machte einen vertrauenerweckenden Eindruck, nichtsdestotrotz könnten sich terroristische Kleingruppen a.a.O. bilden. Unter Legende hatte IMB „Silber" die aufzuklärende weibl. Nachbarsperson, die auf Kennung „Claudia" hört, angesprochen. Sie wurde zwecks durchzuf. Maßnahme C unverfängl. mitgeführt.

Die unter Geheimhaltung verfügte Auftragslage von Gault Millau und www.sterneköche.com wurde weder vor „Claudia" noch vor den anderen geladenen Gästen in irgendeiner Weise angesprochen. Als Vorwand galt eine Erörterung der literarischen Genussmöglichkeiten im Operationsgebiet. IMB „Silber" sprach zunächst zum Sachverhalt, um „Claudia" in Sachen Auftraggeber zu verwirren und sie für die fellatorische Mitarbeit vorzubereiten.

Anwesend waren neben berichterstattendem IMB und „Claudia" folgende Decknamen: „Grete", „Hänsel", „Lehrer I", „Lehrer II", „Sträubl", „Katze", „Derwisch", „Wurzbach", „Titania", „Frongreisch", „Al Sommer", „Soldat Gundermann", „Rauchersubjekt" und vier nicht verifizierbare Personen, darunter ein offensichtlich ortsüblicher Journalist.

Beim Gang Nummer 10, „Spargel-Orangen-Aktion", zog IMB „Silber" auftragsgemäß „Claudia" in ein mündl. Fachgespräch, bei welchem sich herausstellte, dass keinerlei Fachkenntnisse seitens der Vorgangsperson vorhanden waren. IMB erläuterte, dass grüner Spargel als wenig anregend, bestenfalls harntreibend, wirke, während allein weißer Spargel, mit Mandelbruchstücken versetzt und gebuttert, eine innige Molekular-Koch-Verbindung mit den nässenden Orangensegmenten (enthäutet) eingehen könne. „Claudia" entzog sich weiteren Maßnahmen daraufhin zunächst durch Gang zum WC (Anlage hygienisch nicht zu beanstanden, Prüfungsprotokoll beigefügt), während IMB „Silber" sich zunächst der Beobachtung o. a. Decknamen widmete.

Auftragsgemäß wurde nach Abschluss des letzten Speiseganges eine geschl. Neigung von „Claudia" vollinhaltlich ausgenutzt und dieselbe von IMB „Silber" zur Maßnahme C (Fellatio) gebracht. Tonkonserve vom Vorgang wg. Defekt nicht brauchbar. Zeugen für den eruptiv-esoterischen Vorgang können leider ebenfalls nicht benannt werden, da dies unter Wahrung strengster Konspiration geschehen musste. Übergeordnetes Organ muss gegebene Darstellung durch einfache Verschriftlichung als verifiziert werten.

Vorgangsperson „Rauchersubjekt", unmoralisch, sollte unbedingt in diesem Zusammenhang einer strengen Beobachtung, einer scharfen Zersetzungsmaßnahme und einer finalen

Sonderbehandlung zugeführt werden. IMB „Silber" schlägt dafür eine „Arsen-Hydrargyrum-Variation" vor.

Dem Gastwirt ist wg. mangelnder Wachsamkeit unverzügl. die Koch-Schlafmütze zu verleihen.

Gez. IMB „Silber"

2008

Diese Doppel-Erzähl-Methode hatte ich erstmals im Theaterroman „Eine moralische Anstalt – Roman mit richtigen Requisiten, letzten Vorhängen und Theaterblut" erprobt; die Geschichte eines deutschdemokratischen Theaterversuchs in den Jahren 1976 ff, die zudem in Spitzelprotokollen erzählt wird. Man mag noch mal ins Jahr 1979 schauen, in dem die Geschichte ihren Ursprung hatte.

2007 waren zudem „Streifzüge durch den Thüringer Kräutergarten" erschienen. Der frühere Aufbau- und jetzige Leipziger Verleger Elmar Faber stand eines Tages vor meiner Tür und sagte: „Mein lieber Biskupek! Sie schreiben mein Alterswerk!" Denn es gäbe arg viele Fachbücher über jene Gegend, aus der er stammte – rund um Oberweißbach – aber keine literarische, keine heiter-feuilletonistische Aufarbeitung. So wanderte ich mit Hilfe eines Stipendiums durch meine engere und weitere Wahlheimat, schrieb alles getreulich auf und suchte dann mit dem bewährten Lektor Günther Drommer Bilder von Kräutern, Wäldern, Hexen und fabelhaften Jungfrauen heraus, um endlich mal ein HEIMAT-Buch zu haben, auf dass die Bezeichnung der Rudolstädter Theaterkollegen zuträfe: Biskupek ist der Heimatdichter! Faber war es zufrieden, schrieb aber später viel genauer über seine Jugendzeit.

Ich las, beginnend im August 2007, Weihnachten 2008 noch längst nicht endend, aus beiden Büchern sowie der zeitgleich erschienenen

Essay-Sammlung meiner immer noch existierenden literarischen Gemeinde vor: in Leipzig, Erfurt, Quedlinburg oder Suhl, im Radio oder im Westen. *In meiner engeren Heimat hingegen bewegte ganz anderes die Leute, denn im Frühjahr 2008 hatte ein dräuender Gottesmann mediale Aufmerksamkeit erregt. Mir blieb gar nichts anderes übrig, als diesen Stoff, der buchstäblich vor meiner Haustür, in der angrenzenden Weinbergstraße, herumlag, publizistisch und wohl auch polemisch in verschiedenen Zeitungen und Zeitschriften aufzugreifen.*

ZERRISSENE GESANGBÜCHER
oder
DAS RUDOLSTÄDTER MEDIEN-MASSAKER
Wie eine richtige Diskussion falsche
Opferlämmer schlachtet

Über- und Unterüberschriften dieses Textes verwirren. Das sollen und müssen sie auch. Denn es geht um tägliche Freundlichkeit und alltägliche Fremdenfeindschaft, um die brave Mitte der Gesellschaft und den ausgefransten rechten Rand; es geht um Pfarrer, Ausländer und Rheinländer, um spuckende, duzende, brüllende Bürger, die nicht zu Kindergeburtstagen einladen und um prügelnde, rechtsradikale Achtjährige. Und es geht um eine thüringische Kleinstadt, die medienweit seit Anfang April 2008 als „malerisch gelegen" und „pittoresk" bezeichnet wird – diese Eigenschaften allerdings immer mit „scheinbar" gekoppelt, denn vor allem ist sie eine „unheimlich wirkende Stadt in der scheinbar (!) jeder jeden kennt", in der ein multikulturelles Tanz- und Folkfest Gutwillige aus aller Welt „seit achtzehn Jahren hinters Licht führt", eine Stadt, „die man meiden sollte", weil dort eine „Rückblende hinsichtlich Bewusstsein, Outfit und Handeln zurück in die späten fünfziger Jahre (…) dominiert."

Unsere Geschichte beginnt mit einem dreifachen Paukenschlag: Große Tageszeitungen aus Köln, Frankfurt/Main und Halle/Saale bringen zeitgleich eine Story von Markus Decker über eine siebenköpfige Pfarrersfamilie in Erkelenz. Dorthin „geflohen" vor dem Mob in Rudolstadt, Thüringen. Sieben Jahre hatte Familie Neuschäfer – Pfarrer Reiner Andreas, Mutter Miriam mit indischem Migrationshintergrund, fünf Kinder – es versucht. Sie hätten „ein Haus gekauft, kamen, um zu bleiben", doch dann ging es nicht mehr. Der Tropfen, der das Fass zum Überlaufen brachte, war der lockere Zahn des ältesten Sohnes der Familie, damals neun, im April 2007, Resultat einer Schulhofprügelei, letztlich Ausdruck jahrelanger Anfeindungen „des kleinen Jannik, der sich die Haut mit einer Bürste weiß schrubben wollte". Bereits sechs Monate später floh die Familie überstürzt und wiederum ein halbes Jahr später wurde nun alles weit aufgedeckt: Beschimpfungen an Ehefrau Miriams Adresse. „Geh zurück in den Urwald." – „So was wie dich hätte man früher sterilisiert". Besonders schlimm war, sagt der Pfarrer, Religionsbeauftragter für Südthüringen, dass man seinen Sohn kein einziges Mal zu Geburtstagen eingeladen hatte.

Zwei, drei Tage später drucken fast alle Zeitungen der Republik Auszüge nach: Der kleine Jannik. Mama, was ist ein Nigger? Ab in den Urwald! Sterilisieren. Anspucken. Spiegel-online legt nach: Anbrüllen auf dem Parkplatz, überall geduzt, nicht bedient in einem Fotogeschäft. Miriam sagt jetzt alles, was im „gelben Schnellhefter" steht, aufgeschrieben „mit schwarzem Stift". Das Ausland reagiert und Rudolstadt wird weltweit bekannt, allerdings nicht mit dem Tanz- und Folkfest, größter Treff der Weltmusik, worauf man stolz ist, und auch nicht mit Schiller, dessen „heimliche

Geliebte" die Stadt laut neuestem Marketingkonzept (in München entwickelt) sein will.

Fernsehteams kommen, filmen jenes Haus in der Weinbergstraße 6, in dem, umgeben von Menschen aus der Mitte der Gesellschaft, die Familie Neuschäfer wohnte. Das gelbe Haus, aus dem sie von Nachbarn weggeekelt, verjagt, vertrieben wurden – die Mediensprache wird kräftiger. Dass Neuschäfers jenes sehr große Mehrfamilienhaus erworben hätten – tatsächlich kauften sie darin nur eine Wohnung – davon ist jetzt nicht mehr die Rede. Genaue Recherchen sind in diesem ostdeutsch-kleinstädtischen, passgenauen Fremdenfeindschaftsfall ohnehin Mangelware. Dafür gibt es immer lautere Töne. Töne, wie sie sonst BILD produziert – die sich auffallend zurückhält.

In den „Tagesthemen" wird eine Nazi-Schlägerbande und eine fliehende Familie gezeigt: Rudolstädter Glatzköpfe verjagen Pfarrersfamilie. Später entschuldigt sich die ARD für diese „journalistische Zuspitzung". Glatzköpfe, meint selbst Pfarrer Neuschäfer, seien es gerade nicht gewesen; sondern Fremdenhass aus der Mitte der Gesellschaft. Im Radio meint er: „Man muss erstmal zugeben, dass die DDR durch ihren Kollektivismus, Materialismus und auch ihre Monokultur Spuren hinterlassen hat. Man hat ja lange Zeit über den Nationalsozialismus in Deutschland nicht reden können – und dann kam die 68er-Bewegung. So etwas bräuchten wir eigentlich auch im Bezug auf die DDR – die letztendlich auch eine Diktatur war. Nur darf darüber nicht offen geredet werden."

In Leserbriefen wird hingegen sehr offen geredet – je weiter weg die Kenner sitzen, in Freising, Göttingen oder Wangerland, desto deutlicher: „Ich kann nur sagen, dass ich jeden Menschen mit dunkler Hautfarbe in meinem Umfeld davor warnen werde, auch nur einen Fuß nach Rudolstadt und in bestimmte andere Städte und Kleinstädte Ostdeutschlands zu setzen." – „Sie alle haben es gewusst! Auch die Rudolstädter und besonders die (...) Personen des näheren Umkreises. Nur getan haben sie nichts, aus persönlicher Feigheit. Jetzt, wenn die ,Hütte' brennt, ist das Opfer selber schuld.". „Das Ganze illustriert schön das Problem mit Ostdeutschland: Die intelligenten Ossis sind in den Westen (...) Die Übriggebliebenen sind halt ,der Rest'. Gegen diesen Bodensatz, der sich aus Ostalgikern und Nazis zusammensetzt, kommen selbst die motiviertesten ,Entwicklungshelfer' nicht an."

Der kleine Jannik sagt im Fernsehen derweil immer und immer wieder, wie er jeden Montag verprügelt wurde – meist lassen nur Eltern der „Unterschicht" zu, dass ihre Kinder medial verwurstet werden. Im Fall Neuschäfer ist vieles anders. Die Stadtoberen kommen inzwischen auch zu Wort – und scheitern kläglich: Es gebe keine Fremdenfeindschaft, nicht mehr als anderswo. „Angespuckt, das kann ich mir beim besten Willen nicht vorstellen. Ich schließe das sogar aus."

Wer hingegen einige – seltene – Exemplare der Kleinstadt-Community kennt, kann sich alles vorstellen. Man lese die „Ostthüringer Zeitung". Wochenlang gibt es Aufregung um ein Asylbewerberheim, von Westbesitzern geführt, weitab von städtischem Leben, in dem Bewohner mit Gutscheinen einkaufen müssen. Stimmen: „Wir zahlen genug für Ausländer!". „Wenn es denen hier so schlecht geht, sollen sie doch zurück in ihre Heimatländer!" Einer der Schreiber teilt sonst in rechtsradikalen Postillen (Verlagsorte außerhalb Thüringens) seine gesunde Volksmeinung mit, was ihn aber nicht hindert, im Lokalblatt seinen Kampf gegen das unmenschliche SED-Regime herauszustellen. Als die Zeitung hingegen sechs Leute von der Straße fragt: „Haben Sie Verständnis für die Asylbewerberproteste?", gibt es sechs Mal Zustimmung – die Befragten stehen durchweg mit Bild zu ihrer ausländerfreundlichen Meinung.

Aufregung auch, als in einer Dorfkneipe der Nachbarstadt die NPD einen Parteitag durchführt. Der Bürgermeister (LINKE) meint darauf öffentlich, dass er mit seinem Sportverein diese Kneipe nicht mehr betrete. Widerspruch: Die NPD sei eine zugelassene Partei, der Herr Bürgermeister von der Unrechtspartei wolle wohl die Freiheit der Andersdenkenden unterdrücken, so wie er es im Verbrecherstaat DDR praktizierte.

Von der Weinbergstraße, früher als „besseres Stadtviertel" bezeichnet, muss man nur dreihundert Meter Richtung Stadt gehen, dort wo sie „pittoresk" und „malerisch" ist, dann findet man das Domizil des NPD-Barden Veit Kelterborn, der mindestens so kräftige Töne anschlägt wie die Kenner des „muffigen Zonistans". Denn was die Grünguten können, können neurechte und altnazistische Netzdichter auf ihre etwas andere Weise schon lange: Rudolstadt ist dort Symbol der tapferen Deutschen, die „Mischlinge" zum Teufel jagen. Denn alle Ausländer lügen.

Rudolstädter hingegen spucken jetzt weltweit. Doch nun melden sich Nachbarn, ehemalige Freunde, Lehrer und Kindergärtnerinnen. Erzählen sehr andere Dinge. Belegbare Tatsachen, die zum Schutz der Familie Neuschäfer hier nicht ausgebreitet werden. Nur so viel: Die Kinder seien geliebt worden, betreut, täglich von Nachbarn zum Kindergarten gebracht, wenn die überforderte Frau Neuschäfer keine Zeit hatte. Jannik hingegen habe Gesangbücher zerrissen und ältere Frauen getreten, was sein Vater nicht tadeln mochte.

Der Pfarrer, so die Leserbriefe, habe von schlechten Müttern geschrieben, die ihre Kinder in den Kinderhort gäben, er habe „Fremderziehung" als das Allerschlimmste bezeichnet. Er meine allen Ernstes, wer kein Schulgeld zahlen könne oder wolle, dem seien Kinder nichts wert.

Die Ausländer der Stadt werden munter, erzählen, wie freundlich sie aufgenommen worden seien. Das Orchester des Theaters, in dem 13 Nationen vertreten sind, empört sich gegen die Medienmeinung öffentlich und schriftlich. Tut nichts, Rudolstadt ist ausländerfeindlich! Döner-Besitzer Mustafa Seker ist stocksauer auf den taz-Dichter Wyputta. Der habe sich nicht mal eine Minute mit ihm unterhalten und behaupte, Seker wolle verkaufen und weg! Wie kann der so was schreiben? Tut nichts, Rudolstadt vertreibt Türken! Die unmittelbaren Neuschäfer-Nachbarn – in der Schweiz gebürtig oder vom linken Rheinufer – hätten der Familie immer wieder Hilfe angeboten? Tut nichts, die Mitte der Rudolstädter Gesellschaft ist fremdenfeindlich.

Verehrte bis hierher gutwillige Leser, Sie merken: Nicht nur die Über- und Unterüberschriften dieses Beitrags verwirren. Denn Fremdenfeindlichkeit existiert. Viel zu oft in ostdeutschen Kleinstädten. Worüber geredet werden muss.

Doch die Pfarrersfamilie ist genau das abstruse Beispiel, auf das zu viele Medien sich einen dummen Reim gemacht haben. Jenes Foto, das die allein gelassene, ausgegrenzte, bespuckte Familie zeigte, entstand auf einer großen Feier von Rudolstädtern. Die Nachbarn aber wurden von allen Medien hinwegretuschiert. Und wenn demnächst mal wieder Fernsehfritzen die Chuzpe haben, Kinder vor Kameras zu zerren, sollten sie das mit jenen Rudolstädter Kindern tun, die Neuschäfer-Kinder zu ihren Geburtstagen luden.

Im Ort kommt endlich eine hübsche Verschwörungstheorie auf: Warum das Ganze? – Von wenigen konservativen Folkfest-Gegnern inszeniert! Denn ausgerechnet in der Weinbergstraße wohnen die hartnäckigsten Verfechter und Mitgestalter des multikulturellen Festes, was alljährlich erlebbar ist.

Um dagegen einen positiven Schluss zu setzen: Von Pfarrer Neuschäfer ist ein Buch erschienen: „Alles aus!? – Kopiervorlagen zum Thema Trauer, Trost und Hoffnung." Dafür könnte das Rudolstadt Medienmassaker doch Verkaufshilfe sein.

2009

Seit April 2008 gab es in der „Thüringer Allgemeinen" eine Netz-Plattform „Thüringer Tagebuch". Als regelmäßiger Zeitungsmitarbeiter wurde ich dringend um Beteiligung gebeten. Allein im Jahr 2009 schrieb ich über hundert Einträge; insgesamt verfasste ich, wie die Zeitungsstatistik verrät, bis 2012, am trüben 8. November, als Matthäi für mich am Letzten war, 489 Bemerkungen. Es gab ehrgeizige Hobby-Publizisten in dieser Plattform; einer hatte mich als Hassobjekt ausgesucht. Reimte ich dann mal den Herbst auf seinen Nachnamen oder teilte exorbitante Honorare mit, die ich angeblich für meine Bemerkungen erhielt, konnte er solches nie als Satire begreifen, sondern schäumte über.

Weil ich seit Dezember 2008 auf einer eigenen Seite fast täglich Notizen fabriziere, könnte ich fürderhin taggenau mitteilen, was der Leser ohnehin nicht wissen will. Zum Beispiel die „vermutlich unvollständige, wenig geordnete Liste der Speisen und Getränke an und zwischen den Feiertagen 2008/2009:

Hühnersuppe mit Nudeln und Gemüse, Frikassee überbacken, Kartoffelsalat, Knackwürstchen, Wiener Würstchen, Knoblauchwurst, Ente mit Grünen Klößen, Rosenkohl und Rotkraut, Sauerbraten mit Salzkartoffeln und Rotkraut, Spinat mit Spiegelei und Kartoffeln, belegte Brote aller Art, Spaghetti al pesto, Spaghetti napoli, Pizzen verschiedener Art, Rapunzelsalat, Tomaten- und Gurkensalat, Baguettebrot, Heringssalat, Käsesalat, Obstsalat, Kartoffelbrei mit Bratwurst und Zwiebeln, Käsefondue, Hackfleischklößchen, Rote Linsensuppe, Spreewälder Meerrettichröllchen mit Pellkartoffeln,

Rote Grütze, Quarkspeise, Fruchtjoghurt, Russischer Zupfkuchen, Quarkkuchen, Plätzchen aller Art, Eierschecke, Obstkuchen, Schlagsahne, Tiramisu, Kräutertee, Grüner Tee, Schwarzer Tee, Milchkaffee, Apfelsaft, Mineralwasser, Leitungswasser, Weißwein, Roséwein, Rotwein, Cherry, helles Bier, dunkles Bier, Obstler, Wodka, Whisky und Whiskey."

Aus ähnlichen Listen mache ich seit 2009 alljährlich einen Wochenkalender „Trabi, Broiler, Pioniere" heißt jene „Reise durch die DDR", die seither im Verlag Harenberg erscheint. Dieser Auftrag war mir zudem Hintergrund und Anlass für einen vom Emons Verlag für seine „Mörderischen Landschaften" gewünschten Krimi.

DIE TOTEN IM KALENDER

oder

EIN MORD GIBT DEN ANDERN

Der Auftrag liegt da, mit Unterschrift, Datum und Summe, und sollte mich frohgemut stimmen. Frohgemut! Wer verwendet heute noch Wörter aus längst vergangenen Jahrhunderten? Aber ich bin dazu verdammt, mich mit ollem Zeugs zu beschäftigen. Mit verdammt ollem Zeug. Es ist mein Beruf. Zumindest verschafft er mir einmal jährlich einen Auftrag, den ich in dreiundfünfzig kleinen Aufträgen abarbeiten kann.

Ja, als Junge wollte ich Forscher werden. Urwald. Antarktis. Buenos Aires. Was bin ich geworden? Handwerker des Wortes. Zumindest einmal im Jahr. Wenn ich Werbezeitungen texte oder in schlimmen Zeiten austragen muss, um nicht die Grundsicherung, wie es beschönigend heißt, beantragen zu müssen, bin ich Kleingewerbetreibender. So heiße ich, steuerrechtlich. Dabei wollte ich, als die Träume von Buenos Aires, Antarktis und Urwald an den blutroten Klippen eines real beschissenen Systems zerplatzten, wenigstens berühmt werden. Berühmt konnte man in meiner Jugend werden, wenn man Romane und Komödien schrieb. Ich schrieb und wurde nicht berühmt. Vielleicht waren meine Romane zu kurz und die Komödien zu ernst, obwohl ich sicher bin: Es lag am System. Ich durfte nicht hochkommen.

Ich erspare mir alle Knüppel, die mich ins Rad der Geschichte stolpern und als Sand im Getriebe meine Pläne zerplatzen ließen. Ja, ich hätte mit kühnen Bildern bis an die Spitze der Charts, wie man Bestsellerlisten im Literaturgewerbe jetzt zu nennen hat, kommen können.

Ich kam zu einem mageren Auftrag pro Jahr. Seit zehn Jahren hangele ich mich mit jährlich einem Auftrag von Mindesteinkommen zu Mindesteinkommen. Ich habe das System verabscheut, aber man konnte ja nichts machen und jetzt muss ich dieses System schönfärben. Ich bekomme von einem der bedeutendsten Kalenderverlage im europäischen Raum jeweils im Frühjahr den Auftrag, zu 53 neckischen Bildchen je einen Text anzufertigen. Also 53 Einzelaufträge in einem Gesamtpaket. Pro Bild 488 Zeichen, was acht Druckzeilen bedeutet. Ja, ich bin ein Kalendertexter.

Das ist nicht das Schlimmste. Fäkalgruben müssen ausgeleert und Politikerhandlungen dem Volk erklärt werden. Deshalb sind Pumpenspezialisten und Pressesprecher in der Handwerkerrolle zwar nicht ganz oben, aber eben da. Und Kalenderdichter ebenso. Irgendjemand muss die Abreißzettel, die Wochen- und Monatsblätter mit Wörtern, Sätzen, Sinnsprüchen, Erklärungen, Bildunterschriften füllen. Ich täte dies klaglos, aber beim Verlag bin ich nun mal weder für Blumenkalender noch für Urwaldfotos, weder für Katzenposen noch für Kirchenbauten zuständig. Ich bin der Spezialist für Nostalgie bzw. noch schlimmer: Ostalgie. Man hat mich verpflichtet, alljährlich den „Eine-schöne-Reise-durch-die-

DDR-Kalender" zu erschaffen. Seit zehn Jahren. Seit diese verklärenden Rückblicke in ein System von heimlicher Datenspeicherung und Zugverspätungen, von Behördenwillkür und fehlendem Winterstreusalz en vogue sind. Seit die Leute vergessen haben, wie man sie einkerkerte und zur Arbeit trieb. Seit überall das Sandmännchen und die guten Halloren-Kugeln gelobt und gehätschelt werden, seit alles mit Rotkäppchen-Sekt begossen und mit „Das ist Fakt!" besiegelt wird.

Ich bin ein Opfer des Systems, weil man mich damals nicht hochkommen ließ, und jetzt komme ich niemals mehr auf die nächste Stufe des Kalenderdichterdaseins – zum Beispiel für Literaturkalender. Ich könnte die Geburtstage großer Kollegen mit klugen Bemerkungen würdigen, könnte Zitate heraussuchen, die die Selbstmörder bzw. Freitodgänger Heinrich von Kleist, Paul Celan oder Georg Heym, Ernest Hemingway oder Stefan Zweig ins Licht der Zukunft rückten. Ich könnte auch Filmgrößen wie Per Paolo Pasolini oder Kunstgeschichtler wie Johann Joachim Winckelmann oder Modezaren wie Rudolf Moosi Moshammer, die allesamt Strichjungen zum Opfer fielen, mit einfühlsamer Kurzprosa würdigen. Doch ich muss mich mit neckischem Zeugs aus einem zusammengebrochenen Staat beschäftigen: Hellerauer Möbel, Kahlaer Porzellan. Gelegentlich darf ich mal Schlange stehen oder die gefälschten Wahlen zu einer Scheinvolkskammer sanft kritisch betexten – aber recht eigentlich will man nur baden mit Badusan, Nimm ein Ei mehr! und Welterzeugnisse aus dem VEB Kirow-Werke im Kalender haben.

Ich habe den übernächstjährigen Kalender vor mir. Wir Kalenderdichter müssen unserer Zeit immer weit voraus sein, doch werden wir als die eigentlichen Propheten irgendwo gewürdigt? Nimmt jemand davon Notiz, dass wir längst einen Kalender dazu im Angebot haben, wenn plötzlich illustre Karsthöhlen überall auf der Welt entdeckt werden?

Ich habe den Auftrag unterschrieben und die achte Kalenderwoche vor mir. „Abgestellte Kinderwagen vor einem Konsum in Ostberlin" heißt das Blatt. Ich könnte über die Zeitzer Kinderwagenfabrik – einst größter Kinderwagenproduzent des Kontinents! – schreiben oder den zinslosen Ehekredit acht Zeilen lang würdigen, sachlich, kritisch und optimistisch, wie die Verlagsherren, die an Rhein und Ruhr sitzen, das wünschen. Denn nur Optimismus wird gern gekauft, dann darf auch mal ein kritischer Schnörkel drangehängt werden: bei Kalendern Optimismus und Buntheit, bei Tageszeitungen Skandal, Mord und Totschlag.

Doch wenn ich hier über den einstigen Skandal in Zeitz schriebe? Der natürlich vertuscht wurde. Wie plötzlich ein Kind vertauscht wurde. In grad so einem abgestellten Kinderwagen. Weil keinerlei Sicherheitsfirma abgestellte Kinderwagen bewachte. Weil man sträflich leichtsinnig in der DDR mit Kindern umging, sie schnell mal dem Nachbarn zur Beaufsichtigung überließ oder einfach vor einem Kaufhaus abstellte. Weil mangelnde Sicherheit mit dem Mangel an professionellen Sicherheitsfirmen zu tun hatte.

Ich hatte damals in Zeitz zu tun. Ich las aus dem Manuskript einer Komödie, die am Zeitzer Theater uraufgeführt werden sollte. Zeitz war damals Standort eines Berufstheaters. Drei Sparten! Man lechzte – angeblich – nach Komödien. Ich las im Kulturbund, an der Ecke Thomas-Mann-/Rosa-Luxemburg-Straße. Der Kulturbund war eine Vereinigung sukkulentenzüchtender Damen und briefmarkensammelnder Herren. Vermutlich wird in einem der nächsten Jahre ein Bild von einem Kulturbund auf meinem Tisch landen, und ich werde acht Zeilen zu dieser staatstreuen

Organisation verfertigen müssen. Und behaupten müssen, es seien heimliche Orte des Widerstandskampfes gewesen, mit Briefmarken aus dem freien demokratischen Westen.

Damals sollte der Kulturbund gesellschaftlicher Partner meiner Uraufführung werden und mir gute Ratschläge geben. Ich las tapfer und mit Betonung, spielte die Rollen kunstvoll vor, aber die anwesenden Herren und Damen tuschelten nur über die Kindesvertauschung. Weil sie offiziell totgeschwiegen wurde. Kein Wunder, dass meine Uraufführung ein totgeborenes Kind war, folglich kein Erfolg wurde, von der gelenkten Staatstheaterkritik in einer Zeitung namens „Freiheit" – hah Freiheit! – abgeschmettert wurde und nach elf Abo-Vorstellungen abgesetzt wurde. Ich weiß heute, dass ich einfach zu kritisch war, dass man mich nicht hochkommen lassen wollte, weil ich den berühmten Dissidenten Udo U. Schwer persönlich kannte, der damals weder berühmt noch Dissident war, aber heute beides rechtmäßig unter seiner breiten Brust vereint.

Das Kind im Kinderwagen, ein Mädchen, war neun Monate alt. Und als die Mutter vom Einkauf zurückkam, lag ein anderes Kind im Wagen. Auch ein Mädchen. Im Alter ähnlich, aber sonst ganz anders. Hatte schwarze Haare und, wie sich dann herausstellte, einen angeborenen Herzfehler. Natürlich wollte die Mutter ihr Kind zurück und nicht dieses fremde aufziehen. Die Behörden versuchten, ihr einzureden, dass sie sich irrte, aber das war nur Ablenkung. Jeder in Zeitz wusste, dass das Ersatzkind nur aus der Russenkaserne, also aus dem Standort der Sowjettruppen sein konnte. Man hatte mit Russenkindern experimentiert, sie unter weltraumähnlichen Bedingungen geboren. Nach irgendeiner Kotschemassow-Methode. Nur davon konnten solche Herzfehler kommen. Das wusste damals jeder in Zeitz. Bei Zekiwa, wie das Kinderwagenwerk hieß, gab es kaum ein anderes Gesprächsthema, obwohl es verboten war zu reden. Also das Reden war nicht direkt verboten, aber falsche Russenkinder deutlich anzusprechen, war ein strafbarer Vorgang, wie das im Behördenwillkürdeutsch hieß, welches es jetzt Gott sei Dank nicht mehr gibt.

Das falsche Kind starb zwei Monate später und das richtige blieb verschwunden. Die Mutter schlug natürlich überall Krach, was ihr als Beeinträchtigung staatlicher Maßnahmen ausgelegt wurde und zu verschärfter Beobachtung führte. Maßnahme A und Maßnahme B, wenn Sie wissen, was ich meine. Nein, können Sie ja nicht wissen, dazu habe ich ja noch keine Kalenderblätter verfertigen dürfen, weil das System an Rhein und Ruhr nur bunte, billige, optimistische Kalender verkaufen will.

Die Spur führte nach Erfurt. Die Mutter hatte einen Privatdetektiv beauftragt. Es gab solche durchaus in der DDR, aber auch darüber durfte ich noch kein Kalenderblatt verfertigen. Privatdetektive hatte es offiziell in der DDR nie gegeben. In Erfurt aber hatte der real existierende Privatdetektiv einen sowjetischen Wissenschaftler gefunden, der die künstlich angeborenen Herzfehler wissenschaftlich ausgewertet hatte. Direkt hinter dem Domplatz, wo jetzt das bunte Leben tobt und damals grüne Zäune alles zivile Leben aussperrten. Dahinter wurden streng geheime Forschungen gemacht. Der Wissenschaftler war bereit zu reden. Es soll Geld geflossen sein. Demokratisches, also richtiges Geld. Der Privatdetektiv war auf dem Weg zu dem Wissenschaftler, er wurde letztmalig an einer Ampel in der damaligen Maxim-Gorki-Straße gesehen, einer solchen Ampel, die ich im Blatt für die zweite Woche betexten muss. Das Ampelmännchen von Karl Peglau. Hätte ich gewusst – wir schrieben das Jahr 1978 –, dass es auf jedes Detail ankomme, hätte ich mir schon damals diese Ampel genauer angesehen. Denn ich war ungefähr zu dieser Zeit, als der Privatdetektiv letztmalig vor einer Ampel gesehen wurde, wartend, ebenfalls in

Erfurt. Über deren angebliches Blumenparadies iga, die angeblich Internationale Gartenbauausstellung, musste ich die 32. Woche des vorvorletzten Kalenders machen, jenes Kalenders also, der derzeit in den Wohnstuben einst systemtreuer Familien hängt.

Jener Privatdetektiv verschwand spurlos. Die Polizei hatte zwar ermittelt und dabei herausgefunden, wo er von Zeugen zuletzt gesehen wurde. Doch niemand kam auf die Idee, sich diese Verkehrsampel mal genau anzusehen. Dabei hat das unabhängige Institut zur unabhängigen Erforschung der ehemaligen DDR-Lichtsignalanlagen herausgefunden, dass gerade solche Ampeln, die ich heutzutage mit „lustig" kennzeichnen muss, weil der Verlag das so will, zu illegalen Datenspeicherzwecken genutzt wurden. Unter diesen Datenspeicherplätzen sollen nicht selten Fallgruben, also Liquidationskammern, gewesen sein, und wenn man heute immer wieder von plötzlichen Erdfällen hört, in denen Autos, Menschen und Pferde – auch Pferde! – verschwinden, so hat das damit zu tun.

Doch ich muss die zweite Januarwoche beschönigen, indem ich das durchaus zweckdienliche, das westdeutsche, demokratische Ampelmännchen als „stocksteif" bezeichne. Stocksteif hat exakt zehn Zeichen, bringt mir also ein Honorar von – nein, das darf ich nicht sagen. Laut meinem Knebelvertrag muss ich über alle relevanten Vertragsdaten Stillschweigen bewahren. Auch dieser Knebelparagraf eines Knebelvertrags kann nur ein Überbleibsel menschenfeindlicher Verträge aus einem Land sein, das ich alljährlich mit 53 Texten schönfärben muss.

Der Privatdetektiv damals blieb verschwunden. Es durfte eigentlich auch unter kommunistischer Willkür nicht sein, dass ein Mensch verschwindet. Mitten in Mitteleuropa! Nicht im sowjetischen Asien oder in Mafia-Landen. Hier! In Erfurt! Dem damaligen, pulsierenden Verwaltungszentrum des Bezirkes Erfurt. Doch das Verschwinden wurde so gründlich praktiziert, dass sich heute niemand mehr daran erinnern kann, will und darf, dass es in der DDR Privatdetektive gegeben hat.

Die Tochter des Privatdetektivs ließ nicht locker. Sie wurde wieder und wieder bei den Behörden vorstellig. Ihr Vater habe an einer ganz großen Sache gearbeitet. Er habe das Geheimnis hinter den grün gefärbten Zäunen lüften wollen. Zuvor sei er schon in Sonneberg einer noch größeren Sache auf der Spur gewesen. Die Piko-Eisenbahn, die ich in der zwölften Kalenderwoche würdigen muss, hatte mit den künstlich angeborenen Herzfehlern zu tun. Jawohl. Denn es war ja sowjetisches Wismut-Kapital, mit dem die Piko-Eisenbahn-Produktion angekurbelt wurde. Damals, als ich auch mal in Sonneberg zu einer Lesung war – ich hatte meinen ersten Roman in Arbeit, der dann nur zensiert erscheinen durfte, so dass er planmäßig kein Erfolg wurde – also bereits damals hatte der Privatdetektiv in Sonneberg ermittelt. Die Piko-Modelleisenbahnen aus Sonneberg waren ihm nur Vorwand, um das Wismut-Kapital der ehemaligen Sowjetunion zu durchleuchten. Über die Wismut habe ich vor vier Jahren mal ein Kalenderblatt erarbeitet; es wurde natürlich scharf zensiert, denn ich hatte viele Seiten lang die üblen Machenschaften und vor allem die Gesundheitsgefährdungen der strahlenden Pechblende, des Materials, für das „Wismut" ja nur als Tarnname eingeführt wurde, aufgelistet. Die Redaktion an Rhein und Ruhr strich mir alles auf acht beschönigende Zeilen zusammen …

Kurz: Der Privatdetektiv war schon ins Fadenkreuz der Ermittler gelangt, und so war sein Verschwinden an der Erfurter Ampelkreuzung nur die logische Folge der Sonneberger Ereignisse, wie ich seine Nachforschungen in Sachen Modelleisenbahn und Wismut-Kapital übertiteln möchte.

Die Tochter des Privatdetektivs also – ich erzähle hier über private Dinge, die mir anvertraut wurden, aber einmal muss es ja gesagt werden – also die Tochter ließ nachforschen. Da bediente man sich eines ganz einfachen Tricks, um sie zum Schweigen zu bringen. Nein, sie verschwand nicht wie ihr Vater, aber sie ließ die Sache auf sich beruhen. Oder, um es deutlicher zu formulieren. Sie brachte die Sache zur ewigen Ruhe.

Um das zu erklären, muss ich das 28. Blatt des überübernächsten Kalenders bemühen, das einiges erklärt. Wer sich an die DDR erinnert, wird sich an die Firma Pouch erinnern. Das 28. Blatt des überübernächsten Kalenders. Im Ort am Muldestausee stand der größte und somit auch führende Produzent für Campingausrüstungen in der damaligen und ehemaligen DDR. Allein mit dieser unbedingt nötigen Information habe ich schon 33 Prozent des mir im Normalfall zustehenden Zeilenkontingents verbraucht. Mit anderen Worten, man will gar nicht wissen, wie es wirklich zuging, in jenem Staat, in dem die Tochter des verschwundenen Privatdetektivs, der dem Zeitzer Kinderwagenbabyaustausch und dem Sonneberger Spielzeug-Wismut-Skandal auf der Spur war, zum immerwährenden Schweigen gebracht wurde.

Die Tochter hatte einen Ehemann. Und zwei Stück Kinder. Verschiedengeschlechtlich. Und eine Oma, die die Frau, also die mutmaßliche Witwe des verschwundenen Mannes, jenes in Rede stehenden Privatdetektivs war.

Mit Mann und zwei Kindern und Oma fuhr die Tochter in den Urlaub, um sich von den anstrengenden Recherchen in Sachen ihres Vaters zu erholen. Sie benutzte dazu einen „Trabant", den ich schon in der sechsten und der 49. Kalenderwoche der Kalender für 2004 bzw. 2007 abgehandelt habe.

Dieser Trabant besaß einen Dachgepäckständer, den ich bisher noch nie als DDR-Produkt kalendarisch erfasst habe. Auf diesem Dachgepäckständer hatte man das Erzeugnis aus der Firma Pouch, ein Schlauchboot, verstaut. Reiseziel war ein Stausee in der ehemaligen Tschechoslowakei, am Fuße der Niederen Tatra gelegen.

Mit diesem Schlauchboot fuhren Vater, Mutter – also Tochter – zwei Stück Kinder und die Oma auf dem Stausee herum und vergnügten sich. Bei diesen Vergnügungen stürzte die Oma ins kalte Wasser. Als man sie glücklich an Land gezogen hatte, schlug sie die Augen auf, meinte, es sei ihr ein bissel kalt und dann schlug sie die Augen zu. Für immer.

Die Oma hatte einen Herzschlag erlitten, wie man damals sagte. Einen Herzschlag durfte ich noch nie als Kalenderbild betexten – nicht mal am Rande erwähnen. Am Rande des Sees lag die Oma, mausetot. In der Tschechei, wie man damals sagte, obwohl es auch damals die Slowakei war.

Wer die DDR kennt und sie nicht als „Schöne-Reise-durch-die-DDR" besser machen muss, als sie war, weiß, dass die Bürokratie eine unermessliche war. Im Unterschied zu heute. Wenn man im Ausland verstarb, hatte man Probleme. Nicht allein, weil man dann tot war, sondern vor allem, weil man ein toter DDR-Bürger war. Und ein toter DDR-Bürger außerhalb Landes ist kein guter DDR-Bürger. Ein guter DDR-Bürger stirbt vorschriftsmäßig innerhalb der Landesgrenzen. Wer also in der Tschechei seinen DDR-Geist aufgab, hatte ein Problem.

Die Tochter und deren Mann wickelten das Problem ins Schlauchboot und verstauten beides auf dem Dachgepäckträger. Auf diese Weise gedachten sie, die Oma innerhalb sicherer DDR-Grenzen zu bringen, um sie dort ordnungsgemäß versterben zu lassen.

Doch beim Stopp vor der Grenze, als die letzten Tschechenkronen für Budweiser Bier ausgegeben wurden, während dieser Trink- und Pinkelpause wurde das Schlauchboot der Firma Pouch mitsamt der darinnen befindlichen Oma vom Dachgepäckträger herunter gestohlen. Kackfrech, also unerlaubt entwendet. Vom großen Unbekannten.

Man kam ohne Schlauchboot zwar sicher über die Grenze, aber wie sollte man die nunmehr als DDR-Bürgerin nicht mehr aus dem ausländischen Ferienparadies auftauchende Oma den Organen erklären? An der Grenze verhielten sich die Organe korrekt und scheinbar höflich, obwohl sie vermutlich informiert waren. Die informierten Organe zuhause aber fragten dringlich nach der Oma nach und deuteten an, ein Verfahren einzuleiten. Ein verschwundener Privatdetektiv und dessen verschwundene Frau seien exakt zwei Probleme zu viel. Es sei klar, dass die Tochter, die so unverschämt nach ihrem Vater, der das offiziell nicht existierende Gewerbe eines Privatdetektivs betrieben hatte, nachgefragt hatte, nun auch das Verschwinden von dessen Frau, also der Oma, deren Schlauchbootfahrt offiziell nicht bekannt war, zu verantworten hatte.

Die Tochter war damit zum Schweigen gebracht worden, zumal man ihr vertraulich mitteilte, dass die Oma möglicherweise in Form einer gefüllten Urne die Grenze rechtmäßig überschritten hatte und an einem den Organen bekannten Ort ihre nun wirklich letzte Ruhe gefunden hatte.

Nichts war geklärt. Es gab ein vertauschtes Kind. Es gab eine Mutter, die mit Maßnahme A und B bedacht worden war. Es gab einen von ihr beauftragten Privatdetektiv, der verschwunden war mitsamt dubioser Wismut-Piko-Eisenbahn-Gelder – und es gab eine verschwundene Oma im Schlauchboot.

Zwar gab es nun niemanden mehr, der versuchte, die wahren Hintergründe des Baby-Austausch-Mordes im Zeitzer Kinderwagen aufzudecken. Doch die Organe trauten der von ihnen verordneten Friedhofsruhe – wir erinnern uns der Oma in der

Urne – nicht. Sie versuchten, noch gründlicher alle Spuren zu verwischen und abzulenken, indem sie ganz unverbindlich eine heitere Geschichte bei einem der Zusammenarbeit unverdächtigen Humoristen in Auftrag gaben. Die Geschichte hieß „Die Oma im Schlauchboot" und erschien in großer Auflage in einem Verlag für Humor und Satire. Fast jeder in der DDR groß Gewordene wird sich an sie erinnern.

Und nun kommt das eigentlich Perfide. Wie weit der Arm dieser unheilstiftenden Organisation reicht, wird an meinem letzten diesjährigen Unterauftrag deutlich. Der Gesamtauftrag liegt da, mit Unterschrift, Datum und Summe und sollte mich frohgemut stimmen. Der Auftrag wurde vor ein paar Tagen ausgefertigt. Doch für die 52. Woche, also das 53. Blatt des überübernächsten Jahres, hat man mir ein unheilschwangeres Bild verordnet. Unheilschwanger nur für mich. Das Bild zeigt das Cover eines Buches. „Die Oma im Schlauchboot" lautet der Arbeitstitel für das Blatt. Die farbige Umschlagzeichnung eines gewissen U. Forchner (U für Unterleutnant?) zeigt ein Phantasieauto mit Dachgepäckträger, darauf ein Produkt eines Betriebes namens Pouch, in dem eine menschliche Figur versteckt zu sein scheint.

Damit will man offensichtlich endgültig eine ernsthafte Aufarbeitung dieses unseligen Falles zunichte machen. Und ich soll der Erfüllungsgehilfe sein. Man hat mich ausgesucht, um mich noch einmal zu strafen, weil ich schon damals unbequem war und den Dissidenten Udo U. Schwer kannte. Ich soll mit diesem Kalenderblatt meine widerständigen Ansichten von einst lächerlich machen.

Doch diesmal werde ich meine Chance nutzen. Ich werde diesen soeben geschriebenen Text für die 52. Woche abgeben. Man wird ihn mir auf 488 Zeichen zusammenstreichen, des bin ich gewiss. Aber derjenige, der meinen Text zensiert wie einst, der ihn verharmlost und seiner Brisanz entkleidet, der wird als Hintermann aller Vertauschungen, Vertuschungen, Morde und Schlauchbootdiebstähle kenntlich werden. Ich muss nun geduldig warten, bis mein Kalender zur Drucklegung kommt; vermutlich wird das aus Kostengründen in Tschechien geschehen …

2010

Ich wurde im Oktober sechzig. Eitel genug, das zu feiern, lud ich ins Rudolstädter Schillerhaus bzw. dessen Restaurant ein. Ich mochte, wie schon bei meinem Fünfzigsten, keine zwei, drei, vier Begängnisse: Familie, Jugendfreunde, Kollegen und Nachbarn haben alle zu einer Feier zu kommen. Die dann entsprechend ausuferte.

Gisela Kraft, die mit anderen Thüringer Schriftstellerkollegen ein Jahrzehnt zuvor mit mir in der Stadtbibliothek feierte, konnte nicht mehr kommen. Sie war im Januar verstorben. Ich schrieb einen Radioessay über sie für den MDR. Die Zeitschrift „Eulenspiegel" lud zu einer öffentlichen Heftvorstellung ein. Das hatte es jahrelang nicht mehr gegeben – und würde es künftig auch nimmer geben; ein gewisser früherer Zusammenhalt der freien Autoren und der Redaktion dieses Blattes war längst verschwunden, zumindest schien es mir so. Der Rudolstädter Theaterförderverein, zu dessen Vorsitzenden ich mich vor Jahren hatte machen lassen, protestierte gegen Theaterschließungen in Wuppertal und feierte den Siebzigsten meiner Freundin, der Diseuse Uschi Amberger, der mindestens eine Geschichte in diesem Reigen gewidmet werden müsste. Ich lernte weitere Krankenhauszimmer nicht nur als Besucher kennen. In Bad Driburg hatte ich schon im Vorjahr drei Wochen lang mein Stütz- und Bewegungssystem schulen dürfen und dabei fleißig Tagebuch geführt.

KURERFOLG

Die Kur war mir zugesprochen worden, obwohl ich überhaupt keine Lust dazu hatte. Mein Finanzrahmen war schwach und für Luxus ungeeignet. Aber man muss sich nach der Decke strecken, die richtigen Prozente abgreifen und die Wirtschaft auf Höchstlast fahren. Denn was ist ein Kurbetrieb anderes als der Treibriemen der Gewinnmaximierung, wie das unsere Klassiker Ludwig Erhard und Sahra Wagenknecht formulierten?

Ich war nach Bad Bäumelburg delegiert worden. Stütz- und Vertretungssystem, Herzkranz, Verdauungstrakt, Fettleber und Ultrareizstrombasis – Bad Bäumelburg war eine Mehrzweckwaffe auf dem Weg zur europäischen Kerngesundheit.

Die Aufnahme-Ärztin hieß Dr. Yang, sah wie eine Chinesin aus und sprach fachchinesisch mit mir: Ihr endogastritisches System ist schlecht vernetzt mit der spinalen Lendenwirbelkanalverengung. Da müssen wir was tun. Sie klopfte nicht auf Holz, sondern auf allen Teilen von mir herum und sprach: „Da müssen wir was machen. Und da. Und da auch."

Beim „auch" zuckte ich zusammen.

Ich erhielt einen detaillierten Gesundheitsplan, einen festen Speiseraumplatz in der zweiten Schicht, Tisch 23, Diätkost mit strenger Ausrichtung, Salatteller und Reisschleimsüppchen und wurde für das Bewegungsbad eingeschrieben. Später nahm ich Blutdruckgürtel, Urinabgabefläschchen und die Broschüre „Schwerbehindert – leicht gemacht" gegen Quittung in Empfang.

Im „chic" (Central-Health-Incoming-Center) bei Frau Korszczekreszcze-Kowiatowski, deren Namen ich fehlerfrei aussprechen konnte, gab es Barcodes. Barcodes in der modernen Gesundheitswirtschaft sind kleine klebefähige Plättchen, denen alles Wissenswerte über den Kur-Nehmer eingeschrieben ist, vom Geburtsdatum bis zu den jüngsten stationären Behandlungen und natürlich dessen Kranken-, nein, Gesundheitskassenstatus. Man hat die Barcodes während einer Kur auf Behandlungsbögen, in Anwesenheitsbücher und auf ausgeliehene Gerätschaften zu kleben. Damit ist eine ständige Abrechenbarkeit aller Gesundheitsleistungen gewährleistet.

Ich ging in die Gruppentherapie und klebte. Ich machte Storchenschritte im Kneippbad und klebte. Ich ging, per Barcodes legitimiert, in den Vortrag „Es geht nicht mehr – was bleibt liegen?" und in die Diashow „Die Erstürmung des Tschomolungma". Ich holte mir den Ultrareizstrom ab – gegen Barcodes – und wanderte unter Leitung von Herrn Gräbedünkel in die Bergstation der Cellulitisfarm; Eintrag mit Barcodes ins Gipfelbuch. In der hauseigenen Caféteria trank ich Mildkaffee der Marke Huk-Cocaburg und verzichtete auf Calorien-Kekse. In der Bibliothek lieh ich mir „Als Arzt in Lambarene" aus und konnte zwei Barcodes abgeben.

Nach einer Woche hatte ich bei Frau Dr. Yang Konsultation. Sie klopfte, horchte, besah und sprach: „Das gefällt mir gar nicht. Überhaupt nicht. Sie müssen unsere Angebote besser nutzen." Auf ihrer elektronischen Überwachungsplattform erschien hinter meinem Namen 55 Prozent.

Ich holte neue Barcodes bei Frau Korszczekreszcze-Kowiatowski und tauschte meinen Platz an Tisch 23, Diätkost mit strenger Ausrichtung gegen Tisch 12, Vollkost mit Aktivzulage. Es gab jetzt Roulade, Gulasch und Quarkkäulchen mit Zimt und Zucker. Meinem Tauschpartner hatte ich dafür um zwei Dutzend Barcodes entlastet, die ich für ihn am Kneippbad und im Trimm-Room klebte. Meine eigenen Barcodes landeten in jedem Vortrag, auf den Listen der Gummiseilschaft und waren auch im Bewegungsbad zu jeder Tageszeit klebbereit.

Natürlich konnte ich bei einer derartigen Distribution – also Verteilungsaktivität, wie Prof. Ludwig Erhard und Dr. Sahra Wagenknecht formulieren würden – weder im Kneippbad Storchenschreiten noch im Trimm-Room die Martermaschinen bedienen. Ich ging stattdessen jetzt öfter nach Bad Bäumelburg hinein. Ein lauschiger Fachwerkort, mit vielen netten Cafés und Bierschänken, die ich nach und nach alle kennenlernte.

Frau Dr. Yang war nach der zweiten Woche nicht unzufrieden. Sie sah auf ihrer Überwachungsplattform hinter meinem Namen die 78 Prozent.

In der dritten Woche legte ich mir einen Kurschatten zu. Kurschatten sind von der Gesundheitskasse nicht bezuschusste Vergnügungseinrichtungen, die aber zum Kurerfolg beitragen sollen. Mein Kurschatten wusste nicht, wohin mit den vielen Barcodes. Ich entnahm auf meine charmante Art einen Barcode nach dem anderen verschiedenen Teilen des vollwertig geformten Kurschattenkörpers und sprach dazu, wie von der Ärztin Frau Dr. Yang erlernt: „Das gefällt mir aber gut. Und das. Und das auch." Nach und nach wurde der Kurerfolg nicht nur sicht-, sondern auch hörbar, wenn mein Kurschatten immer begeisterter rief: „Da auch! Da aauuch!" Das Aah verhauchte schließlich ohne Auslaut.

Zur Abschlussuntersuchung vertrat Herr Dr. van Nguyen mit befreundeter Migrationsherkunft meine mich bisher behandelnde Ärztin. Er lobte seine Kollegin in den höchsten, leicht singenden Tönen, er pries ihre Art, wie sie mich motiviert habe. Auf der elektronischen Gesundheitsplattform blinkte hinter meinem Namen eine Prozentangabe von 104,5.

Gesundheitlich bestens aufgestellt, begab ich mich in einen neuartigen Wirtschaftskreislauf. Ich griff die richtigen Prozente ab und fuhr auf Höchstlast.

Die Barcodes von Bad Bäumelburg bis Bad Zappling werden

derzeit von einer europäischen Gesundheitsbehörde auf Brüssel-Basis hergestellt, verteilt und abgerechnet, streng wirtschaftlich. Ich sitze inzwischen im Behörden-Aufsichtsrat und lasse viele Arbeits- und Gesundheitskraftgeber für mich kleben. Denn das Kleben ist, wie man inzwischen erforscht hat, nicht umsonst.

2011

Es gab den sogenannten arabischen Frühling, den ich skeptisch betrachtete; vielleicht mögen ältere Menschen keine revolutionären Änderungen, weil sich nach der Revolution meist herausstellt, dass es keine war, sondern nur eine weitere Umverteilung des Reichtums von unten nach oben. Der Export westlicher Demokratie mit Militärunterstützung führt derzeit zum Import von Terror und Religionskämpfen. Die Wehrpflicht in Deutschland wurde endgültig abgeschafft; die Bundesrepublik immer kriegerischer.

Ich recherchierte für eine Radiosendung über das Rennsteiglied und ließ Freunde und Bekannte ins Mikrofon singen. Weil Hans Falladas Rudolstädter Todes-Duell hundert Jahre her war, machte ich auch dazu ein Stück für Deutschlandradio. Die Kugel mit Blutanhaftungen lagerte bis zu diesem Jahr im Rudolstädter Staatsarchiv und wurde nun ins Fallada-Museum nach Carwitz bei Feldberg verbracht, wo Kugel und Blut friedlich hinter Glas ruhen.

Ich lernte die Wiener Stumpergasse zu Fuß und das Altmühltal per Rad kennen. Beim PEN-Kongress in Ingolstadt wurde ich zum Schatzmeister des Vereins gewählt.

Aus Mittweida kamen schon seit dem Vorjahr immer öfter Anrufe von Lore, der herzensguten Nachbarin in der früheren Talsperren-, jetzigen Auenblickstraße: „Eire Muddi iss widder umgefalln, se iss schunn inn Krankenhaus."

Sie konnte nicht mehr allein in ihrem Haus bleiben, kam in eine Kurzzeitpflege, später in eine altersgerechte Wohnung am Mittweidaer Sportplatz, schließlich in eine betreute Wohngruppe nach Leipzig. Ein Lebenskreis der gebürtigen Großstädterin schloss sich. Das Mittweidaer Haus wurde verkauft.

Noch in diesem Haus nutzte meine Mutter einen dicken Kalender des Jahres 2000, um Erinnerungen an ihre Kindheit aufzuschreiben. Mein Vater war ein halbes Jahr zuvor gestorben.

AUS DEM SCHWARZEN BUCH MEINER MUTTER

Mein lieber jüngerer Bruder Manfred meinte, man sollte seine Erinnerungen aufschreiben, das würde helfen. Nun will ich versuchen, der Reihe nach zu erzählen, wenn es auch nicht immer klappen wird.

Eine kleine Vorgeschichte muss auch sein, die ich ja nur von Erzählungen der Eltern oder Verwandten wissen kann.

Ich bin ein ganz echter Zwilling, geboren am 30. Mai 1923 mit meinem Bruder. Dieser hatte schon Ellenbogen und drängte sich vor, wurde um 12 Uhr mittags geboren (mit Zange). Ich kam eine halbe Stunde später zur Welt, deshalb schon etwas blau und mit der Nabelschnur um den Hals. „Ausgerechnet das Mädchen hat einen schiefen Hals", soll meine Mutti gesagt haben. Es stellte sich aber später mit Hilfe von ein paar Massagen heraus, dass dieses nicht so war, sondern nur wegen Platz-Enge etwas verdrückt. Wir haben beide, also jeder, etwa drei Kilogramm gewogen! Meine arme Mutter, die ja ziemlich klein war!

Zum Zeitpunkt unserer Geburt zog gerade ein Mai-Gewitter herauf, mit Blitz und Donner. Das veranlasste meinen sonst sehr prosaischen und wortkargen Vater zu dem Ausspruch: „Ein Prinzenpaar ist geboren, draußen wird Salut geschossen."

Unser Kinderwagen kostete Millionen, es war ja Inflation, und meine Eltern mussten sehr sparsam wirtschaften. Windeln wurden ja nun auch doppelt gebraucht. Also brachte mein Vater vom Schlachthof die sehr fein und weich gestrickten Baumwollsäcke mit, in denen das gefrorene Rindfleisch aus Südamerika verpackt war. Daraus nähte meine Mutti für uns Kinder die Windeln.

Unsere Vornamen bestimmte mein Vater. Mein Bruder wurde Karl getauft, nach dem ältesten Bruder meines Vaters, der ein Jahr zuvor mit dem Rad verunglückt und an Tetanus gestorben war. Ich wurde nach der Mutter meines Vaters genannt, nur mit einem a am Ende, also Margareta. Als Kinder wurden wir lange Karli und Gretchen genannt und viele Leute fragten, warum wir denn nicht Hänsel und Gretel hießen.

Geboren sind wir in Leipzig in der Dufourstraße in einem Hinterhaus. Noch im Krieg, ehe das Haus zerbombt wurde, habe ich mir die Wohnung angesehen. Die Wirtin lebte da noch und staunte nicht schlecht über den einen „Zwilling".

Ein Jahr lebten wir in dieser Wohnung, da die Wohnungsnot damals genauso groß war wie nach dem letzten Krieg. Dann fanden meine Eltern endlich eine eigene größere Wohnung, ebenfalls im Hinterhaus, 2. Stock, in der damaligen Moltkestraße 39, jetzt Erich-Kästner-Straße. Wie meine Mutti immer erzählte, konnten wir vor lauter Freude über diese große Wohnung plötzlich alleine laufen.

(...)

Irgendwie muss auch noch die Geschichte meines Vaters, Robert Haedler, erzählt werden. In der Schule war Vater Klassenbester und sollte vom Lehrer aus auf die Realschule gehen. Doch seine

Eltern scheuten das Schulgeld und wie er mir selbst erzählte, gab es ständig Krach wegen Geld. Wenn er ein Schreibheft brauchte, wurde er immer vom Vater zur Mutter geschickt und umgekehrt. Deswegen suchte er sich als Zwölfjähriger eine „Stelle" in der Reitbahn, putzte Pferde, um ein paar Pfennige zu haben. Nach der 8. Klasse bot ihm einer seiner Paten eine Lehrstelle als Fleischer an und weil er von zu Hause weg wollte, sagte er ja. Er kam also zu seinem Beruf „wie die Jungfrau zum Kind".

Nach der Lehre ging er auf Wanderschaft über Anhalt bis ins Rheinland und nach Leipzig zurück. Dann musste er in den Krieg, wurde dreimal verwundet und als man ihm im Lazarett die rechte Hand abnehmen wollte, sagte er zum Arzt: „Na, da schneiden Se nur glei den Kopp mit ab!" Also behielt er seine Hand, wenn auch mit steifem Gelenk. Dadurch kam er als Meister auf den Schlachthof und machte sich als Großschlächter selbstständig. Aber das ist wieder eine andere Geschichte.

(…)

Wir waren als kleine Kinder, etwa bis zur Schulzeit, immer gleichmäßig angezogen. Mutti nähte, häkelte und strickte immer alles für uns. Dann kam die Zeit der Matrosen-Mode. Auch da hatten wir das Gleiche. Im Sommer weiße, im Winter dunkelblaue Matrosenblusen, dazu Faltenrock und der Bruder kurze Hosen, auch blaue Mäntel und Matrosenmützen und beide trugen wir schwarze Lackschuhe mit Spangen. Wir fielen überall auf, nicht nur durch die Anzieherei, sondern auch durch unsere dunkle Haut und dunklen Haare und wurden immer für Ausländer gehalten.

Sonntags gingen wir brav mit den Eltern spazieren, immer Richtung Rennbahn und Pleiße, wo wir öfters Vater an der Rennbahn abholten. Oft kam es auch vor, ehe der Spaziergang losging, dass ich schon in den Dreck gefallen war, ich hatte fast immer aufgeschlagene Knie. Mein Bruder war ruhiger und braver, dem passierte das nicht.

Man erzählte uns später, wenn Nachbarn uns ärgerten oder verulkten, nahm einer den anderen bei der Hand und sagte: „Komm mei leener Matzi, mir dehn!"

(…)

Manchmal gab es auch Kloppe auf den Po, wenn wir abends zu lange im Bett quatschten und nicht Ruhe gaben. Dabei ist mir mal von einer dreieckigen Ton-Wärmflasche der Korken abgegangen und das halbe Bett schwamm, na, da war was los.

Allerdings haben wir zwei von unserem Vati nie Haue bekommen, ich weiß es jedenfalls nicht mehr. Dafür aber von der Mutti. Einmal hat unser Vati die kleine Besenrute, das war mal ein Mitbringsel vom Nikolaus, mit der unsere Mutti uns versohlte, voll Wut gepackt und zerknickt und in unserem großen Berliner Kachelofen gesteckt. Er konnte es nicht ersehen, wenn wir Haue kriegten.

Aber trotzdem hatten wir eine liebe Mutter, der eben bei zwei so kleinen Teufeln auch mal die Nerven durchgingen.

Wir hatten auch sehr liebe Nachbarn, die uns Kinder betreuten, wenn die Mutti an Markttagen mit zu Vater auf den Schlachthof musste. Diese Familie hatte eine „Mutsch", die Großmutter. Eine kleine, alte Frau, sie hat uns viele wunderbare Märchen erzählt, unvergesslich ist mir davon „Das Waldhaus" geblieben.

In der Weihnachtszeit gingen wir auch mit diesen Nachbarn immer ins Weihnachtsmärchen, ins Schauspielhaus in der Sidonienstraße. Der Star war dort Bernhard Wildenhain, alten Leipzigern wird das sicher ein Begriff sein.

(…)

Ostern 1932 wurde unsere Klasse aufgeteilt, mein Zwilling kam in die dritte Volksschule und ich in die fünfte. Meine Eltern zeigten sich zwar schulinteressiert, sie lasen eine Elternzeitschrift, doch als wir getrennt wurden, nahmen sie das ungerührt hin. Wenn ich dran denke, wie sich über so etwas heutzutage die Eltern aufregen würden!

Ich ging dann auch ganz alleine in die neue Schule, ohne Eltern, meldete mich beim Rektor und wurde in die neue Klasse im 3. Stock gebracht. Und das mit neun Jahren!

Auf dem Heimweg passierte mal Folgendes: Ein etwas fremd aussehendes Pärchen redete mich in gebrochenem Deutsch an und fragte mich, ob ich nicht die und die wäre. Ich war sehr erschrocken, verneinte, fasste meinen Ranzen an den Trägern fester und rannte davon.

Es waren nämlich Zigeuner, die mit einer Art Zirkuswagen in der Nähe der Schule jedes Jahr mal auftauchten und paar Wochen dort wohnten, deren Kinder gingen dann sogar in unsere Schule. Ich hatte aber Angst, dass sie mich mitnehmen wollten, weil ich ja ein bisschen so aussah wie sie.

(…)

Sonntags gingen wir in den Kinder-Gottesdienst in die Andreaskirche. Einmal, als wir aus der Kirche heimgingen, trafen wir eine Hungerstreik-Demonstration mit Musik, Fahnen und Schildern, Kinder und Erwachsene durcheinander. Wir standen an der Ecke Elisenstraße, um den Zug vorbeizulassen. Wir waren bissl erschrocken, aber dachten auch, wir wären „was Besseres" und hatten kein Mitleid mit denen.

Wir lasen zu Hause die „Leipziger Neuesten Nachrichten" und waren deutsch-national eingestellt. Trotzdem spielte erstmal die Politik keine so große Rolle, wir Kinder gingen in den Turnverein EINTRACHT und im Winter tummelten wir uns tüchtig auf einer Spritzeisbahn. Gleich daneben war der Gartenverein „Südvorstadt" und dort hatten wir unseren Schrebergarten. Den Garten hat Vater gekauft, als wir Kinder mit der Mutter nach Bad Dürrenberg zur Kur sollten. Wir zwei hatten oft Hals- und Bronchialkrankheiten. Vater gefiel es nicht, dass wir drei für längere Zeit von ihm getrennt sein sollten.

Vater machte nie viel Worte, verstand es aber, uns hin und wieder zu überraschen. Eines Tages sagte er: „Wir besuchen heute Kretschmanns in ihrem Garten." Wir freuten uns. Plötzlich lief er mit uns an diesem Garten vorbei, zog einen Schlüssel aus seiner Jacke, öffnete ein anderes Gartentor, das über und über mit Heckenrosen bewachsen war und sagte: „So, das ist ab heute unser Garten!"

Noch heute sind die leuchtend gelben Studentenblumen (so sagt man in Leipzig, hier in Mittweida heißen sie Ringelrosen) eine meiner Lieblingsblumen, sie hatten fast wie Unkraut den ganzen Garten überwuchert. Es gab außerdem noch Rosensträucher, Birn- und Kirschbäume, eine hübsche Winter- und Sommerlaube, und eine der schönsten Zeiten meiner Kindheit begann.

Während der großen Ferien tummelten wir uns täglich im Gartenverein auf der Spielwiese. Der Vorstand hatte eigens dafür eine Kindergärtnerin organisiert, die dort mit uns spielte und uns beaufsichtigte. Wir lernten Ballspiele und Stelzenlaufen, Reifen- und Reigenspiele und natürlich gab es jährlich ein großes Sommerfest mit Karussell, Tombola, mit Bratwürsten und Musike.

(…)

Inzwischen war es 1933 geworden und alle Menschen dachten, eine bessere Zeit bricht an. Ich wollte unbedingt in den BdM, den „Bund deutscher Mädel" eintreten. Da stellte meine Mutti eine Bedingung: ich müsste für meinen Vati zu Weihnachten ein paar Strümpfe stricken. Wenn ich das fertigbringen würde, dann dürfte ich. Es war eine dünne, braune Wolle und mein Vater brauchte Strümpfe mit sehr langen Beinen, fast wie Kniestrümpfe. Was habe ich da gesessen und gestrickt. Es war eine ganz schöne Tortur, aber ich habe es geschafft!

Gleich im Januar 1934 trat ich in den BdM ein, die Dienststelle war in der Weststraße, in einem Hinterhaus.

Von 1933 bis 1937, also vier Jahre lang, ging ich in die sogenannte Sprachklasse in unserer Schule, also die „höhere" Abteilung. Eigentlich wäre ich gern bis zum Abitur gegangen. Doch mein konservativer Vater war anderer Meinung. Mein Zwilling hatte nicht das Zeug für eine höhere Schule, also soll das Mädchen auch nicht hin. Da hab ich mich halt alleine für diese „höhere" Abteilung gemeldet und nach der Aufnahmeprüfung durfte ich hin.

Ich wäre gern noch zwei Jahre länger in die Sprachklasse gegangen, bis zur „mittleren Reife". Aber auch da meinte mein Vater: „Wozu das, ein Mädchen muss kochen und nähen lernen." Also ging ich zwei Jahre ins „Kochlöffel-Gymnasium", wie wir die Carola-Schule am Johannesplatz nannten.

Außer Deutsch, Staatsbürgerkunde, Zeichnen und Kunstbetrachtung, Gesundheitslehre und Ernährungslehre nahm ich noch zusätzlich Steno und Maschineschreiben. Obwohl letzteres nur einmal wöchentlich stattfand, verhalf es mir später zu einer Stelle im Büro.

(…)

Mittlerweile kam das Jahr 1939 und meine Carola-Schulzeit ging zu Ende. Ich wäre gern noch zwei Jahre ins Sozialpädagogische Frauenseminar gegangen, um Kindergärtnerin zu werden, aber auch da sagte mein Vater nein. Also musste ich zu Hause bleiben und „Haustochter" spielen. So nannte man das damals. Zu den Markttagen ging ich mit Vater auf den Schlachthof und musste Rechnungen schreiben. Die anderen Tage half ich Mutter in Haus und Garten. Eigentlich war es eine sorglose Zeit, aber so richtig glücklich war ich nicht. Als 1939 der Krieg ausbrach, änderte sich in der Familie nicht viel, es ging alles seinen Gang. Wir bekamen Lebensmittelmarken, weil vieles rationiert wurde, aber Not litten wir keine.

Unsere Tanzstundenzeit im Winter 1939/40 war noch ganz friedensmäßig mit allem Drum und Dran. Sogar zwei „Ballkleider" gab es, eins fürs „Kränzchen", das war nach der ersten Hälfte der Zeit – und dann noch eins für den Abschlussball. Noch jetzt wird in der Familie von meinem traumhaft schönen Ballkleid erzählt.

Der Abschlussball war im März 1940. Ich hatte mir zu Hause gerade für dieses Fest die Haare gewaschen, da klingelte das Telefon für mich. Dran war ein unbekannter Soldat, der auf seiner Fahrt nach Breslau in Leipzig Aufenthalt hatte und mit mir quatschen wollte, aber das ist eine andere Geschichte, die ich morgen weiter erzähle.

2012

Die unvollständige Lesungsliste dieses Jahres steht nicht nur aus Angeberei wie sonst hier: Helios-Klinik Blankenhain, Café Moskau, Berlin, Galerie Schwerin (Ausstellungseröffnung), Ernst-Abbe-Bücherei

Jena, Bibliothek Pößneck, Bibliothek Hermsdorf, Buchmesse Leipzig und Taufkapelle der Peterskirche Leipzig, Rathaus Anklam, Gewerkschaftsbildungszentrum der Hermann-Löns-Stadt Walsrode, Kiezspinne Schulze-Boysen-Straße, Berlin, Stadtschloss Eisenach, Baldauf-Villa Marienberg, Ratskeller „Zum Neinerlaa", Annaberg, Evangelische Akademie Tutzing, Gemeindezentrum Krölpa, Villa Waldberta Feldafing, Oberweißbacher Bergbahn (im Waggon), Galerie ART IN, Meerane, Feuerwache Magdeburg, Hotel „Olive Tree", Jerusalem (während einer Studienreise), Kulturhaus Kirchhasel, Bibliothek Suhl ...

Bei vielen Lesungen war Hotel-Übernachtung inklusive. Und weil noch immer ein arabischer Frühling tobte, islamistische Gruppen in vielen Nachrichten auftauchten und eine Thüringisch-sächsische Terrorgruppe, genannt NSU, aufgeflogen war, blieb mir gar nichts anderes übrig, als dem Wunsch des Leipziger Lyrikers und Herausgebers Ralph Grüneberger nach einer knackigen Anthologie-Geschichte mit Hotel-Bezug nachzukommen. Die Drucklegung verzögerte sich bis heute; Schuld mag das Ende meines Textes sein.

FALSCH AM RICHTIGEN ORT
Eine Hotelgeschichte

Es lief etwas falsch, doch ich merkte es nicht richtig. Das Gefühl war da, doch ich schien weggetreten. Immerhin: die fünfte Veranstaltung von neun in elf Tagen; mir ging es so wie jenen Politikern, die ihren Persönlichen vor dem Auftritt fragen: Wo sind wir eigentlich. Neustadt? Orla oder Dosse? Weinstraße oder am Rübenberge?

Ich war in Wiesbaden-Altstadt. Am Abend sollte eine Kriminacht stattfinden. Seltsamerweise hatte man mich eingeladen, obwohl meine Krimiproduktion sich in bescheidenem Rahmen hält. In jenen grauen Vorzeiten, als Krimis unter „Blaulicht" firmierten, habe ich mal den einen oder anderen auf je 32 Seiten veröffentlicht. Doch seit zwei Jahrzehnten bin ich in der Aufarbeitungsbranche tätig. Ich halte Vorträge über einstiges staatliches Unrecht, weshalb ich ständig unterwegs sein muss. Auf dem Laufenden und unterwegs. Ich muss wissen, wie die gegenwärtige Lage ist, welche Lügen früher verbreitet wurden, welche Themen die Zeit und „Die Zeit" setzen und ich muss wissen, wer mich brauchen könnte. Zur Erklärung einstigen staatlichen Unrechts.

Irgendjemand muss auf meine alten Blaulicht-Krimis gestoßen sein und mein Agent, der meine Vorträge koordiniert, hatte den Wiesbaden-Auftritt zwischen die Vorträge geschoben, die in diesen elf Tagen in badischen Nestern und thüringischen Kleinststädten zu absolvieren waren. Wiesbaden lag exakt auf der Hälfte zwischen badischem Nest und thüringischer Kleinstadt. Das auf meinem Tourplan vermerkte Wiesbadener Hotel war zu groß, zu breit, hatte zu viele Schwingtüren und viel zu viele uniformbetresste Leute, die neugierig-unterwürfig nach meinem Begehr fragten. Dass etwas falsch lief, hätte ich spätestens da merken müssen.

In einem meiner Blaulicht-Krimis hatte ich den Mord in einem heruntergekommenen Hotel mit grauen undurchsichtigen Gardinen geschehen lassen, einer Herberge, wo man kein Frühstück bekam. Frühstücksloses Hotelübernachten war damals in der Blaulicht-Gegend normal und der Mörder, der aus einem Land mit ausgeprägter Frühstückskultur kam – ich hatte mir dafür Österreich ausgedacht – wurde durch diesen Umstand entlarvt. Er hatte sein Alibi mit dem Hotelfrühstück verquicken wollen und war dadurch aufgeflogen. Die Falle schnappte zu und der Volkspolizist – ich glaube, so seltsam nannte ich den Kriminalbeamten in meinem dogmatischen Blaulicht-Denken – stellte sich triumphierend mit

Dienstgrad vor und sprach den Satz: Sie haben sich selbst verraten!
Dann ließ er die Handschellen klicken.

Ich weiß nicht mehr allzu viel über meine alten Sünden, aber
der Satz „Sie haben sich selbst verraten!" hat sich festgehakt. Ich
muss ihn also geschrieben haben.

Das Hotel in Wiesbaden, unweit Spielbank und Landtag, war
wirklich zu groß, zu breit und hatte viel zu viele Schwingtüren für
meine eher fest umrissenen Aufarbeitungsvorträge. Vor allem aber
war es zu hoch. Ich war das Bieder-Kleinbürgerliche gewöhnt,
den Nachtpförtner, den aufgewärmten Kaffee am Morgen und das
abendliche Speisenangebot, das zwischen Schweineschnitzel und
Dönerteller variierte. Meine Vorträge waren meist vormittags, weil
für Schulen und deren Sozialkundeunterricht gedacht, auch mal
nachmittags bei Opferverbänden und Vereinen gegen Unrechts-
vertuschung, eher selten am Abend. Denn meine Erklärungen
über Diktat und Zensur passten in die hellen Tagesstunden. Doch
mir war nicht aufgefallen, dass der Wiesbaden-Auftritt eine Kriminacht sein sollte. Es lief etwas schief, seit meiner Ankunft im Hotel,
denn ein betresster Herr stürzte sogleich auf mich zu, riss mir mein
Rollköfferchen aus der Hand und ließ mich in einem Hotelgäste-
buch etwas unterschreiben. Wir haben Ihren Eintrag bereits vor-
formuliert, sagte er, wir wissen, dass Sie nicht viel Zeit haben.

Dabei wusste ich noch gar nicht, wie wenig Zeit mir bleiben
würde.

Das Zimmer war im obersten Geschoss, oder heißt das korrekt
Stockwerk? Es war zu weitläufig, zu hell und bot eine überwälti-
gende Aussicht auf die grüne Landeshauptstadt. In der Ferne türm-
te sich irgendein mittleres Gebirge, vielleicht war es der Taunus.
Ich sah tief unten Polizeiautos in Schlange stehen. Wahrscheinlich
fand irgendein wichtiger Kongress statt, mit ausländischen und
Staatsgästen. Die Kriminacht konnte es nicht sein, wenn man dazu

längst vergessene Blaulichtschreiber einlud. Oder sollte ich dort von Ewiggestrigen vorgeführt werden, weil ich jetzt einer demokratischen Sache diente, nämlich der Aufarbeitung verdrängten Unrechts?

Die Ausstattung meiner Unterkunft erschreckte mich: Ein riesenrundes Bett, ein abgeteilter Arbeitsplatz mit Büroausstattung, ein Erker mit zwei Sesseln, Obstschale, Schokolade, eine kleine Flasche Sekt zur Begrüßung und ein Welcome-Spruch in acht Sprachen, arabisch inklusive. Nicht mal Letzteres machte mich misstrauisch.

Mein Zimmer war kein Zimmer, sondern eine Suite. Das Badezimmer war ein Wellness-Bereich. Ich wusste, dass es in besseren Hotels WC plus Bidet gab, hier waren beide in eigene Nischen eingepasst. Dazu ein Whirlpool und eine Badewanne, die einen Badesee hätte aufnehmen können.

Ich hätte nicht hingehen sollen, zur Kriminacht, die wiederum in einem anderen Hotel, das irgendeinen niederländischen Namen trug, stattfand, ein paar hundert Meter entfernt, am Rande der Innenstadt. Dieses Hotel war nicht so bonfortionös wie meine Unterkunft. Weil ich meine Blaulicht-Krimis im Hinterkopf hatte, dachte ich „bommforzjonös", ein Wort aus meiner vormals undemokratischen Heimat, das ich schon lange vergessen und vielleicht auch schuldhaft verdrängt hatte.

Ich hätte nicht hingehen sollen, doch Kriminacht stand auf meinem Plan, den mein Agent ausgearbeitet hatte. Zudem war das Honorar beachtlich, was ich als Zahlenwert nicht verraten darf, weil das Gagengeheimnis auch bei Eintreffen besonderer Umstände zu wahren ist.

Das Thema der Kriminacht hieß „Unerwarteter Mord und plötzlicher Erfolg". Ein dämlicher Titel, hatte ich noch gedacht und zäh war die Veranstaltung. Hintereinanderweg lasen zwölf Autoren, von denen ich nie etwas gehört, geschweige denn gelesen hatte. Mehr als die Hälfte waren Frauen oder taten zumindest so. Niemand fragte mich nach meiner Einladung; im offiziellen Programm, das außen plakatiert war, fehlte mein Name. Es hieß, dass zwei Dutzend bekannte Autoren geladen seien, von denen leider nur die Hälfte vorlesen konnte, aber alle sollten mitdiskutieren.

Als dann über unerwartete Indizien gesprochen wurde, geheime Dienststellen und über die Zensur, die überall eingreife, hätte ich am liebsten dazwischengefunkt. Es wurde verkündet, nach ungeschriebenen Krimigesetzen dürften Pastoren keine Mörder sein und Mitglieder des englischen Oberhauses schon gar nicht. Und der Mörder als Ich-Erzähler sei besonders heikel und eigentlich nur von Meistern praktizierbar. Immer aber sollten die Opfer ausführlich zu Wort kommen. Neuerdings dürften türkische Mitbürger nur in begründeten Ausnahmefällen morden und Missetäter jüdischen Glaubens sollte es unter unseren besonderen Umständen besser niemals... ich hätte aufschreien müssen: Was wisst ihr schon von Verboten? Wie gut hätte mein Schulvortrag über die menschenfeindliche Zensur in einer menschenfeindlichen Diktatur hierher gepasst, doch ich ließ es sein.

Ich winkte innerlich ab.

Ich ging heim, also in das mir zugewiesene Nobelhotel, obwohl die anderen Autoren alle direkt am Ort untergebracht waren. Nicht mal dies ließ ein Warnlämpchen in mir aufglimmen.

In meiner Suite lag ein flauschiger Bademantel für mich bereit; selten hatte ich derlei Komfort erlebt. Ich fiel in tiefen, traumvollen Schlaf und sah das Frühstücksbuffet vor mir. Ich träumte von gebeizten Lachsröllchen und provenzalischen Trüffelpasteten, von minzegefüllten Schokoladentörtchen und Champagnermirabellen, als jemand an einem der prächtig eingedeckten Tische ans Glas klopfte und etwas sagen wollte.

Es klopfte aber an der Tür, zu der ich schlaftrunken schwankte, den flauschigen Bademantel übergeworfen. Es blinkte 4:33 auf dem Digitalwecker, als die Tür aufgebrochen wurde und Schüsse abgegeben wurden. Direkt auf mich. Ich wurde durchsiebt, der Bademantel bekam unschöne Flecken und Teile meines Gehirns sickerten langsam an der kostbaren Tapete herab.

Leider war der letzte Teil des Frühstücksbuffets kein Traum. Ich war wirklich durch und durch getroffen. Das geplante Attentat auf einen arabischen Ölmulti im Hotel konnte durch die Polizei verhindert werden. Beziehungsweise durch ein Missverständnis, eine bedauerliche Verwechslung. In meiner letzten Minute, nein, ich muss realistisch formulieren: In meiner letzten Sekunde, schoss es mir, wortwörtlich, durchs Gehirn: Das ist die sinnstiftende Verwechslung. Denn eigentlich war von Anfang an alles falsch und nicht passend für mich: Das zu feine Hotel, jene übertrieben-freundliche Begrüßung, die abgenötigte Unterschrift, die Teilnahme an einer verlogenen, zensierten Kriminacht, die nur als Vorwand gedient hatte, mich zum Opfer einer Verwechslung zu machen. Alles bekam seinen Sinn: die Polizeiautos tief unten, der arabische Welcome-Spruch, meine vielen Neider, die mir seit zwei Jahrzehnten meine gut dotierten Aufarbeitungsvorträge missgönnten, meine Blaulicht-Krimis, mit denen ich beigetragen hatte, eine menschenfeindliche Diktatur mit ihrer Volkspolizei zu befestigen. Nun musste ich dafür bezahlen, was ich immer geahnt hatte. Und doch wusste ich bis zu meinem letzten Atemzug, der leider mit blasigem, hellrotem Blut vermischt war, dass ich endlich jene Anerkennung bekommen würde, die mir für all das erlittene Unrecht zustand. In allen Zeitungen, und besonders in denen mit zackig großen Buchstaben würde ich stehen. Man würde nachforschen, wer ist dieser unschuldige Hotelgast? Alles würde offenbar. Meine Blaulicht-Krimis würden in neu aufgearbeiteter Form erscheinen können, getilgt von Spuren einstiger Fehleinschätzungen. Die menschenfeindliche Zensur von damals, der ich mich leider gebeugt hatte, würde durch eine demokratische Korrektur im Sinne des Zeitgeistes und des Geistes der „Zeit" ersetzt werden. Und mein tragisches Schicksal, auf jeder einzelnen Neuauflage vermerkt, würde eine immense Steigerung der Verkaufszahlen …

2013

Ich lebte auch in diesem Jahr munter weiter. Die Verkaufszahlen konnten sich nicht immens steigern, denn ich hatte im Vorjahr mein jüngstes und zunächst letztes Buch veröffentlicht, eine Sammlung von Texten für bibliophile Drucke, zuvor meist bei der burgart-presse Jens Henkel, oft in winzigen Auflagen und edler Ausstattung, verlegt. Unter der Kennung „Verlegtes wiedergefunden" war „Rose Schwartz und die Folgen – Texte aus der Buchdruckzeit" in einem kleinen Berliner Verlag als schmal illustriertes Paperback erschienen.

Im Oktober gab es ein Jubiläum. Ich war vierzig Jahre Rudolstädter – oder vielleicht doch nur zeitweilig mit Hauptwohnsitz in Rudolstadt stationierter Sachse? Jedenfalls ist es an der Zeit, endlich eine Geschichte einzubringen, die sich mit dem merkwürdigen Verhältnis der einstigen Residenz des Fürstentums Schwarzburg-Rudolstadt zum früheren Ausland, genauer: einer Stadt im Fürstentum Sachsen-Meiningen, beschäftigt. Die Geschichte hatte zum Zeitpunkt ihres Entstehens mehreren Randbedingungen zu genügen. Zum einen sollte eine typische regionale Speise aus Thüringen vorkommen. Die Sache musste in Thüringen spielen. Da es ein „kulinarischer Kurzkrimi" sein sollte, waren auch Mord oder Totschlag oder Gift oder Rache oder Eifersucht – am besten alles zusammen – als Zutaten willkommen.

DER DUFT DER DETSCHER

Von manchen Dingen weiß meine Frau nichts. Sie weiß wahrscheinlich nicht mal, warum wir unser Saalfeld „Steinerne Chronik Thüringens" nennen. Voll Stolz nennen, das möchte ich betonen.

Wir hatten hier die Universität, zumindest für jene Jahre, als Jena sich mit der Pest rumplagte. Wir hatten als Bergstadt Schürfrechte und eine fleißige Arbeiterschaft, also eine Arbeitnehmerschaft, wie wir jetzt formulieren. Eigentlich waren wir schon immer das, was wir endlich wieder sind: das pulsierende Verwaltungsherz einer aufstrebenden Region. Die hochnäsigen Rudolstädter haben die Quittung bekommen für eine ... ich würde es meinen Schülern so erklären: mit falschem Adelsstolz verbundene Lethargie. Meine Schüler können mit Begriffen wie Lethargie und Adelsstolz nix anfangen, genau wie meine Frau. Den Rudolstädtern haben wir den Kreisstadtsitz – mit vollem demokratischem Recht – abgejagt. Wir haben die Uhr auf fünf vor zwölf gestellt und angehalten. Bis der Landtag uns, uns Saalfeldern, das unveräußerliche und hoffentlich ewige Kreisstadtrecht zugesprochen hatte.

Für solche symbolischen Gesten hat meine Frau leider keinen Sinn. Sie hat sich an meiner Seite wenig entwickelt; sie stammt ja auch aus Rudolstadt, dem verrotteten Adelsnest mit seinem teuren Theater, das wir mitzufinanzieren haben. Wir Saalfelder haben schon immer Geld verdient und Rudolstadt hat es ausgegeben. Früher konnten wir Fürstendrecknest dazu sagen, aber heutzutage müssen wir ja demokratisch deren Adelserbe pflegen. Und mit unseren Steuergeldern bezahlen!

Das ist nicht anders als mit den Volksfesten beider Städte. Wir haben ein wunderbares Bierfest. Die Rudolstädter tun sich seit Jahrhunderten mit ihrem Vogelschießen dicke. Größtes Thüringer Volksfest. Hah! Wir Saalfelder haben das Detscherfest, wovon die

Rudolstädter mitsamt Altstadtfest und Folkfest, diesem halblinken, nur träumen können.

Vor zig Jahren hatte meine Frau einen solchen Traum mal in die reale Wirklichkeit verwandelt, wie ich das ausdrücken möchte. Sie kam zu unserem Detscherfest. Da lernten wir uns kennen. Es war gar nicht einfach, unser schlichtes Spezialgericht auf Herdplatten öffentlich herzustellen. Es roch überall nach den leicht angebrannten Detschern. Ja, ja manches war schon damals ruchbar. Ging ja auch nicht anders, in diesem realen Sozialismus, den ich aufs Schärfste verurteile. Aber wir haben sie schon seinerzeit demokratisch wie vor Jahrhunderten gebacken. Detscher. Aus gepressten Kartoffeln, in heißem Zustande mit Butter übergossen. – In heißem Zustande! Mit e beim Zustand am Ende. Altdeutsch und grammatisch korrekt! Wie wir Lehrer jetzt wieder sein dürfen. – Saftig, wie eben nur wir Saalfelder sie machen können. Ignoranten sagen dazu Kartoffelpuffer, doch zwischen Detschern und Kartoffelpuffern liegen Welten, wie zwischen Saalfeld und Rudolstadt.

Mit ihrer Freundin, der Renate, die mir fast besser gefallen hätte, wenn ich es aus der heutigen Sicht bedenke – schließlich bekam sie das große Grundstück unterm Hain nach der Wende zurück – kam meine Frau damals nach Saalfeld. Da war sie noch jung und urlaubsbraun, fast möchte ich sagen: saftig wie ein Detscher, wenn ich mir ein solches sexistisches Bild als Lehrer gestatten dürfte, aber das will sie heute nicht mehr hören. Heute ist sie, mit Verlaub, gut abgehangen. Nicht wie damals. Bärbel Wachholz sang diesen wunderbaren Schlager: „Dahamals, Dahamals – war alles so schöhöön". Nicht so schön war, dass damals dieser Wolfi mitgekommen war. Wolfi, auch aus Rudolstadt. Eine trübe Tasse, lethargisch, wie heute meine Schüler. Keinen Sinn für unsere Steinerne Chronik, für unsere universitären Wurzeln, unseren Arbeitsfleiß, unsere saftigen Detscher. Wolfi ist die Inkarnation einer Flasche. Kommt bis heute immer mal vorbei. Würde es nie in den Griff kriegen, einen Detscher richtig, so urig, wie nur wir Saalfelder das können, zu backen. Dazu muss man eben einen alten Kohleherd haben. Und den hab ich noch. Ich hab alles im Keller. Es war ja nicht alles schlecht, damals, und die Kohleherde sind urig.

Ich heize den Herd selbst an, wenn wir Detscher machen. Wir sind heute nicht mehr aufs Detscherfest angewiesen. Wenn mir danach ist, backe ich Detscher. Eine Schüssel, zwei Schüsseln, fünf Schüsseln voll. Ich könnte eine ganze Schulklasse damit versorgen, wenn ich wollte. Ich will aber nicht, denn wir haben endlich die Freiheit errungen bekommen, zu machen, was wir wollen. Ich weiß, was ich will und meine Frau weiß nichts. Die weiß doch nicht mal, wie man Detscher bäckt. Unsere ganze lange Ehe lang hat sie es nicht begriffen. Wenn ich das damals gewusst hätte, hätte ich doch lieber Renate abgeschleppt. Aber die hat ja mit Wolfi rumgemacht. Dabei sind die beiden schon seit Jahren wieder auseinander. Wahrscheinlich kommt Wolfi, die Memme, sich deswegen manchmal bei meiner Frau ausheulen. Da muss man tolerant wie Friedrich der Große sein, wie ich meinen Schülern immer sage.

Meine Frau braucht mich, weil ich ihr zeige, wo der Hammer steht, jawoll. Sie selber kriegt ja nix auf die Reihe, aber in einer Ehe ist es so schlecht nicht, wenn der Mann der Führer ist und die Frau Gefolgschaft. Man kann endlich wieder gutes altes deutsches Wortgut benutzen, hier, in unserer überlieferten Steinernen Thüringer Chronik. Auch wenn meine Frau das und vieles andere nie und nimmer wissen wird.

***

Mein Mann war am Anfang nicht so. Er konnte charmant sein und großzügig. Es hat mir imponiert, wie er mich ausführte, damals, vor zig Jahren, beim Detscherfest. Er hat alles bezahlt, damals. Wolfi und Renate waren ja noch mit. Wolfi mit seinen breiten Schultern war schüchtern und deswegen hat mein Mann das Rennen gemacht. Damals. Man heiratete halt, weil uns so war. Und wegen der Wohnung. Und blieb, wegen der Eigenheimzulage.

Den Fimmel mit den Detschern hatte er schon immer. Ich mein, das Zeug ist nichts weiter. Arme-Leute-Essen, wie alles, was heute gut schmeckt. Gekochte und gepresste Pellkartoffeln, Ei und bissel Mehl. Die Hauptsache ist, dass man das ohne Fett bäckt. Auf einer heißen Herdplatte. Und hinterher mit der Butter-Milch-Mischung saftig macht. Ich könnte das auch, aber ich muss sonst immer kochen, da hab ich das meinem Mann überlassen. Deswegen hat er sich auch immer damit gebrüstet. Hat den ollen Kohleherd im Keller benutzt, und wenn Detscherfest war, hat er selber gebacken. Den Kohleherd angeheizt und gemacht und getan. Ich musste die Schüsseln rumtragen und fast immer haben wir den Detscherpreis bekommen. Also mein Mann. Damit hat er angegeben, wie eine Tüte Mücken. Die Leute haben aber auch gegessen wie die Scheunendrescher. All die Jahre.

Neuerdings wird das ja anders gemacht. Keine originalen Kohleherde mehr, sondern elektrisch beheizte Metallplatten. Obwohl jeder weiß, vom Kohleherd schmeckt es anders. Man kann unsere Rostbratwürste auch nicht einfach auf elektrischen Platten braten. Da fehlt doch das Entscheidende. Der Rost. Der Rauch. Der Duft und all das.

Und der Detscher braucht einen Kohleherd, der ein bisschen wie eine winzige Großgaserei riecht. Das ist das Entscheidende. Wie bei diesem japanischen Kugelfisch, der wunderbar schmecken soll, aber eben auch den Tod in sich trägt, wie mein Mann das sagen würde. So ist das mit ollen Kohleherden. Gerade die älteren haben diesen leicht gasigen Geruch. Doch das ist eben das Entscheidende.

Bei meinem Mann fehlt schon lange das Entscheidende. Mal abgesehen vom Geruch. Aber er merkt's nicht. Er schnallt's nicht. Er verschnarcht sein und mein Leben. Er hat das mit Wolfi all die Jahre nicht gemerkt. Als Wolfi und Renate sich haben scheiden lassen, vor Urzeiten, musste Wolfi getröstet werden. Er hat breite Schultern. Und ließ sich wunderbar trösten. Bis heute. Es gibt Dinge zwischen Himmelbett und Mann, die muss frau auskosten. Volles Rohr auskosten. Aber mein Mann merkt nischte. Vielleicht sollte ich es ihm doch mal sagen. Irgendwann. Wenn es höchste Zeit wird. Jetzt. Aber jetzt hat er, wie immer zu seinem ganz persönlichen Detscherfest, zu tun. Er heizt den Ofen an. Ich musste vorhin den Detscherteig machen, er setzt dann nur noch die Highlights. Highlight Mehl. Highlight Ei. Die Dosis muss stimmen, schwätzt er dann.

Mit dem Kohleherd hat er sich wunder wie. Nur er kann ihn anheizen. Erst lockeres Papier, Holz darauf schichten. Erst Späne, dann Scheite. Ich könnt verrückt werden, wenn ich dabei zusehe. Nö, ich guck nicht mehr zu. Ich lass den in seinem Keller alleine. Mit den Jahren wird's immer verrückter. Ob das normal für eine Ehe ist? Meine ist nicht mehr normal. Der wird immer zickiger. Dabei sind doch wir Frauen die Zicken. Sagen zumindest immer alle.

Wenn es lodert, dann Kohlen rauf. Kein Mensch kann mehr richtig anheizen. Und mein Mann eigentlich auch nicht. Selbst wenn er in seinem Kohlenherdkeller wie eine Kellerassel rumscharwenzelt und tut und macht. Da kann er noch so viel tun und machen. Ich hab nämlich beim Saubermachen vom Ofenrohr den Lappen vergessen.

Im Rohr. So was passiert eben, wenn in der Ehe nicht mehr alles so sauber läuft. Ja, das heilige Rohr von seinem Ofen. Der eigentlich aus ist.

Ich hör ihn schon brüllen: Warum zieht denn das Scheißding nicht!? Hört man ja bis hier rauf. Na, vielleicht sollte er mal ganz praktisch nachgucken und nicht immer Theorie priestern.

Das ist eben das Schöne an Wolfi. Der priestert nicht, der lässt seine Schultern knacken und tut und macht.

Irgendwas ist da unten los. Aber es ist sein heiliger Keller. Mit seiner heiligen Bastelhobelbank. Und seinem heiligen ollen Kohleherd. Und seinen heiligen Detschern.

Jetzt ist er still. Stinkt nun schon bis hier hoch. Vielleicht sollte man doch mal nachgucken.

***

Das ist jetzt eine Zeugenaussage? Wenn ich Herrn Kommissar richtig verstanden habe? Und ich muss ins Mikrofon sprechen? Wenn das rechtlich abgesichert ist, spreche ich jetzt. Hallo. Hallo. Meinen Namen haben Sie ja schon schriftlich hingeschrieben, aber von dem in Rede stehenden Ehepaar werde ich Wolfi genannt. Oder muss ich sagen: Wurde ich Wolfi genannt? Ich bin mit den rechtlichen Folgen nicht ganz vertraut.

Ich habe ein gutes Verhältnis zu beiden. Ist das so richtig? Oder muss das mein Verteidiger aussagen?

Ich begab mich am fraglichen Tag mit dem Zug nach Saalfeld. Ab Rudolstadt siebzehn Uhr dreiundzwanzig, an Saalfeld siebzehn Uhr fünfunddreißig. Eingeladen zum privaten Detscherfest des Ehepaars. Welche köstlich schmecken. Die Detscher. Oder ist das eine persönliche Wertung, welche nicht ausgesagt werden darf? Sie machen mich aber sehr verunsichert, wenn ich einfach reden soll. Im Film sagt der Vernehmungskommissar immer: Also, nun mal der Reihe nach.

Der Reihe nach: Als ich das mir bekannte, unterkellerte und

mit Walmdach versehene Wohnhaus erreichte, welches mir von zahlreichen Versuchen, nein Besuchen, wohl bekannt war, waren die Rauchschwaden schon ruchbar. Es gab aber jene Verpuffung, wie das in der Presse heißt, erst in diesem Moment. Vielleicht, weil ich den Klingelknopf betätigt hatte. Oder mache ich mich mitschuldig, wenn ich das hier aussage?

Ich wusste ja, dass die miteinander Probleme hatten. Das in Rede stehende Ehepaar. Probleme. Ja. Die Frau wollte immer. Wenn ich da war. Und ihr Oller weg war. Oder sturzbesoffen, was ich nicht als Beleidigung aussprechen möchte. Aber, wenn ich das so aussagen darf: Es war kein reines Zuckerschlecken. Mit dieser Frau.

Vor der Verpuffung hörte ich drinnen den Ehemann lautstark argumentieren. Wahrscheinlich aus dem Keller. Von der Ehefrau hörte ich nichts. Weshalb ich dachte, es wäre vielleicht besser, ich würde sogleich kehrtmachen. Denn der Verlauf des Abends stand düster vor meinem inneren Auge. Großes Detscheressen. Anschließend großes Besäufnis des Ehemannes. Dann große Belehrung über die Welt, die Saalfelder Könner und die Rudolstädter Deppen. Anschließend Verbringung des Ehemanns ins Bett. Anschließend mit der Ehefrau im Wohnzimmer das, was längst kein reines Zuckerschlecken mehr war.

Verstehen Sie, dass ich darauf keine Lust mehr hatte? Ich nahm die Verpuffung als Wink des Schicksals. Denn es musste doch genug Nachbarn geben, die alles Nötige veranlassten. Dazu brauchte man mich doch nicht. Ich verließ den Ort des Geschehens. Oder heißt das: des Grauens? Wenn dadurch jede Hilfe zu spät kam, ist das nicht meine Schuld. Jeder Nachbar wusste doch, wenn die wieder auf ihre altgermanische Art Detscher anbrennen lassen, stinkt das wie Sau. Das melfert durch die ganze Straße.

Weil der Kohleherd überhaupt nicht angemeldet war. Das

muss man doch mal aussprechen. Ich meine, bezirkschornsteinfegermäßig. Und wenn die Nachbarn unsere besondere Beziehung, ich meine die zwischen der Ehefrau und mir, mitgekriegt hatten, ist mir das scheißegal, verstehen Sie! Ja, ich war froh! Dass alles ein Ende hatte! Ich hab dem doofen Herrn Lehrer beim letzten Detscherfressen gezeigt, wie man so einen Kohleherd anhebt.

Wir waren beide besoffen, jawoll. Da hats geknackt im Mauerwerk. Kennen Sie den Film „Einer flog übers Kuckucksnest"? Als Häuptling Bromden das ganze Überwachungspult rausruppt? So hab ich's dem gezeigt. Jawoll! Den Kohleherd angehoben wie Häuptling Bromden. Das hat er doch gesehen. Das muss er doch gesehen haben! Da hätte er eben mal gucken müssen, ob alles noch intacko ist. Oder?

Ich bin doch kein Trottel, der ran muss, wenn die Ehe knirscht. Jawoll. Wie komm ich mir denn vor? Und all die Jahre! Auf jeden Fall ist nichts meine Schuld. Ich bin weder fahrlässig noch vorsätzlich. Deshalb beantrage ich einen Anwalt und unverzügliches Abschalten dieses unrechtmäßigen Mikrofons.

2014

Im höheren Alter beginnen Männer mit Worten zu schweinigeln. Vermutlich, weil das richtige Schweinigeln beschwerlicher wird. Dass die im Vergleich zu mir überaus jugendliche Porzellankünstlerin Kati Zorn, die innerhalb der Grenzen des alten Fürstentums Schwarzburg, kurz vorm Rennsteig, in Cursdorf, lebt, sich einen Namen mit erotischen Figuren gemacht hat, hat nur mittelbar damit zu tun. Wir kannten uns seit Jahren; ich freute mich, wenn ich sie traf, weil humorvolle Menschen seltener sind, als man glaubt. Sie wurde von Kunden immer mal wieder gefragt, in welchen Arbeitsschritten ihre

Porzellanfiguren entstünden. Drum wollte sie das in einer Broschüre erklären; ob ich vielleicht dazu noch eine kleine Geschichte schreiben könne? Sonst wäre das Ganze doch zu nackt. Sagte Kati, deren Figuren nur selten gänzlich nackt sind. Ich schrieb „Das Halsband der Königin", auch auf das Publikum der Musketier-Freunde hoffend.

2010 erschien das Bändchen von Katzenkönigin, Katzenkönig und Narr, mit Porzellanmaus am Lesebändchen, und wirbt seither in der Cursdorfer Manufaktur für die schöne Kunst des Porzellanmodellierens.

Kati, weiterhin gemessen an mir jugendlich, hat auch weitere Ideen. Sie will Märchenfiguren auf Stelen setzen, die Figuren nach ihrer Art, also komisch-erotisch. Ob mir nicht für die Stelen entsprechende Texte einfielen? Mir fiel etwas ein, denn ältere Männer, siehe oben – und unten.

DREI EROTISCHE PORZELLANMÄRCHEN

Der Froschkönig

Eine Prinzessin versprach einst einem Frosch, der ihre verlorene goldene Spielkugel aus tiefem Brunnen gefischt hatte, Tisch und Bett zu teilen. Als er dies aber einforderte, klatschte sie ihn an die Wand. Er fiel als wunderschöner Prinz herab.

Nun wurde eine prächtige Hochzeit gefeiert und die Dauer der Flitterwochen hofstaatsvertragsgerecht auf sieben festgelegt.

In der ersten Woche tat das Paar einander nur Gutes und wenn der Prinz ermattet von der Prinzessin herabfiel, flötete sie zärtlich: Was für wunderschön Unaussprechliches hast Du doch in mir zurückgelassen.

In der zweiten Woche fiel ihr auf, dass seine Schenkel gar nicht so stramm und fleischig waren, wie sie vermutet hatte.

In der dritten Woche traten ihm beim Begattungsakt die Augen seltsam hervor, was sie hellwach registrierte.

Die vierte Woche verbrachten beide bei meist geöffneten Fenstern, obwohl vom Teich ein schauerliches Konzert herüberklang. Ihn schien das zu erquicken.

In der fünften Woche murrte und quarrte er, dass er ganz gerne mal allein zum Angeln gehen möchte.

In der sechsten Woche fiel ihr bei seinen wenigen, nun sehr harmlos gewordenen Ehestandsbewegungen auf, dass er stark schwitzte. Der kalte Schweiß war ihr unangenehm.

In der siebenten Woche hatte der Prinz den Winterschlaf aller Wechselwarmen angetreten. Die Prinzessin nahm ergeben ihr goldenes Kügelchen aus dem Nachtschrank und tat dasselbe nacheinander an all jene Körperstellen, die dies seufzend verlangten.

Des Kaisers neue Kleider

Es war einmal ein Kaiser, dem hatten Betrüger eingeredet, dumme oder unterqualifizierte Menschen könnten seine Kleider nicht sehen – und so schritt er nackt durch sein Volk. Das aber sah seine Blöße und wie es der Brauch in diesem Lande war, bewunderte das Volk dieselbe.

Was für muskulöse Formen! Welch Lendenspiel! Wie prächtig rundet sich des Kaisers Allerwertester! Und wie machtvoll ist doch die kaiserliche Frontseite ausgestattet!

Besonders die Hofdamen überlief beim Anblick der kaiserlichen Nacktheit ein begehrliches Zittern. Obwohl sie es doch hätten anders wissen können, denn alle hatten schon mit diesem oder jenem Pagen beischläfrige Erfahrungen gemacht.

Doch sie sprachen untereinander: Kaiserlich! Prachtvoll erhebend! Was für ein majestätisches Zipfelzepter! Die kaiserliche Illustrierte zeigt solches auf dem Titel! Denkt nur, neulich war er damit in einer Talkshow! Nein, dieser unser Kaiser hat eine ganz außergewöhnlich aufrechte Natur!

Und der Kaiser stand vor seinem staunenden Volk. Und eine jegliche Dame hätte nur zu gern vor ihm gekniet. Und die ganz kleinen, niedlichen, die mit Schmollmündchen, wären schnurstracks zu Standgebläsen geworden.

Die Prinzessin auf der Erbse

Es war einmal ein Prinz, der wollte eine Prinzessin heiraten, aber es sollte eine wirkliche Prinzessin sein. Das regennasse Weibchen, das eines Tages vor seiner Tür stand, behauptete steif und fest, es sei eine. Da wurde ihm ein Lager bereitet, ein Dänisches Bettenlager aus dem Hause Andersen – und tief drinnen eine Erbse versteckt.

Anderntags aber jammerte das Weibchen: Ich bin am ganzen Körper braun und blau, da war etwas entsetzlich Hartes, Großes, Knüppeldickes in meinem Bett.

Da nahm der Prinz sie zur Frau, denn nun wusste er, dass er eine wirkliche Prinzessin besitze, weil sie so empfindlich war. Und die Erbse kam auf die Kunstkammer.

Dort lag sie nun zwischen all dem Rokoko, den Ölbildern und den Installationen, die moderne Künstler der königlichen Kustodie aufgeschwatzt hatten. Und alle rümpften die Nase über das kleine, grüne, rundliche, bauerndumme Erbslein. Das aber, nicht faul, verkündete: Ich bin der Erste Liebhaber der Prinzgemahlin. Ich habe ihr aber so was von klargemacht, dass es Männlein und Weiblein gibt. Ich hab ihr die Morgenlatte in die Grapschhändchen gegeben, dass sie ganz verschreckt war. Und dann haben wir Sadomaso praktiziert, dass sie vor Lust braun und blau wurde. Bei uns ging es nur zur Sache; da wurde gerammelt; wir haben es getrieben, dass das Dänische Bettenlager wackelte …

Das gesammelte Rokoko mitsamt den modernen Installationen sah sich in seinen schlimmsten Befürchtungen bestätigt. Jetzt gehörten schon Pornostars zur Kunst.

Widerwärtig, einfach widerwärtig!

2015

Das Jahr hat im Moment des Aufschreibens gerade angefangen. Ich zeige mich als Gegenwartsautor folglich auf der Höhe der Zeit. Ein Satz, den ich der beamteten Literaturkritik honorarfrei zur Verfügung stelle.

Im Januar ist man überall auf der Welt Charlie und selbst bärbeißige Miesepeter lieben plötzlich Satire. In Dresden braust ein Ruf wie Donnerhall, der im Frühherbst 1989 einmal eine Antithese zu einem verordneten Weltbild war, jetzt aber dumpf klingt. Einer meiner Verlage hat schon im Vorjahr Insolvenz angemeldet und werkelt jetzt dennoch weiter. Derweil ist schon Februar und eigentlich doch auch März, April, Mai, alles neu ...

Ich kann das weitere Jahr mir einfach ausdenken, wie fast alle der bisherigen 65 Geschichten: Das Jahr hat 365 Tage, die thüringischen Tageszeitungen fallen in der Gesamtauflagenhöhe (Papier) unaufhörlich, deshalb werden erstmals die elektronischen Klicks als Leserzahlen gewertet. Die Regierung ist in einer schwierigen Situation, Europa sowieso, in Thüringen ist kein Kommunismus ausgebrochen und der Weinberg vor meiner Berliner Wohnung trägt so viel, dass ein paar hundert Flaschen gekeltert werden können. Schriftstellerlesungen werden nach wie vor bezahlt, allerdings nur in Ausnahmefällen. Letztlich muss ich doch nicht verhungern, denn ich lebe in einem Sozialstaat und am Horizont zeigt sich eine Rente, die allerdings erst ab März des Jahres 2016 gezahlt werden wird, oder vielleicht

auch erst, wenn ich meine siebenundsechzigste Lebensgeschichte ge-
schrieben haben werde, was grammatisch die vollendete Zukunft sein
sollte.

DER RENTNERLEHRLING

Sein erster Schrei war ein echter Brüller und ein paar Monate darauf war der Knabe von lockigem Haar gekrönt und spielte mit seinen Fingerchen. Ach, ist der niedlich, der zählt sich sein Leben schon an den Fingern ab, sprachen Onkel und Tanten: Dududu, Deideidei. Und der Knabe verwahrte all diese Worte in seinem Herzen.

Als er in der dritten Klasse war, fragte die Lehrerin, die, dem Zeitgeist entsprechend, Fräulein Sörgel hieß, was er denn mal werden möchte. „Reich", sprach der Knabe, der, dem Zeitgeist entsprechend, nun nicht mehr Deideidei und Dududu genannt wurde, sondern Achim. Die Antwort aber entsprach so gar nicht den Vorstellungen von Fräulein Sörgel und der Schuldirektorin und dem Bürgermeister und den vielen anderen Menschen, die sich Sorgen um Achim machten. Reich und schön war unsere Republik, aber Reiche gab es nur im Märchen und im Westen.

Achim war ein kompromissbereites Menschlein. Also beschloss er, zunächst Ländererforscher und dann Urlauberlokführer und vielleicht später Hubschrauberpilot zu werden. Aber eigentlich wäre er gern Rechner, setzte er noch hinzu.

Der letzte Wunsch ist ein bissel komisch, sagten sich seine Eltern und Fräulein Sörgel, aber er hatte ja noch Zeit. Und komisch war er schon von Anfang an.

Als es so weit war, lernte Achim Facharbeiter für Erfassungstechnik. Das war ein damals hochmoderner Beruf und zählte zur

Zukunft. Er erfasste Wege und Winkel, Arbeitsstunden und Mengen, Qualität und Disproportionalität. Und wenn die Entwicklung gar zu disproportional verlief, sprach er zu sich Dududu und Deideidei. Und schon lief es wieder auf all seinen Erfassungsbögen wie am Schnürchen.

Achim erfasste auch seine künftige Rente, denn er wusste, dass alle fleißigen Menschen in der lichten Zukunft eine schöne Rente bekommen würden, und damit die Menschen vor lauter Freude nicht wuschig wurden, nannte man die schöne Rente Mindestrente.

Inzwischen aber stand er mitten im Leben, heiratete die Tochter von Fräulein Sörgel und bekam von ihr seinen ersten Sohn, dessen erster Schrei ein echter Brüller war. Doch Achim wollte sich nicht einfach wiederholen, deshalb wechselte er gemeinsam mit allen Menschen seines Landes die Staatsbürgerschaft.

Zu diesem Zeitpunkt hätte er, wie in der Geschichte für das Jahr 1995 erzählt, zur Bürgerberaterin für die Midlife-Crisis gehen können. Er hätte eine Privatinsolvenz hinlegen können und eine Maßnahme beginnen, die ihn bis ans glückliche Ende jeden Erwerbslebens gebracht hätte. Doch das Leben führt Geschichten manchmal in die Irre und manchmal einfach um die Ecke.

Achim erfüllte sich seinen Lebenswunsch. Er wurde Rechner.

Er rechnete mit allem und jedem. Solche Menschen brauchte man, und deshalb erhielt er auch eine verantwortungsvolle Position. So durfte er zunächst ausrechnen, wie viel Prozent von der Lebensleistung jährlich nötig waren, um mit Beginn der Rente ein erfülltes Leben vorweisen zu können.

Achim rechnete: Erfülltes Leben gleich hundert Prozent. Geteilt durch 65 ist gleich 1,54 Prozent. So viel musste man jährlich zurücklegen, um auf ein erfülltes Leben zu kommen. Gewiss, das war in der Summe ein Zehntel Prozent zu viel, doch man musste mit Schwankungen rechnen.

Achim verpackte sein Ergebnis in einem vielseitigen Arbeitspapier. Dieses rief ein allgemeines Schütteln des Kopfes bei der Verantwortlichkeit für alle Rechner des Landes hervor.

Darum beschloss Achim, die Lebensleistung ganz anders zu würdigen und erarbeitete eine nagelneue Studie. Er wusste längst, dass die Welt nicht unablässig expandieren konnte. Mussten immer mehr Streichfette und alkoholische Mischgetränke pro Kopf verzehrt werden? Mussten immer mehr Bruttotonnenkilometer die Autobahnen verstopfen? Musste die durchschnittliche Lebenserwartung ständig weiter hinausgeschoben werden?

Die bis zum Renteneintritt im Allgemeinen ständig steigenden oder zumindest gleichbleibenden Einkünfte sollten sich nach vAchims Studie allmählich abflachen. So wie man zu Lebensbeginn null Einkünfte erzielte, das Kindergeld war als Ausreißer zu vernachlässigen, sollte man beim Renteneintritt ebenfalls die Null erreicht haben. Und an dieser ganzen, natürlichen Zahl sollte sich die Rente orientieren. Das Leben, ein schöner Berg mit Anstieg und Abstieg, eine Normalverteilungskurve mit ein paar Ausreißern und einem Auslaufen auf der Null-Linie.

Achim legte seine Studie der Verantwortlichkeit vor und zählte sich seine sofortige Kündigung an allen zehn Fingern ab.

Doch es kam anders. Er wurde mit vielen Ehrungen in den Ruhestand geschickt und ganz nach seiner Studie mit der zeitgemäßen Rente versehen. Sie sollte zunächst achtzig Prozent des letzten ganzen, natürlichen Arbeitseinkommens sein, welches harmonisch auf der Null-Linie ausgelaufen war, nach einem Jahr auf neunzig Prozent steigen und dann jedes Jahr um weitere zehn Prozent aufgestockt werden.

Die neue Rentenformel wurde überall veröffentlicht und diskutiert. Die einen titelten „Rente in zehn Jahren bei 200 Prozent!", die anderen kommentierten: „Geplante Rentenerhöhung kaum zu stemmen!"

Dududu und Deideidei, verkündete die Opposition.

DAS BONUSJAHR: WIE PRODUZIERE ICH KEINE NEIN-STIMME?
Ein populärwissenschaftlicher Vortrag aus dem Frühling 1989

Immer wieder, verehrte Damen und Zuhörer, steht bei uns etwas vor der Tür: Höhepunkte, höchste Kampfbereitschaft, allerhöchste Repräsentanten zu Besuch.

Hin und wieder stehen auch einfache Dinge an: Wahlen. VdgB-Wahlen oder Schöffenwahlen, Volkswahlen oder Konsumwahlen. Manchmal wird unter lang anhaltendem Beifall auch das Politbüro gewählt.

Das allerdings machen wir mit Wahlmännern.

Kurz: Wir stehen oft und lange vor einer Wahl. Das ist wie in der Kaufhallenkassenwarteschlange, bloß, dass ich nichts haben will, sondern etwas abgeben.

So, als ob Sie mit einem kaputten Rührfix vorm Service-Schalter warten. Der kaputte Rührfix ist in diesem Falle gar nicht kaputt und überhaupt kein Rührfix, sondern meine JA-Stimme.

Die will ich abgeben. Je zeitiger am Morgen, desto besser für die Statistik.

Mancher hat keine Ahnung, wie kompliziert das ist.

Obwohl es schlicht scheint. Man hat es einfach für uns gemacht. JA oder NEIN, FÜR oder GEGEN den Frieden.

Eine Entscheidung aber wird von mir gefordert. Obwohl ich

mich nicht im Einzelnen für diese Frau im Leitungsgefüge oder gegen jenen Sachzwang, für Straßenneubau oder gegen Altstadtsanierung entscheide.

Das wurde mir bereits alles abgenommen und in einem Block verpackt. Da steckt drin, was mir passt und was mir nicht passt.

Also, was mir nicht passt, passt mir in diesem Falle auch. Schließlich geht es um meine klare JA-Entscheidung.

Vor der Wahl kann ich denken und auch laut sagen: Ich bin für diese Sache, aber genau gegen jenen Sachwalter. Meistens bin ich ja zu faul, zur Wahlversammlung zu gehen. Also denke ich das bloß.

Damit bin ich dann bei der Wahl für all diese Sachen und für all diese Sachwalter. Weil ich nur JA sage.

Natürlich sage ich JA.

Es hat zwar ein hoher Verantwortlicher mal gesagt: Wir brauchen keine JA-Sager, doch das war bestimmt dialektisch andersrum gemeint.

Das NEIN wollen wir nicht mal denken.

Obwohl es sich mancher zu einfach macht. Der latscht einfach hin zur Wahl, gibt ab ohne nachzudenken – bums – haben wir eine Nein-Stimme mehr und fallen damit erdrutschartig unter die 99-Prozent-Hürde.

Ich muss also mit viel viel Verstand wählen.

Ich nehme die Zettel, die man mir in die Hand drückt. Fest und zuversichtlich.

Auf den Zetteln stehen Namen. Hinter die Namen könnte ich Häkchen setzen, zum Zeichen, dass ich für die Menschen hinter den Namen bin. Doch womöglich mache ich damit meine Stimme ungültig?

Oder wenn ich groß JA und AMEN darauf schreibe?

Man bekommt ja nirgendwo gesagt, ob das dann immer noch gültig ist!

Das kann schon mal gefährlich werden.

Die Wahlkabine streifen Sie. Nein!! Nicht richtig! Nur mit einem Blick. Überzeugen sich. Dass alles seine Ordnung hat.

Aber Sie gehen um Himmels Willen nicht da hinein. Womöglich haben Sie dann eine Nein-Stimme produziert. Schon hat Ihre schöne weiße Wahlakte einen schwarzen Strich.

Sie lassen also die Wahlkabine ruhig in ihrer Schmoll-Ecke stehen.

Und dann machen Sie – gar nichts mit den Zetteln.

Ich meine, wenn Sie jemanden auf den Zetteln unbedingt streichen wollen, jemanden, der Ihnen nicht passt, dann ist das übrigens nicht so schlimm.

Sie haben trotzdem keine Nein-Stimme produziert. Sie sind ja für all die anderen.

Der, den Sie gestrichen haben, erscheint sowieso in keiner öffentlichen Statistik; wahrscheinlich nicht mal in einer versteckten. Denn die Wahl ist bekanntlich geheim.

Sie müssen keine Angst haben, dass der Gestrichene nun etwa nicht gewählt wird. Wenn er schön weit oben auf dem Zettel steht, wird er auf jeden Fall gewählt.

Dank Ihrer JA-Stimme.

Und wenn er weit unten steht, wird er sowieso nicht gewählt. Ob Sie nun streichen oder nicht. Da ist er Nachfolgekandidat und muss warten, bis einer vor ihm keine Lust mehr hat.

Sie sollten also, um ganz sicher zu gehen, mit dem Zettel überhaupt nichts machen. Keine Striche, keine Häkchen, keine Männchen malen, kein JA, kein AMEN, keine Wahlkabine.

Haben Sie verstanden? Sie wählen bei uns richtig, wenn Sie nichts machen. Dann passiert auch nichts und Sie sind dafür.

Nichts tun ist manchmal nicht so einfach, aber es ist immer richtig.

Der MÜNDIGE Bürger macht nichts. Der geht bloß schön zeitig hin zum Nichtsmachen.

Beinahe hätte ich noch was vergessen. Mit den Bittegarnichtsmachezetteln müssen Sie doch was machen. Einmal kniffen. Nicht kneifen. Falten. Das falte Hugo.

Und dann stecken Sie den Zettel dorthin, wo man es Ihnen sagt. Oder Sie sagen, man möge den Zettel dorthin stecken, wo es an keinerlei Wunsch vorbeigeht.

EPILOG

„Fertsch?", fragte irgendein Jahr aus den frühen Siebzigern.
„Fertsch!", meinte das Jahr soixante neuf und grinste. „Was grinst'n
so?" – „Na fertsch ist doch der sächsische Ausdruck für Orgas-
mus." – „Ach, kommen wir jetzt in die Zotenjahre?", meinte 2014:
„Ich dachte, das Thema habe ich für die älteren Herren umfassend
abgehandelt?"

2015, das ohnehin nur halbfertsch war, weil noch längst nicht
vergangen, begehrte zu wissen: „Müssen wir jetzt ein ganzes Jahr
warten, bis 2016 uns was erzählen kann? Obwohl hier Bonusge-
schichten einfach reingeschmuggelt werden?"

„Unsereins durfte ja kaum reden", knurrte 1991. „Was ich alles
erzählen könnte … Zum Beispiel die schöne Episode vom Bundes-
presseball in Bonn. Dazu war der Herr B. eingeladen, fragt mich,
warum. Es war im November. Er hatte die Einladung sofort, aus
Verachtung für tradierten Kostümfirlefanz, weggeschmissen, aber
seine Frau fand die Klappkarte und meinte, das wäre doch mal
eine schöne Gelegenheit, sich ein kleines Schwarzes zu kaufen und
auszuführen. Herr B. besaß keinerlei entsprechende Kleidung, ließ
sich überzeugen, ging ins Theater und lieh dort ein edles dunkles
Herrengewand. Und wisst ihr, was eingenäht war? Ein Schild: „Eigentum des Volkes". Und mit diesem Schild trat er dann unter die
Augen von Frau Süßmuth, das war damals die Bundestagspräsi-
dentin und vor das Ledergesicht von Detektiv Matulla, der Herrn
B.'s Gewand auch nicht durchschaute. Matulla hieß schon damals
Claus Theo Gärtner. Der damalige Bundespräsident, der noch kein
deutscher demokratischer Widerstandskämpfer war, wagte ein
Tänzchen und Herr Gysi wagte, eine ganz lange Dame an seiner
Seite auszuführen. Herr B. hingegen schlich pikiert um den „Hum-

merturm" herum, denn so was Dekadentes gab es, als die Bundes-
pressebälle noch an den Ufern vom Vater Rhein ..."

„Hör doch auf", quatschte 2010 genervt dazwischen. „Ich habe
die Uschi Amberger vom Theater ja nur erwähnt. Aber über die
müsste man wirklich erzählen. Einen ganzen Roman! Titel habe
ich schon ,Die Provinzdiseuse' ..." Das Jahr 1979 war nun echt
sauer: „Bei mir kam Uschi zum ersten Mal vor! Bei mir hat sie sogar selber gesprochen!"

Jetzt ging es hoch her. Die Jahre quasselten durcheinander.
Manche meinten, dass sie überhaupt nicht tief grübeln konnten
im Brunnen der Vergangenheit, andere schimpften, ihnen sei die
Pointe abgeschnitten worden, wieder andere wollten endlich zur
Sache kommen, eins meckerte, nicht eine Geschichte gäbe es zur
„Literatouristik" und schließlich müsse doch die Affaire mit Ra-
mona Mosseldorf ... Affaire ? – das war eine liebliche Romanze ...
Unrechtsrepublik ... die Böblinger Börsenfestspiele ... hell aus den
dunklen Verlagen ... Bierverlage! Bierverlage! ... da keucht doch
die Brunst nur hervor... kein Mantel von Gogol – keine Geschichte – verweht von Finten ...

Es war nicht mehr viel zu verstehen, was manche als modern
verstehen. Fußball wie 2005 und 1974: Alle spielten an, keiner gab
ab. Dabei gäbe es doch noch so viel zu erzählen, was man schon
alles erlebt hatte und vor allem, was noch zu erleben wäre. Doch
in dieses Buch passt nix mehr und von Herrn B. ist sowieso goar
nischd zu erwarten.

Sollen doch andere weitererzählen.

INHALT